W0305032

Erich Schnepel

# Wie sieht die Zukunft der Menschheit aus?

## Die Offenbarung des Johannes

VLM

Verlag der
Liebenzeller Mission
Lahr

Lizenzausgabe mit freundlicher Genehmigung
des Verlags »Junge Gemeinde«, Stuttgart

Originaltitel: »Die Offenbarung des Johannes – Weltgeschichte
der Zukunft im Blickfeld Gottes«

ISBN 3 88002 055 8

Edition C-Paperback 55304 (C 4)
6. Auflage 1994
Umschlaggestaltung: Appel-Werbung, Gummersbach
Gesamtherstellung: St.-Johannis-Druckerei, 77922 Lahr/Schwarzwald
Printed in Germany · 11934/1994

Durch alle Jahrhunderte bereitet Jesus das neue Volk Gottes, mit dem er die neue Welt Gottes bauen wird.

Wer dieses Werk Jesu sieht, weiß um einen klaren Plan, der die Menschheitsgeschichte durchzieht. An diesem Plan mitzuarbeiten, gibt unserem Leben Sinn und Erfüllung. Darum ist das letzte Buch der Bibel ein großes Geschenk Gottes an die Menschheit, weil uns hier eine Schau gegeben wird, wie Gott Weltgeschichte macht.

3551 Wehrda bei Marburg, Ostern 1970

Erich Schnepel

## Vorwort zur 3. Auflage im Verlag der Liebenzeller Mission

1937 erschien Offenbarung Johannes Kapitel 4—11 unter dem Titel: „Der Sieg Gottes." Das war ein kühner Titel im Dritten Reich. Die heutige Generation wird schwerlich ermessen können, was die Herausgabe dieses Buches und dieser Titel unter der Diktatur Hitlers bedeutete.

Das Buch wurde im Zweiten Weltkrieg auf den Missionsfeldern Asiens handschriftlich vervielfältigt und weitergegeben. Die Botschaft von dem „Sieg Gottes" war in der furchtbaren Zeit eine Ermutigung.

Das Dritte Reich ist längst erloschen. Jesus selbst als der lebendige Herr, und seine unzählbare Schar ist bis heute Realität in allen Erdteilen. Jesus behält den Sieg.

Die Botschaft der Offenbarung des Johannes ist und bleibt aktuell. Diese dritte Auflage im Verlag der Liebenzeller Mission erreicht fast das 50. Tausend der Gesamtauflage dieser Auslegung.

Marburg an der Lahn, Neujahr 1978

Erich Schnepel

# Vorwort zur 1. Taschenbuchausgabe

*Geborgenheit im Chaos*

Die Menschheitsgeschichte trägt dämonische Züge. Von jeher. Soweit wir sie verfolgen können.

Was ein Zeitalter aufbaut, stürzt im nächsten wieder ein.

Je mehr wir darüber nachdenken, desto unheimlicher mutet uns die Geschichte der Menschheit an. Sie erscheint uns wie ein Chaos.

Wir können ihr keinen Sinn abgewinnen. Wir wundern uns, daß sich in allen Jahrhunderten immer wieder Männer fanden, die Ordnung in dieses Chaos zu bringen versuchten. Wenn dem Chaos ein Stück gewehrt zu sein schien, kam die nächste Katastrophe.

Die moderne Zeit brachte erstaunliche Entdeckungen und Schöpfungen des menschlichen Geistes, aber keine Lösung der Menschheitsgeschichte.

Auch das 20. Jahrhundert nicht. Im Gegenteil! Es wurde ein unheimliches Jahrhundert.

In demselben 20. Jahrhundert sahen wir Menschen, die mitten in furchtbaren Katastrophen geborgene Menschen waren.

In früheren Jahrhunderten ebenso – seit Jesus kam.

Er ist stärker als alles. Er ist bei uns alle Tage bis an das Ende der Welt. Er schreitet als der Lebendige durch die Geschichte. Auch wenn sie apokalyptische Ausmaße annimmt, bleibt er derselbe. Er ist der einzige ruhende Pol in der Menschheitsgeschichte – heute und in der kommenden Zeit. Wer sein Leben mit ihm zusammenbindet, ist geborgen – mitten im Chaos.

*Das ist das Thema des letzten Buches der Bibel.*

Alles andere in der Offenbarung des Johannes ist Rahmen und Kulisse. Die Rätsel der Geschichte werden nicht weniger. Auch nicht für den, der in Jesus sein Zuhause hat. Aber er weiß, daß Jesus darüber steht und alles überschaut. Er erfährt mitten in der Katastrophe, daß Jesus an ihn denkt und für jeden seiner Leute einen besonderen Weg hat.

## 1. Kapitel

# Der Herr der Welt und der Gemeinde

### Offenbarung 1, 1–20

### *Der Ursprung der Offenbarung des Johannes*

Das letzte Buch der Bibel ist oft Gegenstand eines lebhaften Interesses und nicht selten einer starken Neugier gewesen. Es ist aber alles andere als ein Buch, das die Neugier phantasiebegabter Gemüter im Blick auf die Zukunft befriedigen will. Es geht im Grunde in dem Buch überhaupt nicht um kommende Ereignisse, sondern allein darum, Menschen, die es in ihrem Leben mit Christus nicht leicht haben und einen schweren Weg in Schmach und Verfolgung um Jesu willen gehen müssen, zu stärken und sie zu einem tapferen Stehen bei Jesus fähig zu machen. *Nur* zu diesem Zweck wird von den kommenden Ereignissen gesprochen, um einen klaren Blick auf das letzte Ziel Gottes zu gewinnen und von da aus einen festen Stand in der *Gegenwart* zu haben.

Das Büchlein von der Offenbarung des Johannes wurde sehr früh den ersten Christen geschenkt, als sie durch die ersten Verfolgungszeiten um Jesu willen hindurchgehen mußten und es gar nicht fassen konnten, daß ihr Leben so schwer wurde, nachdem Christus ihr Herr geworden war. Sie wollten von ganzem Herzen das Beste für ihre Mitmenschen und erlebten zu ihrer Verwunderung als Antwort bitteren Haß. Sie waren von ganzem Herzen bemüht, ihrem Leben eine neue, bessere Richtung zu geben, wie es ihrem neuen Herrn entsprach, und erlebten als Antwort schwere Verfolgungen.

Früher hätten sie das alles gut verstanden, als noch die Sünde und nicht Jesus in ihrem Leben die Führung hatte. Nun aber drohte es, vor ihren Augen dunkel zu werden, da sie die Schwere des neuen Weges nicht zu enträtseln vermochten. Sie hatten als Antwort auf all das neue, schöne und gute Wollen, das mit Jesus in ihr Leben gekommen war, herzliche Zustimmung ihrer Umgebung erwartet und erlebten nun zu ihrer Verwunderung das Gegenteil. Damit sie von allen diesen Nöten nicht überwältigt würden, schenkte ihnen der Herr durch einen seiner Boten einen hellen, klaren Durchblick durch die Pläne Gottes mit seiner Gemeinde. Im Grunde kommt es nicht auf die Einzelheiten an, sondern auf die Gesamtschau und die letzte Gewißheit, daß Gott mit seiner Gemeinde zu seinem ewigen Ziel kommt und sie sicher durch alle Entwicklungen der vorhergehenden Weltzeiten hindurchsteuert.

Da ich weiß, daß viele mit der Offenbarung gar nichts anzufangen wissen, lag mir daran, die Sprache des vorliegenden Buches möchte so einfach sein, daß es für jeden verständlich ist. Es könnte sein, daß die Darstellung manchem zu schlicht ist und darum für ihn nicht sichtbar wird, welche eingehende wissenschaftliche Arbeit dahintersteht. Aus der Literatur über die Offenbarung ist mir sonderlich der wissenschaftliche Kommentar von Professor Hadorn von großem Gewinn gewesen.

**Offb. 1, 1: „Die Enthüllung Jesu Christi, die ihm Gott gegeben hat, um seinen Knechten zu zeigen, was in Kürze geschehen soll. Er hat sie durch Zeichensprache kundgetan und durch seinen Engel seinem Knechte Johannes gesandt."**

Das letzte Buch der Bibel sollte nicht „Offenbarung des Johannes", sondern „Offenbarung Jesu Christi" heißen. Was Johannes niedergeschrieben hat, sind Enthüllungen oder Offenbarungen, die Jesus Christus als der erhöhte Herr von Gott selbst empfangen hat, durch die Gott ihm den Durchblick durch seine Pläne geben wollte, die er mit der Welt und seiner Gemeinde hat. Es ist ein großes Vorrecht, daß seine Gemeinde daran teilhaben darf.

Jesus gibt seine Enthüllungen in Bildern, die nur seiner kämpfenden Gemeinde verständlich sind. Für die Welt bleibt die Enthüllung Jesu ein Buch mit sieben Siegeln. Es wird für manchen, der sich mit den Bildern der Offenbarung des Johannes gequält hat und dem sie unheimlich und unverständlich blieben, eine große Befreiung sein, aus der wörtlichen Übersetzung dieses ersten Verses der Offenbarung des Johannes zu erfahren, daß Jesus seinem Knecht durch Zeichensprache das kundgetan hat, was er ihm für seine Gemeinde zu sagen hat.

Es ist also nicht ein Mangel an Achtung vor dem Wort Gottes, wenn wir die Zeichensprache wirklich als Zeichensprache nehmen und uns klar sagen, daß es sich um Zeichen und Bilder handelt. Es ist vielmehr umgekehrt eine ehrfurchtslose Vergewaltigung des Wortes Gottes, wenn wir es nicht so nehmen, wie es dasteht, und in der Offenbarung des Johannes die Zeichen nicht wirklich Zeichen oder Bilder und Gleichnisse sein lassen. Das heißt freilich nicht, daß hinter den Zeichen und Bildern keine Wirklichkeit stünde. Alle Zeichen und Gleichnisse der Offenbarung des Johannes sprechen von ganz klaren Wirklichkeiten.

Wenn es in Vers 1 heißt, daß dies alles „in Kürze" geschehen soll, so müssen wir daran denken, daß Gott an einem einzigen Menschentag so viel geschehen lassen kann wie sonst in tausend Jahren, und daß ein anderes Mal tausend Menschenjahre nur ein Tag im Plan Gottes sind. Von hier aus wird die langsame Entwicklung des Reiches Gottes vom 9. bis 18. Jahrhundert verständlich und die schnelle Entwicklung in der jüngsten Vergangenheit.

Nachdem die Weltmission tausend Jahre fast stillgestanden hat, ist plötzlich in den letzten hundert Jahren das Evangelium von Jesus durch die ganze Welt getragen worden, und es überstürzen sich in unserem Jahrhundert die geistigen Entwicklungen in allen Erdteilen. Die Entwicklung der Menschheit kann plötzlich so schnell weitergehen, daß wir über Nacht in den Ereignissen stehen, die Jesus in diesem Büchlein seiner kämpfenden Gemeinde enthüllt hat. Wer dann die Enthüllung Jesu klar in seinem Bewußtsein trägt, wird einen guten Kompaß haben.

**Offb. 1, 2: „Welcher das Wort Gottes und das Zeugnis Jesu Christi bezeugt hat, alles, was er sah."**

Die Offenbarung ist keine schriftstellerische Arbeit, die den Gedanken des Johannes entsprungen ist und die er nur in die Form einer prophetischen Schau gekleidet hat. Mit großem Ernst betont Johannes, daß er nur Zeuge ist, der das weitergibt, was ihm gegeben wurde. Diese Tatsache gibt seinem Wort das volle Schwergewicht. Es ist nicht des Johannes Wort, sondern Gottes Wort. Das letzte Buch der Bibel hat seinen Ursprung nicht in der Ideenwelt eines Menschen, sondern im lebendigen Gott. Es ist Gottes Wort.

Zugleich ist es das Zeugnis Jesu Christi, das der erhöhte

Herr von Gott empfangen hat. Seit er der Herr zur Rechten Gottes ist, ist ihm der umfassende Durchblick durch die Pläne Gottes gegeben. Es liegt dem Johannes daran, mit ganzem Nachdruck zu sagen, daß die Botschaft, die er auszurichten hat, nicht sein eigenes Zeugnis ist, sondern das Zeugnis Jesu, das Johannes nur weiterzugeben hat. Dadurch bekommt das letzte Buch der Bibel eine solche Bedeutung, weil der Herr der Gemeinde selbst es ihr gegeben hat. In ihm bezeugt Jesus, was Gott ihm von den Geheimnissen seiner Weltregierung enthüllt hat.

Obwohl die Botschaft der Offenbarung nicht von Johannes stammt, sondern das Zeugnis Jesu ist, bleibt es dennoch dabei, daß auch das Wort des Johannes Zeugnischarakter hat und Johannes selbst ein echter Zeuge ist. Er bezeugt, was Jesus ihm sagte und zeigte, „alles, was er gesehen hat". Wir fühlen dem Johannes ab, wie er mit diesem Satz uns noch einmal zum Bewußtsein bringen will, daß nichts seiner Phantasie, seiner eigenen Gedankenarbeit, seinem Nachsinnen entsprungen ist, sondern daß er in einer besonderen Schau die Wahrheiten des letzten Buches der Bibel von Jesus selbst gezeigt bekam.

**Offb. 1, 3: „Selig, wer vorliest, und die, welche die Worte der Weissagung hören und das, was in ihr geschrieben ist, festhalten; denn die Zeit ist nahe."**

In alten Zeiten hatte die Christenheit es nicht so gut wie heute, wo jeder ohne Mühe seine eigene Bibel besitzen kann, um darin zu lesen. Vor der Erfindung der Buchdruckerkunst mußten alle Bücher handschriftlich vervielfältigt werden. Es ist klar, daß dies ungeheure Kosten verursachte, so daß kein Privatmann die ganze Bibel sein eigen nannte. Man wundert sich, wie die alten Gemeinden dennoch so ursprünglich aus dem Wort der Bibel gelebt haben. Es war schon eine große Sache, wenn ein Privatmann ein einzelnes biblisches Buch in seinem Besitz hatte. Wir sind in der Gegenwart verwöhnte Leute und achten es gar nicht, was uns damit geschenkt wurde, daß uns die Bibel in allen ihren Teilen so leicht zugänglich ist. Wir tragen darum eine besonders große Verantwortung, wie wir mit diesem einzigartigen Buch umgehen. Johannes preist den glücklich, der in der Gemeinde das vorlesen darf, was er im Auftrag seines Herrn niederschreibt. Was sind wir erst glückliche Leute, die wir jederzeit über diesem Buch still werden können.

Wahrscheinlich würden wir die Menschen der alten Zeit um die Treue und Klarheit beneiden, mit der sie die Worte in ihrem Gedächtnis bewahrt haben, die sie in der Gemeindeversammlung aus der Bibel hörten. Das gedruckte Wort hat unsere Fähigkeit vermindert, das, was wir lesen und hören, getreu zu bewahren und wirklich festzuhalten. Das gedruckte Wort hat uns zu flüchtigen Leuten gemacht. Wenn in Verfolgungszeiten die Bibel einmal nicht mehr zugänglich sein sollte, wird sich dieser Umstand schmerzlich bemerkbar machen.

Wir sollten trotz der Buchdruckerkunst versuchen, das Wort der Heiligen Schrift so in uns aufzunehmen und zu bewahren, daß es uns wirklich bleibt und gegenwärtig sein kann. Ich denke mit stillem Neid an den japanischen Professor Kanamori, den ich als junger Missionsinspektor der Berliner Stadtmission in seinem Berliner Hotel aufsuchte und beim Lesen des Markusevangeliums antraf. Er hatte aber kein Buch in der Hand und brauchte keine Augen zum Lesen. Er war einst als einer der ersten Christen Japans in jungen Jahren aus der Heimat verbannt worden und hatte seine Bibel abgenommen bekommen. Als er zurückkehrte, lernte er weite Teile der Bibel so auswendig, daß er sie fortan aus dem Gedächtnis lesen konnte.

Ich könnte mir denken, daß viele von uns einmal froh sein würden, die Offenbarung des Johannes in solch plastischer Weise ihr eigen nennen zu können, wenn wir in den schweren Verfolgungen der letzten antichristlichen Weltperiode vielleicht keine Bibel mehr besitzen. Welch eine Kraft wird darin liegen, wenn einer der Verfolgten seinen Brüdern und Schwestern ein Kapitel der Offenbarung des Johannes aus dem Gedächtnis vortragen und sie dadurch stärken kann.

„Die Zeit ist nahe." Das Wort hat heute noch einen ganz anderen Klang als zur Zeit, da es niedergeschrieben wurde. In den kurzen Jahren, die vergangen sind, seit ich im Jahre 1937 die erste Arbeit über die Offenbarung des Johannes in Druck gab, hat die Weltgeschichte ein derartig überstürzendes Tempo eingeschlagen, daß viele Stellen der Offenbarung greifbar nahegerückt sind. Wir werden den Eindruck nicht los, daß wir mitten in den Ereignissen stehen, von denen die Blätter des letzten Buches der Bibel Kunde geben. Es könnte sich der Ablauf der Weltgeschichte einmal so überstürzen, daß sich in wenigen Wochen und Monaten Dinge ereignen, zu denen früher Jahrhunderte notwendig schienen, so daß wir über Nacht den antichristlichen Welteinheitsstaat erleben können und damit vor der letzten schweren Wegstrecke der Gemeinde Jesu, aber auch vor dem Wiederkommen ihres Herrn in Herrlichkeit stehen würden. Die Zeit ist nahe.

### *Die Gewißheit der Offenbarung des Johannes*

Offb. 1, 4–6: „Johannes an die sieben Gemeinden in Asien. Gnade sei mit euch und Friede von dem, der da ist und der da war und der da kommt, und von den sieben Geistern, die vor seinem Throne sind, und von Jesus Christus, dem treuen Zeugen, dem Erstgeborenen von den Toten und dem Fürsten über die Könige der Erde. Ihm, der uns liebt und uns durch sein Blut von unseren Sünden gelöst hat – und er hat uns zu seinem Königreich gemacht, zu Priestern vor seinem Gott und Vater – ihm sei die Herrlichkeit und die Macht in die Ewigkeiten der Ewigkeiten! Amen."

Wie vertraut muß Johannes den kleinasiatischen Gemeinden gewesen sein, daß er seinem Namen keine nähere Bezeichnung hinzuzufügen braucht. Sie kennen ihn alle. Er ist wie ein Vater in ihrer Mitte. Er bedarf keines besonderen Titels, um seine Autorität zu begründen. Seine Autorität liegt in dem, was Jesus ihm gab. Hinter ihm steht der, „der da ist und der da war und der da kommt".

Daß der Geist Gottes in seiner ganzen Fülle in der Offenbarung waltet, die dem Johannes gezeigt worden ist, wird in dem Bild von den sieben Geistern zum Ausdruck gebracht, die vor dem Throne Gottes sind. Sieben ist immer die Vollzahl Gottes, die sich aus der Zahl drei (Dreieinigkeit) und der Zahl vier (die vier Himmelsrichtungen) zusammensetzt. Wenn die Zahl sieben in der Offenbarung verwendet wird, soll gesagt werden, daß hier der lebendige Gott am Werk ist, der in umfassender Weise nach allen Seiten hin sich offenbart. So umfassend handelt in der Offenbarung des Johannes der Geist Gottes und steht hinter diesem Buch als letzte Autorität, die die Gewißheit und Wahrheit der Offenbarung verbürgt.

Zu der Autorität des ewigen Gottes, zu der Autorität des Geistes tritt die Autorität Jesu Christi. Er ist der treue Zeuge.

Was er sagt, ist immer wahr. Er hat sein Wort mit dem Tod besiegelt. Aber er ist der Erstgeborene aus den Toten, der lebendige Herr seiner Gemeinde, der heute noch ebenso treu zu ihr spricht wie einst, und auf dessen heutiges Wort sie ebenso trauen kann wie auf das Wort, das er auf Erden sagte. Sein Wort hat die volle Autorität, weil er der Fürst der Könige auf Erden ist. Sein Wort ist nicht irgendein Menschenwort, sondern das Wort des Herrn der Welt. Mit ihm steht kein Mensch in einer Linie. Er steht in einem unendlichen Abstand über uns allen, auch über den führenden Persönlichkeiten der Völker und Staaten. Ohne daß sie es wissen, haben die Staatsleute und Feldherren der Jahrhunderte auf seinen Befehl arbeiten müssen, um die Pläne seines Reiches durchzuführen. Die Autorität dieses Herrn der Welt steht hinter der Offenbarung des Johannes und gibt ihr letzte Gewißheit.

Der Herr der Welt ist Jesus für alle, ob sie es wahrhaben wollen oder nicht. Zu seiner Gemeinde steht er aber noch in einem besonderen Verhältnis. Sie weiß, daß er sie liebt. Johannes drückt dies in der Gegenwartsform, der Dauerform aus, weil die Liebe Jesu zu seiner Gemeinde immer Gegenwart ist und nie aufhört. Daß Jesus uns so liebhat, ist das große, tragende Fundament unseres Verhältnisses zu ihm.

Seine Gemeinde würde nicht in einem solchen Verhältnis zu ihm stehen und so von seiner Liebe getragen und umschlossen werden können, wenn er sie nicht von ihren Sünden durch sein Blut gelöst hätte. Das tat er einst grundsätzlich am Kreuz, und das tut er ganz persönlich in der Lebensgeschichte eines jeden einzelnen. Dadurch hat er freie Bahn zwischen ihm und uns gemacht und uns in dieses neue, schöne Verhältnis zu ihm gestellt, das von seiner Liebe getragen wird.

Wen Jesus durch sein Blut und durch seine Vergebung von dem schwersten Verhängnis seines Lebens, von der Schuld vor Gott gelöst hat, den hat er eingegliedert in die Schar, die zu seinem Herrschaftsbereich, zu seinem Königreich gehört, und die er seine Gemeinde nennt. Seine Gemeinde ist nicht ein frommes Institut, eine religiöse Organisation, sondern der lebendige Herrschaftsbereich Jesu, in dem er der König ist. Nur dort ist Gemeinde Jesu, wo er der König sein darf und uns in seinen Herrschaftsbereich zu ziehen vermag.

Wem er der König wurde, dem gibt er eine neue Würde, einen neuen Sinn, eine neue innere Verfassung: er macht ihn zu einem priesterlichen Menschen, der in einer neuen Weise dem lebendigen Gott an seinen Brüdern und Schwestern dienen will. Die priesterlichen Menschen sind die wichtigsten Menschen auf Erden. Die priesterlichen Menschen sind die gütigen Menschen. Die priesterlichen Menschen sind die Menschen, die helfen wollen. Die priesterlichen Menschen möchten zu Jesus führen. Es sind die Menschen des Gebets. Wen Jesus zu einem priesterlichen Menschen macht, dem ist der größte Lebensinhalt gegeben, den ein Mensch überhaupt finden kann.

Über all dem kann Johannes nur anbeten. Diesem Herrn, der so Großes für uns schuf und uns gab, gehört die Herrlichkeit und Macht in alle Ewigkeit. Das begründet die Gewißheit in unserem Leben mit ihm und die Gewißheit der Botschaft von ihm.

## *Der Inhalt der Offenbarung des Johannes*

Offb. 1, 7. 8: „Siehe, er kommt mit den Wolken, und jedes Auge wird ihn sehen, auch die, welche ihn durchstochen haben, und es werden wehklagen über ihn alle Geschlechter der Erde. Ja, Amen.
Ich bin das A und das O, spricht Gott der Herr, der da ist und der da war und der da kommt, der Herrscher über alles."

Das ist die eine Botschaft der Offenbarung des Johannes: *Er kommt!* In diesem einen Satz ist alles enthalten, was Johannes in diesem Buch uns zu sagen hat. Damit keiner diese kurze Botschaft: „Er kommt" überhört, leitet sie Johannes mit den Worten ein, durch das im Neuen Testament immer auf entscheidende Tatsachen aufmerksam gemacht wird: Siehe! Dieses Wort hat dieselbe Bedeutung, wie wenn am Lautsprecher der Ruf ertönt: Achtung, Achtung! Das, was dann kommt, darf von niemandem überhört werden.

*Jesus kommt:* das ist der große Zielpunkt, auf den die Weltgeschichte zusteuert; das ist der eine klare, helle Punkt in der kommenden Entwicklung. Alles andere liegt im Dunkel. Daß Jesus kommt, ist der feste Punkt, den uns das letzte Buch der Bibel unüberhörbar einprägen will. Von diesem Zielpunkt aus sollten wir unsere gesamte Lebensorientierung treffen.

Von diesem Punkt aus gewinnen wir allein eine Orientierung durch das rätselhafte Gewirr der Weltgeschichte. Die Linie, die auf diesen Punkt hinsteuert, ist der rote Faden, der sich durch die ganze Weltgeschichte hindurchzieht.

Wenn Jesus kommt, wird er nicht wieder als Menschenbruder erscheinen, sondern als der Herr der sichtbaren und unsichtbaren Welt. Das will der Ausdruck besagen: „Er kommt mit den Wolken." Christus hat bei seinem Wiederkommen keine Wolken nötig, die ihn tragen, aber er wird so erscheinen, daß niemand im Zweifel ist, daß es der Herr der Welt ist, der wiederkommt.

Jedes Auge wird ihn sehen. Keine Presse und kein Radio wird nötig sein, um die Tatsache in allen Völkern der Welt kundwerden zu lassen, daß er da ist. In allen fünf Erdteilen wird es mit einem Schlag klar sein, daß die Weltgeschichte zu Ende ist und Jesus seine Weltherrschaft nun auch praktisch angetreten hat, um nach dem großen, letzten Gericht die neue Welt Gottes zu bauen.

Rundfunk und Fernsehsendungen geben uns eine Ahnung von den Möglichkeiten Gottes, sich der ganzen Welt mit einem Schlag verständlich zu machen. Es wird keiner an den Fernsehapparat gehen müssen, um wahrzunehmen, daß Jesus da ist. Gott wird mit seinen größeren, umfassenderen Möglichkeiten allen fünf Erdteilen dies schlagartig kundtun, so daß das Wiederkommen Jesu wirklich wie ein Blitz ist, der in dunkler Nacht aufleuchtet.

Nicht nur die Freunde Jesu werden ihn sehen, sondern auch seine Gegner. Es sind viele, die seit dem Tag auf Golgatha in ihn gestochen haben und ihn zu beseitigen suchten. Sie werden dann alle sehen, daß sie auf die falsche Karte gesetzt haben und sich täuschen ließen.

Darum wird durch die Völker der Erde ein großes Wehklagen ziehen. Alle Völker werden bestürzt sein, weil sie mit der Tatsache des Wiederkommens Jesu nicht gerechnet haben. Aber in allen Völkern werden solche sein, die sich freuen, daß ihr Herr sie nicht enttäuscht, obwohl er sie nach menschlichem Begreifen lange warten ließ. Alles, was dazwischenliegt, wird vergessen sein über der großen Freude, daß Jesus nun da ist.

„Ja, Amen", fügt Johannes hinzu, um ganz gewiß auszusprechen, daß diese seine Botschaft eine große Wahrheit ist, mit der wir alle rechnen müssen und dürfen. Wir müssen mit ihr rechnen, ob wir wollen oder nicht. Wir dürfen mit ihr rechnen voll Gewißheit und Zuversicht, wenn Jesus Christus in unsere Lebensgeschichte eingetreten ist.

Hinter dieser Botschaft steht der lebendige Gott, der das A und O der Weltgeschichte ist. A und O sind der Anfangs- und Schlußbuchstabe des griechischen Alphabets. Das will besagen, daß Gott das erste und das letzte Wort in allem hat. Aus seinen Plänen ist die Sendung des Christus hervorgegangen. So gewiß wie Jesus einst auf Erden kam und jetzt im Auftrag Gottes aus allen Völkern die ruft, die ihm offen werden, so gewiß wird Gott auch seinen Plan mit Christus zum Ziel führen und Jesus in der Herrlichkeit Gottes wiederkommen.

Hinter dem Plan, dessen Brennpunkt Christus ist, steht niemand anders als der, der die Herrschaft über alles hat. Er wird sich seinen Plan durch nichts durchkreuzen lassen, sondern ihn gegen alle Widerstände der Menschen und trotz aller Not und Enttäuschung, die er in seiner Gemeinde erlebt, zum Ziel führen. Er ist der Alleinherrscher.

## *Jesus und seine Gemeinde*

Offb. 1, 9: „Ich, Johannes, euer Bruder und Mitgenosse in der Trübsal und am Reich und im Harren auf Jesus, war auf der Insel, die Patmos heißt, um des Wortes Gottes und des Zeugnisses Jesu willen."

Durch Johannes ist uns die große prophetische Schau des letzten Buches der Bibel geschenkt worden. Echte Propheten prunken nicht mit einem Titel. Er nennt sich weder Apostel noch Prophet, noch Ältester – nur Bruder. Der Brudername ist das Größte, das man in der Gemeinde Jesu von einem Menschen sagen kann. Auch der führende Mann der kleinasiatischen Christenheit ist „nur" ein Bruder. Das ist sein Ehrentitel. Der Brudername kommt lange vor jedem Pfarrer- und Bischofstitel. Der Brudername ist der Adel der Gemeinde Jesu.

Johannes ist ihr Mitgenosse in der Trübsal. Er geht durch dieselbe Verfolgung wie die Gemeinde. Man hat ihn als den führenden Mann auf die einsame Insel Patmos verbannt, um die ganze Christusbewegung zu treffen. Eins kann ihm keine Verfolgung nehmen: daß er von Christus in sein Reich eingebürgert ist. Das ist seine Freude auch in der Verbannung. Alle Verfolgung hat ihn innerlich nicht lähmen können. Er ist im Harren auf Jesus geblieben. Das Wort „Geduld" reicht zur Übersetzung nicht aus. „Geduld" ist eine große Sache. Wem sie geschenkt ist, ist viel von Gott geschenkt. Aber sie ist ein passives Verhalten des stillen Tragens und Duldens, während Johannes in stärkster innerer Aktivität steht, in einer Anspannung aller Kräfte des Harrens auf Jesus, des Ausharrens bis ans Ende. Sein Blick ist voll innerer Anspannung nach vorn gerichtet. Auch die Einsamkeit der Verbannung kann ihn darum nicht lähmen. Über alles hinweg geht sein Blick voller Erwartung auf Jesus, den kommenden Herrn.

So sind es drei Linien, die zu den charakteristischen Lebenslinien eines Jüngers Jesu gehören: das Stehen in der Trübsal um Jesu willen, das Teilhaben an seinem Reich und das tapfere Harren auf den Herrn Christus. Die satte, selbstzufriedene Frömmigkeit versteht die Einheit dieser drei Lebenslinien nicht. Aber die, die durch viel Leid und Not um Jesu willen gehen, horchen hell auf.

Menschen wollten Johannes durch die Verbannung lahmlegen und ihn seiner Wirksamkeit für das Reich Gottes berauben. In Wirklichkeit mußten sie ihm aus aller Unruhe zu der Stille helfen, in der ihn die Offenbarung Gottes erreichen konnte. Römer 8, 28: „Wir wissen, daß denen, die Gott lieben, alle Dinge zum Besten dienen."

Im Leben seiner Kinder ordnet Jesus alles. Niemand und nichts darf uns aus seiner Hand nehmen. Damit dürfen wir fest rechnen — auch für die schwersten Verfolgungszeiten. Er verfügte auch über die Behörden Kleinasiens und die Polizei in Ephesus. Sie waren auch nur Werkzeug in Jesu Hand und mußten dem Johannes zu der stillen Abgeschlossenheit helfen, in der die große Schau des letzten Buches der Bibel ihm übermittelt und uns aufgezeichnet werden konnte.

Johannes war in der Tat in einem doppelten Sinn wegen des Wortes Gottes und des Zeugnisses von Jesus in der Verbannung. Weil er dieses Wort so tapfer ausgerichtet und

Jesus in dem Handelszentrum Kleinasiens so lebendig bezeugt hatte, traf ihn die Verfolgung. Aber er mußte auch in die Verbannung, damit er das Wort Gottes und das Zeugnis von Jesus in besonderer Weise uns sagen konnte.

Für die Offenbarung des Johannes ist es charakteristisch, daß immer wieder der einfache Name „Jesus" gebraucht wird. Vielleicht stammt dies aus dem langen, vertrauten und persönlichen Umgang, den Johannes mit Jesus hatte. Wo der Christusname gebraucht wird, dient er dazu, die besondere Stellung deutlich zu machen, die Jesus in den Plänen Gottes als der Christus hat. Durch ihn wird seine Aufgabe sachlich bezeichnet, während der Name Jesus in der ganz persönlichen, warmen Weise von ihm spricht, die der tiefen, herzlichen Verbundenheit mit ihm entspringt. Der Name Jesus ist voll Schönheit und Kraft. In ihm schwingt die ganze Liebe zu Jesus mit. Es ist doch der schönste und größte Name, den es in der Welt gibt. Größeres gibt es nicht, als wenn es uns ermöglicht wird, daß wir von ganzem Herzen zu ihm sagen können: „Herr Jesus." Das ist nur möglich, wenn uns der Geist erschlossen hat, wer Jesus ist (1. Kor. 12, 3).

**Offb. 1, 10: „Ich war im Geist am Tag des Herrn und hörte hinter mir eine gewaltige Stimme wie eine Posaune."**

Wen Gott mit Jesus verbunden hat, der ist immer „im Geist". Das ist das neue Grundwesen des Lebens mit Jesus. Das „Im-Geist-Sein" ermöglicht allein die Verbundenheit mit dem unsichtbaren Herrn. Darum sagt Römer 8, 9: „Wer Christi Geist nicht hat, der ist nicht sein." Der Geist wird jedem geschenkt, der Jesus in sein Leben aufnimmt. Wenn Jesus in uns Wohnung macht, macht mit ihm der Geist in uns Wohnung. „Der Herr ist der Geist" (2. Kor. 3, 17).

Der Geist ist von Jesus nicht zu trennen. Wir empfangen den Geist nicht in einem Reifestadium unseres Lebens mit Jesus, sondern im allerersten Anfang, wenn wir Jesus erlauben, uns zu beschlagnahmen und uns mit seiner Gemeinschaft zu umschließen. Hiermit beginnt das zweite Leben – das Leben mit Jesus. Dieser Anfang des neuen Lebens mit Jesus wird Johannes 3 mit einer Geburt verglichen und die zweite Geburt, die Wiedergeburt oder die Geburt von oben genannt.

Dieser Lebensvorgang, den Gott in uns gestaltet, ist dasselbe wie die Bekehrung. Die Bekehrung zu Jesus ist der sachliche Inhalt dieser zweiten Geburt, mit der das neue zweite Leben mit Jesus beginnt. In dieser Geburt empfangen wir den Geist. Diese Geburt ist nur durch den Geist möglich, der uns die Wirklichkeit und einzigartige Bedeutung Jesu erschließt und uns mit ihm verbindet. Das ist der normale Stand aller Glieder der Gemeinde Jesu. So Großes damit gegeben ist, so ist es doch nichts Außergewöhnliches, sondern das, was Gott uns allen zugedacht hat: daß wir im Geist sind und aus dem Geist und dem neuen Lebenszusammenhang mit Jesus heraus denken und handeln.

Das, was Johannes auf Patmos zuteil wurde, war etwas Besonderes und wirklich Außerordentliches. Das „Im-Geist-Sein" ist kein schematisches Sein, das immer die gleiche Art und Weise hat. Es ist der lebendige, lebenschaffende Geist. Weil der Geist Leben ist, darum ist er in keine feste Form zu spannen. Er wirkt lebensvoll und mannigfaltig, so wie es die Lage der Gemeinde Jesu oder eines einzelnen Christen erfordert. Der Geist wird in dem Maß gegeben, wie es jeweils nötig ist. Der Geist weiß, welches Maß er uns jeweils zuteilen muß, damit wir im Leben mit Jesus existieren und unsere Aufgaben in seiner Gemeinde und in der Welt erfüllen können (1. Kor. 12, 11).

Der Geist kann auch ganz außerordentlich handeln wie an Paulus vor Damaskus oder nach seiner Verhaftung (Apg. 23, 11). Ein solches außerordentliches Handeln des Geistes erfährt Johannes hier, weil Jesus ihm etwas Besonderes schenken will und einen besonderen Dienstauftrag für seine Gemeinde hat. Diese Art des „Im-Geist-Sein" war auch für Johannes etwas Ungewöhnliches.

Wenn Jesus uns etwas offenbaren will, wird er auch die rechte Form finden, in der er es uns sagen kann. Aber es ist die Stille von Patmos dazu nötig. Wenn wir sie nicht von uns aus finden, führt Jesus sie gewaltsam herbei wie bei Johannes. Wir sollten darauf bedacht sein, echte Stille zu finden, daß der Geist Gottes zu uns reden kann.

Es ist ein schönes, aber nicht notwendiges Zusammentreffen, daß dieses besondere „Im-Geist-Sein" dem Johannes am

Herrentag zuteil wurde. Der „Tag des Herrn" ist die ständige Bezeichnung im Urchristentum für den Sonntag. Wir hätten den Sonntag nicht, wenn es nicht der Tag des Herrn wäre, an dem unser Herr auferstanden ist. Darum war der erste Tag der Woche der Gemeinde Jesu etwas Besonderes.

Darin hat der Sonntag seinen Grund und seinen Wert, daß er der Tag des Herrn ist, der ihm aus Dankbarkeit gehört. Der Tag des Herrn hat darin seinen Sinn, daß er dem stillen Umgang mit Jesus im Geist geweiht ist und uns Zeit zum Hören auf das Wort von Jesus und für den Dienst in seiner Gemeinde gibt. Der Tag des Herrn ist ein großes Geschenk, wenn er uns wirklich still macht. Dann kann er auch in schlichter Weise ein Tag der Offenbarung sein, an dem uns viel Großes und Schönes von Jesus enthüllt wird. Es ist eine tiefe Verantwortung, den Sonntag wirklich den Tag des Herrn sein zu lassen.

Johannes hört im Geist eine gewaltige Stimme. Es ist keine alltägliche Stimme. Etwas Besonderes liegt in ihr. Sie bringt ihm eine Botschaft aus der Welt Gottes. Es ist dieselbe Stimme, die Offenbarung 4, 1 zu ihm spricht. Es ist die Stimme des Engels, der Offenbarung 1, 1 und 22, 16 genannt wird. Er ist der Herold des Königs. Die eigentliche Botschaft spricht Jesus selbst aus.

„Wie eine Posaune." Hier erscheint zum erstenmal dieses kleine Wort „wie", das der Offenbarung Johannes eigentümlich ist. Dieses „wie" drückt das „Uneigentliche" des Geschauten und die Mangelhaftigkeit des Vergleiches aus. Es ist keine Posaune, aber die ganze machtvolle Art erinnert an die Kraft einer Posaune.

Durch dieses kleine Wort „wie" wird an vielen Stellen der Offenbarung ein Vergleich eingeführt, der uns durch einen menschlichen Begriff anschaulich machen will, was Johannes im Geist gezeigt bekam. Es fehlen ihm die Worte, in denen er das Göttliche aussprechen kann. Darum diese Fülle von oft eigenartigen Bildern, die der Anschauungswelt des Menschen entnommen sind. Darum dieses kleine Wort „wie", das uns an den Gleichnischarakter der gebrauchten Begriffe erinnert. Aber diese Gleichnisse sprechen von Wirklichkeiten.

Offb. 1, 11: „Sie sprach: Schreibe, was du siehst, in ein Buch und sende es an die sieben Gemeinden, nach Ephesus, Smyrna, Pergamon, Thyatira, Sardes, Philadelphia und Laodicea."

Offenbarung 22, 10 befiehlt der Engel, das Gehörte nicht zu versiegeln. Hier befiehlt er die Niederschrift und Absendung an die sieben Gemeinden. Die Niederschrift war nicht nur nötig, weil Johannes sich von den Gemeinden getrennt befand, sondern auch deshalb, weil es eine so wichtige Botschaft war, die der Gesamtheit aller Gemeinden aller Zeiten einen entscheidenden Dienst tun sollte.

Die Niederschrift ist schwerlich gleichzeitig mit dem Empfang der Botschaft in dem außerordentlichen Zustand erfolgt, sondern anschließend mit Anspannung aller Geisteskräfte, um die Botschaft unverfälscht zu übermitteln. Ob die Botschaft auf einmal oder zu verschiedenen Zeitpunkten empfangen wurde, wird nicht ausgeführt.

Die Offenbarung des Johannes ist keinem menschlichen Gehirn entsprungen, sondern stammt aus der Werkstatt Gottes und gibt seine Weltenpläne wieder, die er mit der Welt und mit seiner Gemeinde hat. Die Übermittlung durch einen Menschen hebt den göttlichen Ursprung und die göttliche Autorität nicht auf.

Offb. 1, 12. 13 a: „Und ich wandte mich um, um nach der Stimme zu sehen, die mit mir redete; und als ich mich umgewandt hatte, sah ich sieben goldene Leuchter und in der Mitte der Leuchter einen, der war gleich einem Menschensohn."

*Jesus inmitten seiner Gemeinden.* Die sieben Leuchter sind das Gleichnis für sieben Gemeinden. Was für die sieben Gemeinden gilt, gilt für alle Gemeinden des Herrn Jesu. Er ist in ihrer Mitte. Sie haben ihr Leben nur durch die Beziehung zu ihm. Daß er sich in ihrer Mitte befindet, ist entscheidend. Er ist der Mittelpunkt seiner gesamten Gemeinde. Daß wir mit ihm verbunden sind, macht uns zu Gliedern seiner Gemeinde.

Damit, daß sich Jesus mitten unter seinen Gemeinden auf Erden befindet, ist gegeben, daß er jede seiner Gemeinden und alle ihre Glieder sieht und kennt. Obwohl er der unsichtbare erhöhte Herr ist, ist er doch allen seinen Gemeinden unmittelbar nahe. Ihr ganzes Leben ist vor ihm wie ein aufgeschlossenes Buch. Nichts von dem Leben seiner Gemeinden ist ihm verborgen. Er kennt jede Gemeinde in ihren Grundwesenszügen, in ihrem verborgenen Leben mit ihm.

Zugleich ist die Tatsache, daß Jesus inmitten all seiner Gemeinden ist, sehr tröstlich für uns. Dann wird er keine Gemeinde in ihrer Not vergessen. Dann wird er jedem Glied seiner Gemeinde so zu Hilfe kommen, wie es nötig ist. Dann übersieht er nichts, was unser Leben angeht. Dann kann er wirklich der gute Hirte sein.

*Jesus – der König des Gottesreiches.* In Daniel 7, 13. 14 steht das prophetische Wort: „Ich sah im Gesicht des Nachts, und siehe, es kam einer in des Himmels Wolken wie eines Menschen Sohn bis zu dem Alten und ward vor ihn gebracht. Der gab ihm Gewalt, Ehre und Reich, daß ihm alle Völker, Leute und Zungen dienen sollten. Seine Gewalt ist ewig, die nicht vergeht, und sein Königreich hat kein Ende." Aufgrund dieses Wortes hat sich Jesus den Menschensohn genannt.

Wie oft mag Johannes dieses Wort aus Jesu Mund gehört haben. Jeder, der Daniel 7, 13 kannte, wußte, daß damit der Christus gemeint ist. Geheimnisvoll und groß mutet uns die Schau in Daniel 7, 13 an, daß der Menschensohn aus dem Himmel kommt und zu Gott geht, der ihn zum König des Gottesreiches einsetzt. Als Menschensohn ist er unser Bruder, als der König des Gottesreiches unser Herr.

Beides ist in Jesus Wirklichkeit geworden. Er wurde in Wahrheit ein Menschensohn, in jeder Hinsicht unser Bruder, um uns ganz nahezukommen, und bei der Vollendung seiner Gemeinde wird er einmal in Wahrheit der erste unter vielen Brüdern sein. Nun aber wird er von Johannes als der König des Gottesreiches geschaut, dem alle Gewalt im Himmel und auf Erden gegeben ist.

Das Gleichnishafte in der ganzen Beschreibung des erhöhten Herrn ist uns wohl bewußt. Das ändert aber nichts an der Wirklichkeit der einzelnen Züge, die durch die Gleichnisse verkörpert werden. Die tatsächliche Gestalt des erhöhten Herrn, der Geist ist wie Gott, geht über jedes menschliche Vorstellungsvermögen hinaus, wie wir uns auch von Gott keine Anschauung machen können. „Gott ist Geist", hat Jesus gesagt. Das soll nicht heißen: ein blasser Gedanke, sondern die stärkste und größte Wirklichkeit, die es gibt. Die wirkliche Gestalt Jesu werden wir erst erfassen können, wenn wir ihm selbst in der anderen Welt gegenüberstehen. Das wird die größte Stunde und Veränderung unseres Lebens bedeuten, wenn wir Jesus unmittelbar sehen, wie er wirklich ist.

**Offb. 1, 13 b: „Bekleidet mit einem bis zu den Füßen herabwallenden Gewand und um die Brust gegürtet mit einem goldenen Gürtel."**

*Jesus – der Hohepriester.* Er ist nicht nur der Herr und König des Gottesreiches, sondern der Hohepriester, der es durch sein priesterliches Eintreten überhaupt erst möglich gemacht hat, daß wir in Gottes Königreich eingebürgert wurden. Das bis zu den Füßen herabwallende Gewand ist die priesterliche Kleidung, die uns den priesterlichen Charakter Jesu zeigen will. Ähnlich ist Daniel 10, 5. 6 der Messias gezeichnet, nur daß der goldene Gürtel in Offenbarung 1, 13 nicht um die Lenden, sondern um die Brust gelegt ist, um die königliche Würde des erhöhten Herrn auszudrücken. Die ganze Zeichnung des erhöhten Herrn will seine königliche Majestät als ewiger Hoherpriester zum Ausdruck bringen. Er ist nicht nur der Herr seiner Gemeinde, sondern zugleich ihr großer Hoherpriester, der sie vor Gott vertritt, und dessen Gebet für seine Gemeinde Großes bedeutet (1. Joh. 2, 1).

**Offb. 1, 14: „Sein Haupt aber und seine Haare waren weiß wie weiße Wolle, wie Schnee, und seine Augen wie eine Feuerflamme."**

*Jesus – der Herr der Herrlichkeit.* Als eine Lichtgestalt in himmlischer Herrlichkeit wird uns Jesus in Vers 14 geschildert. So sahen ihn einst die drei Jünger auf dem Berg der Verklärung und Paulus vor Damaskus. Alles an ihm ist hell leuchtend. Alles ist in Licht getaucht, leuchtend wie weiße Wolle und Schnee.

Hier erscheint wieder das kleine Wort „wie", das in der Offenbarung des Johannes eine so große Rolle spielt. Es ist deutlich, daß es sich hier bei dem Bild der weißen Wolle und des Schnees um Gleichnisse handelt, mit denen die Leuchtkraft der Gestalt des himmlischen Herrn ausgesprochen werden soll. Der Gleichnischarakter kommt an dieser Stelle besonders stark zum Ausdruck. Gleichnischarakter und Zeichensprache heben nichts von der Wirklichkeit dessen auf, das durch die Bilder jeweils ausgesprochen werden soll.

Daß die Augen Jesu wie eine Feuerflamme sind, gehört auch zu dieser Zeichensprache, die jeder ohne weiteres versteht. Es soll uns gesagt werden, daß sein Blick von königlicher Hoheit ist. Wie eine Feuerflamme alles licht und hell macht, so durchdringt der Blick Jesu alles im Leben seiner Gemeinde und im Leben der Welt. Er ist der Herr der Herrlichkeit und zugleich der unbestechliche Richter.

Wir freuen uns, daß wir an Jesus solch einen Herrn haben, dem die ganze Herrlichkeit Gottes zu eigen ist, und sind uns zugleich bewußt, daß sein Auge alles in unserem Leben durchschaut, und daß wir ihn durch nichts täuschen können. Er weiß, ob unser Leben wirklich ein Leben vor ihm und unter ihm ist. Sein Urteil entscheidet unser ewiges Schicksal und schon unser Schicksal auf Erden, wie wir in den sieben Sendschreiben mit großer Deutlichkeit sehen.

**Offb. 1, 15 a: „Und seine Füße waren gleich wie flüssiges Erz, das im Schmelzofen zum Glühen gebracht ist."**

*Jesus — der Richter der Welt.* Es ist ein unheimliches Bild, mit dem Vers 15 uns die große Majestät Jesu und seine Funktion als Richter der Welt schildert. Die Zeichensprache ist eigenartig, aber unheimlich deutlich. Die Füße der himmlischen Gestalt sind nicht nur von Erz, so daß unter ihrem Schritt alles vernichtet wird, sondern gleich wie glutflüssiges Erz, das im Schmelzofen zum Glühen gebracht ist.

Es wäre schon ein eindrückliches Bild, wenn von dem ehernen Schritt des erhöhten Herrn durch die Weltgeschichte gesprochen würde. Das Bild von dem glutflüssigen Erz ist noch unheimlicher. Es erinnert uns an den glühenden Erzstrom, der sich aus dem Hochofen ergießt. Wer in dieses glutflüssige Erz gerät, ist verloren.

So unheimlich ist das Gericht Jesu. Keiner kann sich seinem Gericht entziehen. Er schreitet als der Richter durch die Völker- und Menschenwelt. Wen das Gericht Jesu trifft, der ist verloren. Für den, der ins Gericht kommt, gibt es keine Rettung mehr, nachdem ihn Jesus zuvor in unendlicher Geduld als Heiland der Welt gerufen hat. Wer den Heiland und Retter als seinen Herrn ablehnt, für den ist Jesus der Richter, dessen Gericht unerbittlich ernst ist. So gütig Jesus ist und so groß sein Vergeben, mit dem er uns in seine Gemeinschaft ziehen möchte, als Richter der Welt ist ihm eine unheimliche Majestät eigen.

Offb. 1, 15 b: „Und seine Stimme war wie das Rauschen vieler Wasser."

*Jesus — der Herr der Welt.* Wer einmal am offenen Meer gestanden hat, weiß, wie die Brandung donnert. So gewaltig ist die Stimme Jesu, wie die Stimme vieler Wasser, wie die donnernde Brandung des Meeres. Er ist wirklich der majestätische Herr der Welt. Er ist nicht mehr der, der in alle Niedrigkeit unseres Erdendaseins einging, um unser Bruder zu werden. Er ist jetzt der Herr und Gebieter der Welt, dessen majestätisches Wort Befehlsgewalt hat.

Jesus braucht als der Herr, der der Geist ist, keine menschliche Stimme, um sein Machtwort auszusprechen. So königlich und mächtig wie die Meeresbrandung, so königlich und mächtig ist sein Wort — im Blick auf die Welt und im Blick auf das Leben seiner Kinder.

Noch ist diese Tatsache vielfältig verhüllt und nur seinen Kindern offenbar. Dennoch ist er der allmächtige Herr, dem alle Gewalt im Himmel und auf Erden gegeben wurde und dessen Wort stärker als alles ist. Sein machtvolles Wort wird die Weltgeschichte abschließen und über jeden von uns das letzte Urteil sprechen. Sein machtvolles Wort wird seine Gemeinde durch alles hindurchbringen und vollenden. Sein machtvolles Wort wird die neue Welt Gottes aufbauen.

Wer sein Leben in Jesu Hand gegeben hat, ist ein tief geborgener Mensch, dessen Leben unter der stärksten Befehlsgewalt steht. Diese machtvolle Stimme Jesu will überall und allezeit in unseren Alltag hineinsprechen und alle Fragen unter seine Befehlsgewalt stellen. Es ist ein unerhörtes Vorrecht, daß unser kleines Leben unter diesem gewaltigen Wort Jesu stehen darf, das majestätisch wie das Rauschen des Meeres ist und das letzte Wort der Weltgeschichte sein wird.

Offb. 1, 16 a: „Und in seiner rechten Hand hielt er sieben Sterne, und aus seinem Munde ging ein scharfes, zweischneidiges Schwert hervor."

*Jesus — der Hirte und Richter seiner Gemeinde.* Die Zeichensprache der Offenbarung spricht von sieben Sternen, die Jesus in seiner rechten Hand hält. Die sieben Sterne sind nach Vers

20 das Bild für die sieben Vorsteher der Gemeinden, an die die Offenbarung zunächst geschickt werden soll. Die Vorsteher der Gemeinden, die zum Teil durch schwere Verfolgung gehen, sind in Jesu Hand.

In den sieben Vorstehern sind die sieben Gemeinden selbst verkörpert. Sie sind in der Hand des Herrn geborgen, um dessentwillen sie so Schweres erleben. Keine andere Hand kann über sie verfügen. Das Bild von den sieben Sternen in der rechten Hand Jesu spricht unsere völlige Geborgenheit in Jesu Hand aus, aber auch unsere totale Abhängigkeit von ihm. Wenn er uns losläßt, sind wir verlorene Leute. Wenn er uns festhält, sind wir geborgen. Diese Hand, die uns birgt, will aber auch über uns verfügen und uns in all unseren Entschlüssen und Handlungen leiten. Was macht uns diese Geborgenheit und Abhängigkeit froh! Zugleich erschrecken wir über unsere Eigenmächtigkeit, mit der wir leben und handeln können, als wären wir selbständige Leute und nicht total in Jesu Hand.

Der, der seine Gemeinde in seiner Hand geborgen hält, ist zugleich ihr unerbittlicher Richter, ihr heiliger Herr. Aus seinem Mund geht ein scharfes, zweischneidiges Schwert. Wenn je an einer Stelle der Offenbarung das Gleichnishafte ihrer Redeweise unübersehbar ist, so ist es hier. Der Herr, der Geist ist wie Gott, hat keinen menschlichen Mund, und noch viel weniger geht aus seinem Munde ein wirkliches Schwert. Aber mit eindeutiger Schärfe bringt dieses Bild zum Ausdruck, daß Jesus der unbestechliche Richter seiner Gemeinde ist.

Sein Richterwort dringt durch wie ein Schwert. Es ist nicht milde und gütig, sondern scharf und schneidend. Er weiß uns in unserer Sünde zu treffen. Er kann seine Kinder nicht schonen, wenn sie sich seiner Hand entwinden und von ihm nicht leiten lassen. Alle eigenmächtige Führung unseres Lebens, die nicht nach Jesu Befehl fragt, ist Sünde. Sein Wort entlarvt alle Scheinfrömmigkeit und legt das Tiefste in uns bloß. Es dringt durch wie ein Schwert. Es ist unbestechlich.

Es fehlt unserem Leben mit Jesus etwas Wesentliches, wenn es uns nicht bewußt bleibt, daß er nicht nur der gütige Herr, sondern auch der Richter seiner Gemeinde ist, der den verborgensten Grund bloßlegt. Er weiß, wer ihm wirklich verbunden ist. Er weiß, wo das Leben mit ihm nur „fromme"

Phrase und Schein ist. Wenn er nein zu uns sagt, kann kein „frommer“ Lebensstil dieses Nein Jesu aufheben. Darum ist die dankbare Liebe zu Jesus immer verbunden mit einer tiefen Ehrfurcht vor ihm und einem echten Zittern, welches sein letztes Wort über uns ist. Beides zusammen hält unser Leben mit Christus gesund und bewahrt uns vor einer Selbstsicherheit, die uns verlorengehen läßt.

**Offb. 1, 16. 17 a: „Und sein Angesicht war, wie die Sonne scheint in ihrer Kraft. Und als ich ihn sah, fiel ich zu seinen Füßen nieder wie ein Toter.“**

*Die Majestät Jesu.* Daß sein Angesicht leuchtet wie die Sonne, wenn sie auf ihrem Höhepunkt steht, hebt noch einmal den Lichtglanz hervor, der von Jesus ausgeht, um seine Majestät zu beschreiben. Jesus ist nicht irgendwer. Er ist der Herr der Herrlichkeit – der Träger alles Lichts für seine Gemeinde und für die Welt. Nur darum können seine Gemeinden Lichtträger und seine Zeugen wie Sterne sein, die den Weg weisen. Aber sie haben kein Licht in sich selbst. Ihr Licht ist Jesus. Er ist die Sonne seiner Gemeinde und im Grunde die der ganzen Welt. Wo Jesus, die Sonne, nicht scheinen darf, ist es kalt und frostig und stirbt alles Leben der Menschheit. Die Entwicklung des 20. Jahrhunderts spricht davon eine erschütternde Sprache.

So überwältigend ist das Licht, das von Jesus ausgeht, daß die neue Welt Gottes, die Jesus nach seiner Wiederkunft bauen wird, weder der Sonne noch des Mondes bedarf, weil Jesus ihr Licht ist, und daß die Völker dann in seinem Licht wandeln werden. Das kann jeder heute schon erfahren, der sich diesem Lichte Jesu erschließt.

Darum, weil Jesus diese Lichtsgestalt in göttlicher Majestät ist, wird es für die ganze Welt mit einem Schlag deutlich sein, wenn er wiederkommt und aus der Verborgenheit hervortritt. Jesus sagt Matthäus 24, 27, es würde dann sein, wie wenn ein Blitz in dunkler Nacht aufleuchtet und die Erde von einem Ende bis zum anderen erhellt.

So herrlich die Gestalt Jesu ist, und so sehr wir uns auf ihn freuen, so darf doch nicht übersehen werden, daß er zugleich der majestätische Herr ist, so ehrfurchtgebietend, so gewaltig, daß Johannes vor ihm wie ein Toter niederfällt. Die unmittelbare Begegnung mit Jesus, dem erhöhten Herrn, erschüttert ihn bis in das Innerste.

Es wäre gut, wenn diese ehrfurchtgebietende Majestät Jesu uns auch bewußt wäre, wenn wir im Gebet ihm nahen, wenn wir uns in der Gemeinde versammeln, wenn wir gemeinsam im Gebet vor ihn treten. Er ist der heilige Herr, obwohl er unser Bruder ist, der uns liebhat. Johannes hat dem Herrn Jesus auf Erden so nahegestanden. Dennoch erschüttert ihn die jetzige Majestät des erhöhten Herrn auf das tiefste. Unser Leben mit Christus bleibt nur gesund, wenn bei aller Vertrautheit mit ihm uns diese seine Majestät immer bewußt bleibt.

**Offb. 1, 17 b. 18: „Und er legte seine Rechte auf mich und sprach: Fürchte dich nicht! Ich bin der Erste und der Letzte und der Lebendige, und ich war tot, und siehe, ich bin lebendig in die Ewigkeiten der Ewigkeiten, und ich habe die Schlüssel des Todes und des Totenreiches."**

*Jesus — der Herr des Lebens.* Wie tröstlich legt Jesus dem erschütterten Johannes seine Hand aufs Haupt. So tröstlich begegnet er jedem, der sich vor seiner Majestät beugt. Wer sich vor Jesus demütigt, braucht sich vor seiner Majestät nicht zu fürchten. Wenn Jesus seine Rechte uns auflegt und uns damit in seine Gemeinde aufnimmt, sind wir geborgen vor dem ewigen Gericht und allen Stürmen der Weltgeschichte. Wir sind dann in der Hand des einen, der in Wahrheit sagen kann: „Ich bin der Erste und der Letzte und der Lebendige." Wer so um Jesus weiß, darf tapfer seinen Weg gehen, auch wenn sich das alles begibt, was die Offenbarung als den schweren Weg seiner Gemeinde enthüllt. Jesus ist aus ihrem Leben nicht auszulöschen. Er hat das letzte Wort über sie.

*Jesus — der Herr des Todes.* Niemand kann den lebendigen Herrn auslöschen. Er ist und bleibt der Lebendige. Seit dem Ostermorgen ist Jesus der Herr über den Tod — der einzige, der ihn überwunden hat. Dieser Sieger über den Tod bleibt er in Ewigkeit. Darum sind wir in seiner Hand allezeit geborgen — auch im Sterben. Darum bleibt der Todesweg seiner Gemeinde in der letzten Periode der Weltgeschichte dennoch ein Weg ins Leben. Jesus hat die Schlüssel des Totenreiches.

Ohne Jesus bleiben wir im Tod und im Totenreich. Was dann aus uns wird, ist uns im einzelnen unbekannt. Aber wir verstehen, welch schweres, dunkles Schicksal hiermit ausgesprochen wird. Es ist eine große Sache, wenn Jesus uns die Tür zum Leben aufschließt und wir nicht dem Tod verfallen sind, sondern aus dem Tod ins Leben gehen. Wer Jesus in sein Leben aufnimmt, stirbt niemals. Das hat Jesus Johannes 11, 25. 26 klar ausgesprochen: „Wer an mich glaubt, der wird leben, auch wenn er stirbt, und ein jeder, der lebt und an mich glaubt, wird in Ewigkeit nicht sterben."

Daß Jesus in alle Ewigkeit der Lebendige bleibt und die Schlüssel des Todes und der Hölle hat, macht seine Gemeinde tapfer und getrost für ihren letzten Weg, den die Offenbarung uns enthüllen will.

**Offb. 1, 19: „Schreibe nun, was du sahst, sowohl das, was ist, als auch das, was nach diesem geschehen soll."**

Von der großen Schau der Offenbarung soll nichts verlorengehen. Alles, was dem Johannes gezeigt wird, soll er niederschreiben, damit er es den Gemeinden übermitteln kann, und diese durch die Jahrhunderte hindurch gestärkt und ermutigt werden.

Die Offenbarung des Johannes spricht von dem, was in der Gemeinde Jesu da ist, von ihrer heutigen inneren Verfassung, von ihrer heutigen Treue und ihrem heutigen Versagen und von dem heutigen Wort Jesu an sie. Und zugleich spricht sie von dem, was danach geschehen soll, von den gewaltigen letzten Etappen der Weltgeschichte, die für die Gemeinde des Herrn Christus so viel Schweres enthalten werden, und in denen sie doch in seiner Hand geborgen ist.

Das ist die Doppelaufgabe des letzten Buches der Bibel: der Gemeinde zu übermitteln, was Jesus heute über sie denkt und sie durch diese Seelsorge Jesu im Leben mit ihm zu erhalten, und zugleich ihr den kommenden schweren Weg zu zeigen, wie er von der Warte Jesu aus sich enthüllt.

## *Die Gemeinde Jesu als Licht in der Welt*

**Offb. 1, 20: „Das Geheimnis der sieben Sterne, die du in meiner Rechten siehst, und der sieben goldenen Leuchter: die sieben Sterne sind Engel der sieben Gemeinden, und die Leuchter sind die sieben Gemeinden."**

Dieses Wort des erhöhten Herrn erinnert an Daniel 12, 3: „Die Lehrer (der Gemeinde) werden leuchten wie des Himmels Glanz, und die, so viele zur Gerechtigkeit weisen, wie die Sterne immer und ewiglich." Es ist etwas Großes, daß die Vorsteher und Lehrer der Gemeinde Jesu mit Sternen verglichen werden, die den Menschen in der dunklen Nacht den Weg weisen. Wer zu den Vorstehern und Ältesten der Gemeinde Jesu gehört, hat den großen Dienst anvertraut bekommen, daß er, der selbst nur ein Mensch ist, seinen Brüdern und Schwestern den Weg zu Jesus und zur Ewigkeit wie ein Stern weisen darf.

Die Größe dieses Dienstes kann jeden Ältesten der Gemeinde Jesu tief beschämen, weil wir wissen, wie verdunkelt das Licht Jesu in uns oft ist, und wie wir nicht immer seiner Gemeinde den rechten Weg gewiesen haben. Wenn nicht der erhöhte Herr dieses Wort gesagt hätte, würden wir es gar nicht glauben können. Aber es hat ja auch noch nie ein Stern Licht aus sich selbst gehabt, sondern immer nur von der Sonne. In dem verborgenen Leben jedes Ältesten der Gemeinde Jesu mit dem erhöhten Herrn ist allein die Möglichkeit begründet, daß er dennoch wie ein Stern der Gemeinde den Weg weisen kann.

Ebenso erstaunlich und beschämend ist das Bild von den Leuchtern, unter denen die Gemeinden Jesu dargestellt werden. Es kann in jeder Gemeinde des Herrn Jesu nur den einen Wunsch auslösen, daß dieses Bild vom Leuchter nicht nur ein Bild sein möchte, sondern lebendige Wirklichkeit. So groß das Wort vom Leuchter ist, so ist es zugleich eine schwere Frage und ernstes Bußwort an jede Gemeinde des Herrn Christus, ob sie wirklich solch ein Leuchter ist, der anderen hell leuchtet und ihnen den Weg zu Jesus zeigt.

Aus den Sendschreiben wird deutlich, daß Gemeinden, die ihre Leuchtkraft eingebüßt haben, vom Herrn Jesus beiseite getan werden und aufhören, seine Gemeinde zu sein. Das Schicksal der kleinasiatischen Gemeinden, die einst als erste die Offenbarung des Johannes empfingen, spricht eine erschütternde Sprache. Sie sind alle im Türkensturm untergegangen. Es ist auch nicht eine Spur von ihnen geblieben. Der erhöhte Herr kann dasselbe noch heute tun. Es ist aber wohl das Schmerzlichste, wenn eine Gemeinde formal bestehen bleibt und in Wirklichkeit als Gemeinde Jesu ausgelöscht ist. Um so dankbarer ist jede Gemeinde, der Jesus die Leuchtkraft erhält, die vielen ein Licht zu sein vermag.

2. Kapitel

# Christus an seine Gemeinde

Offenbarung 2–3

## 1. An die Gemeinde in Ephesus: die erste Liebe zu Jesus

Offenbarung 2, 1–7

**Offb. 2, 1 a: „Dem Engel der Gemeinde in Ephesus schreibe."**

Alle Briefe tragen dieselbe Überschrift. Sie sind an den Engel der Gemeinde gerichtet. Die erste Christenheit hat hierunter die Vorsteher der Gemeinden verstanden und wird damit das Rechte getroffen haben, denn an wirkliche Engel, die der unsichtbaren Welt Gottes angehören, kann man keine Briefe schreiben. Wirkliche Engel kann man nicht auffordern, selbst Buße zu tun und in der Gemeinde Zucht zu üben. Die ganze Fragestellung nach der ersten Liebe zum Herrn kommt für Engel nicht in Frage. Der griechische Ausdruck für Engel heißt auf deutsch einfach Bote oder Gesandter. Das entsprechende hebräische und aramäische Wort wird ganz allgemein für die Priester und andere Beauftragte Gottes angewandt. Da dieser Sprachgebrauch dem Apostel Johannes vertraut war, ist es gut verständlich, daß er diesen Ausdruck auch hier für den Leiter der Gemeinde verwendet.

Immer hat es einen Leiter der Gemeinde gegeben, wie den Jakobus in Jerusalem und den Timotheus in Ephesus, nur daß diese im ersten Jahrhundert keine solch überragende Einzelstellung hatten, wie sie sich später entwickelte und den Berufspriester zur Folge hatte, der alles allein ordnete und das ausschließliche Recht zur Leitung der Gemeinde hatte. In der neutestamentlichen Zeit ist der Vorsteher der Gemeinde Glied einer Bruderschaft von Ältesten, die sich miteinander um die Gemeinde sorgt und ihr dient. Die Gabe der Leitung ist Römer 12, 8 mitten zwischen den anderen Gaben zum Dienst genannt.

Die sieben Briefe des erhöhten Herrn an seine Gemeinde sind nicht ausschließlich an den einen Bruder gerichtet, der einer Gemeinde sonderlich vorsteht. Neben der Anrede „Du" tritt die Anrede „Ihr" auf. Die Briefe sind nicht nur an den Vorsteher der Gemeinde gerichtet, sondern zugleich an die Gemeinde selbst. Der Schluß jedes Briefes lautet: „Wer ein Ohr hat, der höre, was der Geist *den Gemeinden* sagt." Hieraus wird klar, daß die Briefe nicht nur an einzelne Persönlichkeiten, sondern an die Gemeinden selbst gerichtet sind. Die Formulierung des Schlußsatzes ist so allgemein gehalten, daß jeder Leser an die Gesamtheit aller Gemeinden Jesu denken muß und nicht nur an die sieben Gemeinden, die mit Namen genannt sind. In der Tat haben die sieben Briefe des erhöhten Herrn, die er durch den Apostel Johannes niederschreiben ließ, zu allen Zeiten und an allen Orten tiefen Eindruck auf die Gemeinde Jesu auf Erden gemacht und eine entscheidende Seelsorge in ihrer Mitte ausgeübt.

## *Wer spricht in den sieben Briefen?*

**Offb. 2, 1 b: „Das sagt der, der die sieben Sterne in seiner rechten Hand hält, der mitten unter den sieben goldenen Leuchtern wandelt."**

Wir wundern uns, daß der Herr die Ältesten seiner Gemeinde, die doch begrenzte Menschen mit vielen Fehlern und Schwächen sind, mit Sternen vergleicht, die klar und untrüglich den Weg zeigen. Das ist sein Wunderwerk, daß er das Evangelium nicht durch Engel und Heilige ausrichten läßt, sondern durch Sünder, denen viel gebricht.

Es gibt weder im Neuen Testament noch in der Gegenwart Idealgemeinden Jesu Christi. Jede Gemeinde ist eine Gemeinde aus Bruchstücken, weil Jesus nicht für Heilige, sondern für Sünder gestorben ist und in der ganzen Geschichte das Kranke, Schwache, Hilfsbedürftige, das, was vor der Welt nichts ist, gerufen hat, um sich seiner anzunehmen. Dabei ist freilich anzumerken, daß es überhaupt keine anderen Menschen auf Erden gibt als kranke, schwache, hilfsbedürftige und daß jedes andere Selbstbewußtsein eines Menschen Blindheit und Einbildung ist. So besteht jede Gemeinde Jesu aus einem Haufen Scherben, aus denen sein Meisterwerk im Laufe einer langen Geschichte etwas Ganzes machen will. Er wird mit seiner Gemeinde zum vollen Ziel kommen, aber noch ringt sein Werk mit all dem Stückwerk und all der Sünde seiner Kinder.

Erstaunlich, daß dennoch die Gemeinde Jesu auf Erden ein Leuchter sein soll, von dem ein helles Licht ausgeht. Das ist nur möglich, weil Jesus Christus selbst inmitten seiner Gemeinde ist, der soviel gebricht. Die Verdunkelung geht von uns aus, die Leuchtkraft von ihm. Es ist sein Geheimnis, wie er es fertigbringt, durch all unsere dunklen Schatten hindurch aufleuchten zu lassen, daß er in diesen Menschen Wohnung gemacht hat und wirklich in ihrer Mitte gegenwärtig ist.

Es ist aber nicht selbstverständlich, daß jemand dies wahrnimmt. Dazu bedarf es einer besonderen Offenbarung und eines besonderen Blicks, den nur Jesus selbst geben kann. Wenn wir eine Gemeinde des Herrn Christus mit dem uns angeborenen Sehvermögen beobachten, nehmen wir nur eine Schar höchst mangelhafter Menschen wahr, die uns vielfältig ärgert und Anstoß gibt. Es ist darum immer wieder ein Wunder, wenn ein Mensch mehr wahrnimmt, als der gewöhnliche Blick sieht, und aus dieser berüchtigten Schar aufleuchtet, daß Jesus Christus in ihrer Mitte ist und wirklich lebt. Aber noch immer ist Jesus zu seinem Wort gestanden, daß jeder, der aus der Wahrheit ist, seine Stimme hört. So ist eine Gemeinde des Herrn Christus ein Leuchter, der seine Leuchtkraft nicht aus uns, sondern aus ihm hat.

Ebenso verwunderlich ist es, daß Jesus seine Gemeinden sogar mit *goldenen* Leuchtern vergleicht, wo soviel Unedles ihnen anhaftet, weil sie alle noch nicht am Ziel sind. Wie die Leuchtkraft der Gemeinde nicht an ihrer eigenen Beschaffenheit hängt, sondern an dem Herrn, der in ihrer Mitte ist, so ist auch der Vergleich mit solch edlem Metall nicht möglich aufgrund der persönlichen Verfassung der Gemeinde, sondern nur im Blick auf den, dessen Vergebung sie vor Gott rein wusch und der in ihr sein wunderbares Werk hat.

Der erhöhte Herr wandelt inmitten seiner Gemeinde auf Erden. Er ist nicht ferne von ihnen, sondern mitten unter seinen Gemeinden. Er ist der Allgegenwärtige und Allwissende. Er sieht alles. Er schaut bis auf den Grund. Ihm ist nichts verborgen. Ihn können wir nicht täuschen. Er durchschaut die innere Verfassung seiner Gemeinde.

Darum vermag er ihr treuer Seelsorger zu sein, der allezeit das Richtige trifft und seiner Gemeinde wirklich zu helfen vermag. Darum ist er aber auch ihr unbestechlicher Richter, von dessen Wort unser aller Schicksal jeden Augenblick abhängig ist. Nur der, den *er* als Glied seiner Gemeinde ansieht, ist es wirklich. Er allein weiß, wer ihm verbunden ist und seinem Einfluß offensteht.

## *Die Freude des Herrn an seiner Gemeinde*

Offb. 2, 2. 3: „Ich weiß deine Werke und deine Mühe und deine Ausdauer und daß du Schlechte nicht ertragen kannst. Und hast auch die, die sich als Apostel ausgeben und es nicht sind, auf die Probe gestellt und sie als Lügner erfunden. Du hast Ausdauer und hast um meines Namens willen (Schweres) ertragen und bist nicht müde geworden."

Mit königlicher Vollmacht spricht der erhöhte Herr das Wort aus: „Ich weiß." Seinem Blick ist nichts verborgen. Er übersieht die ganze Lebensgeschichte eines jeden einzelnen und aller Gemeinden. Er weiß ihre „Werke": das, was aus der Glaubensverbundenheit mit ihm gewachsen ist. Dazu gehören die Früchte des Geistes ebenso wie das tapfere Zeugnis für Jesus. Dazu gehört das ganze Leben unter Christus und der ganze Dienst für Christus, die ganze innere Haltung, die aus der Gemeinschaft mit Christus wuchs, all die Mühe und Ausdauer, die notwendig ist, um seine Gemeinde zu bauen.

In der Gemeinde zu Ephesus ist seit den Tagen, da Paulus die Botschaft von Christus in Ephesus aussprach (Apg. 19), wirklich etwas gewachsen. Es ist eine Freude, das Leben der Gemeinde zu sehen. Ihr Leben ist neu geprägt worden. In dem Einsatz für Christus hat sie keine Mühe gescheut. Leben und Dienst für Christus waren nicht eine vorübergehende Aufwallung des Gemüts, sondern eine echte, stetige Haltung, die die Gemeinde mit ganzer Ausdauer verfolgte.

Der Gemeinde zu Ephesus war eine echte, ausschließende Kraft und Gemeindezucht eigen. Sie konnte die Menschen nicht tragen, die sittliches Gift in ihre Mitte trugen. Die Gemeinde war mächtig genug, um solches Gift auszuscheiden. Sie war nicht in der Lage, einen Kompromiß mit Lebenslinien einzugehen, die ihrem Herrn widersprachen.

Sie waren ebensowenig in der Lage, Menschen Raum zu geben, die das Evangelium von Jesus Christus verfälschten und andere Botschaften damit verbanden oder die aus unlauteren Motiven eine Wirksamkeit unter dem Namen Jesu entfalteten. Die Gemeinde besaß ein geistliches Urteilsvermögen und durchschaute die falschen, unechten Brüder. Sie konnte es nicht tragen, daß in ihrer Mitte eine Verkündigung geschah, die nicht ihrem Herrn gemäß war und ihm nicht seine einzigartige Stellung als dem alleinigen Heil vor Gott beließ. Es gab in ihrer Mitte eine echte Gemeindezucht sowohl nach der Seite der praktischen Lebenshaltung wie nach der Seite der lehrmäßigen Verkündigung.

Die neutestamentliche Gemeinde kennt keine unterschiedslose Toleranz. Die Liebe Jesu, die nach 1. Korinther 13 alles duldet, alles trägt, alles glaubt, alles hofft, bedeutet nicht, daß sie auch dem in ihrer Mitte Raum gibt, was ihrem Herrn widerspricht. Die neutestamentliche Gemeinde besitzt eine ausschließende Kraft und kann sich von Botschaften scheiden, die das Wesen des Evangeliums verdunkeln.

Das Leben jeder Gemeinde Jesu ist ein schwerer Kampf, der nie endet, ein heißes Ringen, das nie aufhört. Darum ist es ein großes Wort, wenn der erhöhte Herr von einer seiner Gemeinden sagt: „Du hast Ausdauer und hast getragen um meines Namens willen und bist nicht müde geworden." Das, was sittlich faul war, und das, was der Botschaft von Christus nicht entsprach, konnte die Gemeinde nicht tragen. Aber das Schwere, die Verfolgung, den Spott, die Angriffe von außen hat sie tapfer getragen. Sie ist unter all dem Schweren, was auf sie eindrang, nicht mürbe geworden und in ihrem Bekenntnis zu Jesus nicht zerbrochen. Verfolgungszeiten sind kein Kinderspiel. Die Verhältnisse können uns so unter Druck setzen, daß langsam, aber sicher die Widerstandskraft zermahlen wird und manch einer zum Kompromiß und zur Verleugnung bereit wird. Es ist etwas Großes, wenn eine Gemeinde all das trägt, was ihr Leben unmöglich machen will.

Fast noch größer ist das Wort Jesu: „Du bist nicht müde geworden." Nicht müde geworden unter den schweren Angriffen von außen und den schmerzlichen, bitteren Erfahrungen mit den Gliedern der Gemeinde und mit sich selbst. Jeder, der ernsthaft an einer Gemeinde des Herrn Jesu mitbauen will, erfährt, wie schwer das ist und wieviel Leid sich damit verbindet. Es ist nicht zu fassen, wie schwer wir alle unserem Herrn sein Werk in uns machen. Die unerhörte Güte und Treue unseres Herrn sollte uns bewegen können, auf seine Lebenslinien vorbehaltlos einzugehen. Statt dessen geben wir immer wieder so viel Ungutem und Häßlichem Raum. Statt dessen dreht sich unser Leben immer wieder um uns selbst statt um ihn. Wie schwer machen wir es durch all unsere Sünde denen, die die Seelsorger der Gemeinde sein sollen, und bereiten ihnen unendliches Herzeleid. Dienst an der Gemeinde Jesu ist immer ein Sterbensweg. Weil alle Glieder seiner Gemeinde zum Dienst berufen sind, erleben sie alle dieses tiefe Herzeleid, da ein Glied um das andere sich sorgt und grämt. Wie oft tritt die Versuchung an uns heran, ein Glied der Gemeinde Jesu aufzugeben. Es ist darum ein großes Wort: „Du bist nicht müde geworden."

An keinem Menschen drohen wir so müde zu werden wie an uns selbst. Nur der, den der Geist Gottes nicht erreicht, kann mit sich zufrieden sein und zu einem behaglichen „frommen" Spießbürger werden. Jeder aber, der in der lebendigen Seelsorge Jesu steht, weiß um viel Negatives und Schuldvolles, das sein Herr an ihm sieht. Er weiß um unzählige Niederlagen, die ihn selbst bitter betrüben. Er verliert manchmal allen Mut mit sich und wagt gar nicht mehr zu hoffen, daß aus ihm noch etwas wird. Gut, wenn wir hellsichtig für uns selbst werden und an uns persönlich und unserer Heiligung verzagen. Das ist ein lebendiges Zeichen des geistlichen Wachtums und der Verbundenheit mit Christus. Hier wird deutlich, daß wir zu seiner Herde und zu den Schafen gehören, die er mit seiner Stimme erreichen kann.

Darum ist es groß, wenn ein Kind Gottes nicht müde wird im Blick auf sich selbst und mit Ausdauer in dem Kampf läuft, der ihm verordnet ist, und in dem Glauben stehen bleibt, daß Jesus stärker als alles ist und mit all seinen Kindern ans Ziel kommt.

**Offb. 2, 6: „Das hast du, daß du die Werke der Nikolaiten hassest, die ich auch hasse."**

Wir nehmen den Vers 6 vorweg, weil er zu dem Positiven Stellung nimmt, das Jesus in seiner Gemeinde sieht. Wir kennen die Erscheinung der Nikolaiten nicht. Vermutlich handelt es sich um eine Gruppe von Christen, die aus der Freiheit in Christus falsche Schlußfolgerungen zogen und ihre Freiheit vom Gesetz in einer Weise kundtun wollten, die innerlich unmöglich ist. Es sind in der Gemeinde Jesu immer wieder Strömungen aufgetaucht, die ihren sittlichen Kompromiß mit der Freiheit in Christus entschuldigen wollten. Diese sittlichen Kompromisse liegen nicht zuletzt auf dem Gebiet des sexuellen Lebens und haben manchen Jünger Jesu in seiner Entwicklung geknickt.

Es ist nicht immer leicht, inmitten andersartiger Zeitströmungen einen klaren Blick und ein sauber arbeitendes Gewissen zu behalten. Wir alle sind Kinder unserer Zeit und werden mehr von ihr angesteckt, als uns bewußt ist. Es ist keine geringe Sache, wenn eine Gemeinde den sittlichen Kompromiß haßt und die Jungen und die Alten einer Gemeinde durch die mannigfachen Versuchungen in Privatleben, Geschäft, Volk und Staat unbeschädigt ihren Weg finden. Jesus drückt seine Stellungnahme gegenüber aller sittlichen Fäulnis und allem sittlichen Kompromiß sehr stark aus: „Ich hasse sie." Er erwartet von uns eine ebenso radikale Stellungnahme, daß wir das wirklich hassen, was uns innerlich kaputt macht und eine Fäulnis in der Gemeinde hervorrufen würde. Alles, was uns ansteckt, wirkt auch ansteckend in der Gemeinde. Unsere Verantwortung für die Gemeinde ist sehr groß.

## *Die Sorge des erhöhten Herrn um seine Gemeinde*

Offb. 2, 4: „Aber ich habe wider dich, daß du deine erste Liebe verlassen hast."

Es ist ein positives Urteil, das Jesus über die Gemeinde in Ephesus ausspricht. Wir alle wünschten uns, daß er Wort um Wort dasselbe von der Gemeinde sagen könnte, in der wir selbst leben, und daß jedes dieser Worte auf uns selbst zuträfe.

Um so erschütternder, daß Jesus trotz allem Positiven diese seine Gemeinde in solcher Todesgefahr sieht und um ihr ganzes Leben bangt.

*„Aber ich habe wider dich"*: an solchem Urteil Jesu über uns hängt das Leben. Wenn Jesus solch schwerwiegendes Wort

gegen uns hat, steht alles auf dem Spiel. Das ist eigentlich täglich unsere Frage, wenn wir über dem Wort der Schrift still werden: Herr, was hast du gegen mich? Es bedeutet unser Leben, wenn Jesus uns das zum Bewußtsein bringen kann, was er mit Sorge bei uns sieht. Es ist oft nur ein einziger Punkt wie hier bei der Gemeinde in Ephesus. Aber dieser eine Punkt kann unser ganzes Leben mit ihm gefährden und vernichten.

Wie treu ist unser Herr, daß er so über uns wacht und uns allezeit klarmachen will, wo wir uns in Lebensgefahr befinden. Darum ist uns nichts so lebensnotwendig wie die tägliche stille Zeit, in der wir auf ihn und sein Wort hören. Wir machen es ihm sonst unmöglich, uns das zu sagen, was er wider uns hat. Nur in dem stillen, verborgenen Umgang mit ihm und dem rechten Hören auf sein Wort kann er uns die Punkte deutlich machen, die für uns lebensgefährlich zu werden drohen.

Wenn wir ihm diese Möglichkeiten nicht geben, greift er oft zu Radikalmitteln, um uns wachzurütteln. Mancher schwere Weg und manche Katastrophe unseres Lebens war nichts anderes als die treue Seelsorge Jesu, der keinen anderen Weg mehr fand, um uns zu sagen, was er gegen uns hat und wo er sich um uns sorgt.

Das Wort Jesu an Ephesus betrifft den tiefsten Schaden, die innerste Stelle in unserem persönlichen Verhältnis zu Jesus: *„Du hast deine erste Liebe verlassen."* Was waren es große Tage in Ephesus, als die erste Liebe zu Jesus aufbrach und er ihnen bedeutsamer als alles andere im Leben wurde. Diese Zeit der ersten Liebe zu Jesus ist in jedem Menschenleben unvergeßlich. Diese Liebe, die Jesus an die erste Stelle stellt und ihn zu dem entscheidenden Faktor unseres Lebens werden läßt, kann nie einer vergangenen Zeit angehören. Diese erste Liebe ist nicht nur für die erste Zeit des Lebens mit Jesus charakteristisch, sondern für das ganze Leben. Es ist mit ihr nicht so wie mit dem Frühling, der dem Sommer, Herbst und Winter Platz macht. Diese Liebe zu Jesus, die ihn zu dem beherrschenden Faktor in unserem Leben macht und ihm den tonangebenden Platz in unserem Gewissen einräumt, ist das Lebenselement seiner Kinder in *allen* Lebensabschnitten. Wie sollte es auch anders sein können!

Es gibt unheimliche, starke Kräfte in uns, in unserer Umgebung und in der unsichtbaren Welt, die diese Liebe zu Jesus lahmlegen wollen.

Es ist etwas Wunderbares, wenn zwei junge Menschen in der ersten Liebe sich die Hand fürs Leben reichen, und sehr schmerzlich, wenn nach einer Reihe von Jahren diese Liebe unter der Macht der Gewöhnung und anderen Umständen erloschen ist und dem sachlichen Verhältnis einer Ehe Platz gemacht hat, die durchaus korrekt verläuft, aber in der die erste Liebe verschwunden ist. Formal ist alles in Ordnung. In Wirklichkeit ist die Ehe zerknickt. Es fehlt ihr das Schönste und Beste, der eigentliche Schmelz, das, was die Ehe zur Ehe macht.

Dieselbe Katastrophe kann in unserem Verhältnis zu Jesus eintreten, daß aus dem echten Verhältnis zu Jesus, in dem die Liebe zu ihm der treibende Motor ist, eine sachliche Beziehung wird, die man nur noch in seiner Gedankenwelt sachlich registriert, der aber die Unmittelbarkeit der Verbindung mit ihm selbst fehlt. Es ist alles ebenso korrekt wie in einer Ehe, die formal in Ordnung ist, in der aber die Liebe starb.

Es gibt ein Formalchristentum, das durchaus korrekt ist und in dem der Form nach alles existiert, was zum Leben einer Gemeinde Jesu Christi gehört: ein klares Bekenntnis zu Jesus, eine gute sittliche Zucht, ein rechter Dienst der Gemeinde, eine gesunde Verkündigung. Aber das alles wächst nicht mehr aus der Liebe zu Jesus, aus dem verborgenen Umgang mit ihm, aus der engen Gemeinschaft mit ihm selbst. Aus dem, was einst unmittelbares Leben mit Jesus selbst war, sind Sachwerte geworden, die man aufrechterhält und pflegt, aber nicht mehr lebendige Lebenslinien, die aus der Gemeinschaft mit Christus immer neu herauswachsen und geformt werden. Fast möchte man sagen, es ist wie in einem Museum, in dem alles gut erhalten und gepflegt wird. Aber es ist nicht mehr wirkliches Leben. An der entscheidenden Stelle hat es einen tiefen Schaden gegeben. Von außen sieht noch alles so aus wie einst, und doch hat sich etwas Grundlegendes verändert.

Professor Hadorn schreibt dazu im theologischen Handkommentar zur Offenbarung: „Die Gemeinde hat die erste Liebe verlassen. Der Eifer um die reine Lehre und die Zucht in der Gemeinde kann über diesen Mangel nicht hinwegtäuschen. Die Kirche hat zu allen Zeiten in diesem Stück ihren Hauptschaden zu erkennen. Die erste Liebe ist aber nicht etwas, das wie der Frühling naturgemäß vergehen muß. Die erste Liebe muß bleiben. Es handelt sich um die innere Stellung, um das persönliche Verhältnis zu Christus, das Schaden gelitten hat — ein Mangel, der durch keine Vielgeschäftigkeit, keinen Betrieb in Werken und Veranstaltungen religiöser Art, auch nicht durch Begeisterung und theologische Gelehrsamkeit ersetzt wird."

Letzten Endes kann nur Jesus selbst beurteilen, ob dieser tiefste Schaden eingetreten ist. Wir selbst können voreinander die Fassade so gut aufrechterhalten, und doch wird der innere Leerlauf nicht selten auch vor Menschen schon offenbar. Es ist schon die erste Hilfe, wenn uns persönlich das Zittern nicht verlorengeht und die Frage nach der ersten Liebe zu Jesus im Blick auf unsere eigene Person wach bleibt.

Da die Liebe zu Jesus und die Liebe zu den Brüdern innerlich eng verbunden sind und eins aus dem anderen hervorwächst, wird dort, wo die Liebe zu Jesus erkaltet, auch die Liebe zu den Brüdern matt werden. Es ist ein sorgenvolles Zeichen, wenn ein Jünger Jesu keinen starken Zug mehr zur Gemeinschaft der Kinder Gottes hat, sondern sehr wohl imstande ist, als Einzelgänger zu leben und ein isoliertes Dasein zu führen. Aller Mangel an Bruderschaft hängt irgendwie zusammen mit dem Mangel an der ersten Liebe zu Jesus selbst.

Die Ursachen für das Erlöschen der ersten Liebe können mannigfaltig sein. Eine kleine verborgene Sünde, mit der wir immer wieder den Geist Gottes betrüben, kann auf die Dauer schwerwiegende Lähmungen zur Folge haben. Eine ehrliche Beugung vor Jesus und, wenn nötig, ein offenes Aussprechen vor einem seelsorgerlichen Menschen kann eine große Hilfe sein. Meist aber werden es schwerwiegendere Dinge sein, die sich tief eingefressen haben und die Liebe zu Jesus lähmen. Doch gibt es keine noch so schwerwiegende Schuld und keine noch so starke Lähmung, die nicht unser Herr heilen könnte.

Noch zwei andere Faktoren, die nicht so gefährlich aussehen, haben eine unheimliche, lähmende Wirkung: die Macht der

Gewöhnung und der Mangel an Zeit. Wir können uns an alles gewöhnen – auch an das Schönste und Liebste, so daß es uns alltäglich und abgegriffen wird. Auch Jesus gegenüber sind wir in dieser Beziehung nicht gesichert. Auch er kann uns zum Alltäglichen und Selbstverständlichen werden, statt daß wir jeden Tag von neuem über ihn staunen. Wem das Staunen über Jesus und seine unendliche Vergebung und Freundlichkeit bleibt, dem bleibt auch die erste Liebe zu ihm.

Wer die Vergebung Jesu nicht mehr so bitter nötig hat wie im ersten Anfang des Lebens mit ihm, verliert das Staunen über die unverdiente freie Gnade und mit ihm die dankbare Liebe zu Jesus. Bei einem echten geistlichen Wachstum wird uns von Jahr zu Jahr tiefer bewußt, wie wir der Vergebung Jesu bedürftig sind und nur durch sie leben können. Darum kann die Liebe zu Jesus nicht abnehmen, sondern nur wachsen, weil wir seiner Vergebung bedürftiger und immer dankbarer dafür werden. Jesus sagt Lukas 7, 47: „Ihr sind viele Sünden vergeben, denn sie hat viel geliebt; welchem aber wenig vergeben wird, der liebt wenig."

Daß der Blick für unsere Vergebungsbedürftigkeit getrübt und das Staunen ausgelöscht wird, hängt nicht zuletzt damit zusammen, daß wir uns vom Tempo des Lebens so beschlagnahmen lassen, daß die Zeit für den stillen Umgang mit Jesus und seinem Wort immer weniger wird. Es ist wie in einer Ehe: wenn die Ehegatten erst keine Zeit mehr füreinander haben, dann stirbt die Liebe zueinander. In dem Verhältnis zu Jesus ist es nicht anders. Aus der stillen Zeit mit ihm wird die erste Liebe zu ihm immer neu geboren. Wo wir keine Zeit mehr für das stille Zwiegespräch mit ihm haben, stirbt die erste Liebe.

## *Die Entscheidung*

**Offb. 2, 5: „Gedenke nun, wovon du gefallen bist, und tue Buße und tue die ersten Werke. Wo aber nicht, so werde ich über dich kommen und deinen Leuchter von seiner Stätte entfernen, wenn du nicht Buße tust."**

Jesus hat ganz andere Maßstäbe als wir. In unseren Augen ist es ein tiefer Fall, wenn sich ein Mensch sittlich vergangen hat. Jesus nennt das korrekte Normalchristentum, das die erste Liebe zu ihm nicht mehr kennt, einen Fall aus der Höhe in die Tiefe. Gefallene Menschen sind für ihn die korrekten braven Christen, bei denen scheinbar nach bürgerlichem Maßstab alles in Ordnung ist, die aber die Unmittelbarkeit der ersten Liebe zu Jesus nicht kennen. Jesus sieht Lebensgefahr. Obwohl alles noch dazusein scheint, ist im Grunde alles zerstört.

Aber es gibt bei Jesus eine Buße über jeden noch so tiefen Schaden und eine Rückkehr zu den ersten „Werken", zu der Haltung der ersten Zeit, in der er uns wichtiger war als alles andere. Dieser Weg zurück zu Jesus und in die erste Liebe zu ihm will wirklich gegangen werden. Da Jesus selbst uns dazu auffordert, ist dieser Rückweg zu ihm und in die erste Liebe für jeden möglich. Hinter dem Wort, das uns zurückruft, steht Jesus selbst. Damit ist der Weg zu ihm und in seine Vergebung frei. Wie beschämt er uns, daß er sich so um uns sorgt, obwohl wir ihn so tief enttäuscht haben.

Dieser Rückweg zu ihm und in die erste Liebe will wirklich gegangen sein, wenn nicht unser Leben mit Jesus sterben soll. Mit ganzem Ernst spricht er die Möglichkeit aus, daß er schon auf Erden über uns Gericht hält und unseren Leuchter von seiner Stätte entfernt. Die Gemeinde in Ephesus hat den Ruf Jesu gehört und ist noch durch Jahrhunderte ein Leuchter für Christus gewesen. Aber es gehört zu den tragischen Erscheinungen der Geschichte, daß die Gemeinde Ephesus und mit ihr die anderen Gemeinden Kleinasiens im Türkensturm so untergegangen sind, daß auch keine Spur von ihnen blieb. Jesus hält wirklich auf Erden schon Gericht über seine Gemeinde und kann ihren Leuchter restlos auslöschen. Keine Gemeinde und kein Jünger Jesu hat das Leben aus Christus als selbstverständlichen Besitz. Dem, der darum bangt und um seine Armut weiß, wird das Leben aus Christus erhalten bleiben.

**Offb. 2, 7: „Wer ein Ohr hat, der höre, was der Geist den Gemeinden sagt. Dem Überwinder will ich vom Baum des Lebens zu essen geben, der im Paradiese Gottes ist."**

Jeden Brief schließt der erhöhte Herr mit einer dringenden, herzbewegenden Bitte, die zugleich ein unbedingter Ruf zur Entscheidung ist, daß seine Gemeinden auf das, was der Geist ihnen zu sagen hat, wirklich hören möchten. Der Geist ist der unermüdliche treue Warner. Er war es nicht nur im ersten Jahrhundert. Er ist es auch heute.

Das Wort vom „Überwinder" hat schon manchen mutlos gemacht, weil es nicht einen unter uns gibt, der diesen Namen im Vollsinn des Wortes verdient. Aber nach dem ganzen Zusammenhang der Schrift wäre es ein schweres Mißverständnis, wenn wir unter dem „Überwinder" den sündlosen Menschen verstehen würden, dem kein Fehler und kein Versagen mehr anhaftet. Derselbe Johannes, der in seinem ersten Brief so eindrücklich gesagt hat, daß mit dem Herrn Jesus sich keine Sünde in unserem Leben verträgt, hat zugleich 1. Johannes 1, 8 ausgesprochen: „So wir sagen, wir hätten keine Sünde, so verführen wir uns selbst, und die Wahrheit ist nicht in uns."

Das Wort vom „Überwinder" spricht nicht von dem fehlerlosen Menschen, der keine Sünde mehr kennt, sondern von dem, der die Momente überwindet, die ihn von der Liebe zu Jesus trennen und das ursprüngliche Verhältnis zu ihm zerstören wollen. Das gibt es aber wirklich, daß wir die Selbstzufriedenheit überwinden, die der Vergebung Jesu nicht mehr bedarf, daß wir uns der Macht der Gewöhnung entziehen, indem wir still bei unserem Herrn einkehren, auf daß das Staunen über seine unverdiente Gnade uns neu geschenkt wird. Das gibt es wirklich, daß wir die Gefahr überwinden, die in dem Tempo der Zeit liegt, und wieder zu stillen Leuten werden, die auf ihren Herrn und sein Wort hören. Das gibt es wirklich, daß wir über unser formales Christentum und seinen Leerlauf ehrlich betrübt werden. Wer die Momente überwindet, die ihn von der Liebe zu seinem Herrn trennen wollen, den bewahrt er vor dem inneren Sterben.

## 2. An die Gemeinde in Smyrna: Treue bis in den Tod

Offenbarung 2, 8–11

**Offb. 2, 8: „Dem Engel der Gemeinde in Smyrna schreibe."**

War Ephesus das politische Zentrum Kleinasiens in der Römerzeit, so bestand die Bedeutung Smyrnas darin, daß es eine alte, berühmte Handelsstadt, nördlich von Ephesus, war. Sie galt als eine der schönsten Städte des Altertums. Nach einer schweren Zerstörung war sie mit geraden Straßen, Tempeln und Theater neu aufgebaut und erlebte in der Zeit der römischen Kaiser eine besondere Blüte.

Im Jahre 155 n. Chr. besiegelte in Smyrna Polykarp, der Vorsteher der Christengemeinde, seine Treue zu Jesus mit dem Tode.

## *Die Rückendeckung der Gemeinde an ihrem Herrn*

Offb. 2, 8 b: „Das sagt der, der der Erste und der Letzte ist, der tot war und lebendig geworden ist."

Wie tröstlich ist es für die Gemeinde in der Verfolgung, daß sie solch einen Herrn hat. Er hat das erste und letzte Wort der Weltgeschichte. Keiner ist stärker als er. Darum ist sie bei ihm geborgen.

Ihr Herr ist denselben Todesweg gegangen, den sie nun gehen muß. Er versteht sie und wird sie in keinem Punkt im Stich lassen. Er wird sie so stärken, wie er selbst in Gethsemane gestärkt wurde. Er wird ihr die Kraft geben, die er selbst von Gott in der Gerichtsverhandlung und am Kreuz empfing. Er wird sie instand setzen, ihren Mördern ebenso zu vergeben, wie er am Kreuz vergab. Er wird sie in denselben Frieden Gottes stellen, von dem er selbst getragen wurde. Es ist für die Gemeinde ein großer Trost, daß ihr Herr der ist, der tot war und alle Schrecken des Todes und der Hölle durchkostet hat. Darum kann er der sein, der ihr in ihrem Martyrium beisteht.

Aber so wenig wie Jesus vom Tod gehalten werden konnte, so wenig wird seine Gemeinde vom Tode gehalten werden; auf Karfreitag folgt immer Ostern. Das ist sonst in der Welt nicht der Fall. Dort enden viele Wege wirklich in Katastrophen, aber bei Jesus ist das letzte Wort nie der Tod. Bei ihm geht es immer durch Sterben zum Leben. Darum heißt auch im Leben seiner Kinder das letzte Wort nie Tod, sondern Leben. Sie sind in der Hand ihres lebendigen Herrn — in der Verfolgung und mitten im Sterben. Nichts kann sie aus seiner Hand reißen.

## *Die Gemeinde in der Verfolgung*

**Offb. 2, 9: „Ich weiß deine Trübsale und deine Armut – du bist aber reich – und die Lästerungen von seiten derer, die sich Juden nennen, und sind es nicht, sondern sind eine Synagoge des Satans."**

Aus Vers 10 geht hervor, daß der Brief nicht nur an den Vorsteher der Gemeinde gerichtet ist, sondern an die ganze Gemeinde. Sie geht durch viel Trübsal, Armut und Verleumdung. Sie kommt sich vielleicht ganz verlassen und preisgegeben vor. Darum stärkt sie Jesus durch das knappe und doch so königliche Wort: „Ich weiß!"

Wenn Jesus um unsere Not weiß, ist im Grunde alles gut. Wenn er an uns denkt, dann sind wir geborgen. Jesus weiß um uns. Das verändert die ganze Lage, auch wenn sie äußerlich dieselbe bleibt.

Jesus weiß um die schwere Verfolgung, in der die Gemeinde in Smyrna steht. Er kennt ihre Trübsal, daß sie jeden Augenblick gewärtig sein muß, aus den Häusern geholt, verhaftet und ermordet zu werden. Wie oft sind in den Verfolgungszeiten die Gottesdienste der Christen durch Steinwürfe und Einbrüche von wilden Haufen gestört worden. In mancher Verfolgungszeit konnten sich die Christen auf der Straße nicht sehen lassen, ohne angegriffen und geschlagen zu werden; überall fiel man über sie her, daß sich die Christen kaum noch getrauen konnten, das Haus zu verlassen.

Zu all der Not der Verfolgung gesellte sich die große Armut mitten in der reichen Handelsstadt. Während alle anderen gut verdienten, wurde offenbar den Christen durch ihr Bekenntnis zu Jesus die wirtschaftliche Existenz unmöglich gemacht. Die Vorgänge des 20. Jahrhunderts haben uns sehr eindrücklich gemacht, wie es ist, wenn man als Christ keine Arbeit mehr findet, die Anstellung im Staat verliert, das Vermögen eingezogen wird. Es ist eine herbe Versuchung, in solcher Lage Jesus zu verleugnen, um die wirtschaftliche Existenz zu retten.

Jesus weiß um all die Niedrigkeitswege seiner Gemeinde. Er weiß um all die wirtschaftlichen Verluste, die aus dem Bekenntnis zu ihm entstehen. Aber wenn er darum weiß, hat die Gemeinde eine feste Rückendeckung und darf gewiß sein, daß er sie durchbringt. Und wenn sie um seinetwillen verhungern muß, dann wird er auch auf diesem Weg ihr beistehen und sie innerlich so stärken, daß sie fest mit ihm verbunden bleibt. Die Zeugen Jesu, die in unserer Generation um seinetwillen alles verloren haben und zugrunde gegangen sind, haben unter Beweis gestellt, daß die Treue Jesu nie zerbricht.

Die, die in Smyrna so arm wurden, weil das Bekenntnis zu Jesus ihre wirtschaftliche Existenz untergrub, sind in Wirklichkeit reiche Leute — reich in Gott, reicher als alle ihre Verfolger. Ihr Reichtum ist Jesus, das verborgene Leben mit ihm und die kommende Herrlichkeit. 2. Korinther 6, 4—10 bringt diese Tatsache lebendig zum Ausdruck.

Jesus weiß auch um die Lästerungen und Verleumdungen, denen seine Gemeinde in Smyrna ausgesetzt ist. Zu allen Zeiten ist die Verleumdung eine besondere Waffe Satans gewesen. Nicht selten ist die Verleumdung der Gemeinde Jesu, wie in Smyrna, von Kreisen ausgegangen, die sehr bewußt „fromm" waren und aus ihrer „frommen" Überzeugung heraus glaubten, gegen die stehen zu müssen, die sich zu Jesus bekannten. Jesus gebraucht für die Kreise, die in Smyrna seiner Gemeinde das Leben unmöglich machen, den scharfen Ausdruck: Synagoge des Satans.

## *Die Zurüstung der Gemeinde zu ihrem Sterbensweg*

**Offb. 2, 10 a: „Fürchte dich nicht vor dem, was dir an Leiden noch bevorsteht. Siehe, der Teufel wird einige von euch ins Gefängnis werfen, damit ihr durch die Versuchung erprobt werdet, und ihr werdet eine Trübsal von zehn Tagen durchmachen."**

Die eigentliche Verfolgung hat noch nicht begonnen. Das Schwerste kommt noch. Die Gemeinde muß sich auf noch schwerere Tage rüsten, vor denen man sich wirklich fürchten kann. Es wird kein leichter Weg werden. Aber Jesus sagt zu ihr: „Fürchte dich nicht." Matthäus 10, 28—31 bleibt in allen Verfolgungszeiten Wahrheit.

Hinter all den schweren Wegen der Gemeinde Jesu stehen letzten Endes nicht die Menschen, die der Gemeinde so schwer zusetzen, sondern eine übermenschliche Macht, der Teufel. Jesus spricht von ihm, als von keiner kleinen Tatsache. Er ist der, dessen ganzes Augenmerk darauf gerichtet ist, die Gemeinde Jesu zu zerstören. Er möchte jeden einzelnen Jünger Jesu zur Strecke bringen. Ihm ist jedes Mittel recht.

Es ist keine Kleinigkeit, in die einsame Gefängniszelle wandern zu müssen. Wie viele Jünger Jesu im 20. Jahrhundert sind diesen Weg gegangen und haben seine ganze Härte erlebt. Es braucht die ganze bewahrende Macht unseres Herrn dazu, um auf einem solchen Weg nicht innerlich mürbe zu werden.

Obwohl diese bitteren Verfolgungszeiten vom Satan und von Menschen ausgehen, steht in Wirklichkeit Gott dahinter, der seine Gemeinde erproben und zur Reife bringen will. Alles Bittere, das wir um Jesu willen durchmachen, soll uns nicht zerstören, sondern innerlich wachsen lassen. Die Verherrlichung Jesu durch das Leiden seiner Kinder ist ein großes Kapitel in der Geschichte seiner Gemeinde. Seit den Tagen des Stephanus und Paulus haben immer wieder treue Kinder Gottes auf mannigfaltige Weise durch Leiden ihren Herrn verherrlichen müssen. Es ist ein großes Vertrauen, das Jesus uns entgegenbringt, wenn er einem seiner Kinder solchen Weg zumutet.

Wer in solchen schweren Wegen nur die Menschen sieht, die ihm das Leid zufügen, und nur die Ungerechtigkeit und Bosheit vor Augen hat, unter der er leidet, wird die Erprobung nicht bestehen, sondern innerlich Schaden nehmen. Es hängt alles daran, daß wir über die Menschen und alle Ungerechtigkeit hinweg den Blick auf unseren Herrn richten und wissen, daß wir nur in seiner Hand sind, und daß alles von ihm kommt. Dann wird das Bittere entgiftet. Dann ärgern wir uns nicht mehr über die Menschen. Dann zerreibt uns das Schwere nicht, das wir erfahren, sondern es muß uns zu einer Hilfe und Stärkung werden, daß wir unter all dem Leid nur wachsen. Wer auf die Menschen und die Verhältnisse sieht, geht unter; wer auf Jesus sieht und es allein mit ihm zu tun hat, kommt durch.

Auch das Leiden seiner Gemeinde bestimmt der Herr: „Ihr werdet eine Trübsal von zehn Tagen haben." Damit sagt er seinen Kindern, daß er um alles weiß, was kommt. Ihre Leidenszeit ist eine abgemessene Zeit, die er bestimmt hat. Die Verfolgung wird keine Stunde länger dauern, als es nach seinem Plan notwendig ist. Er ist der Erste und der Letzte. Er bestimmt den Anfang und das Ende des bitteren Weges. Er ist bei seiner Gemeinde auch im Leiden und hält sie mit seiner starken Hand fest umschlossen.

**Offb. 2, 10 b: „Sei getreu bis zum Tod, so werde ich dir die Krone des Lebens geben."**

Wie oft ist dieses Wort falsch verstanden worden, als ob treue Pflichterfüllung an irgendeinem Platz des bürgerlichen Lebens uns die Krone des Lebens bringen könnte. Treue Pflichterfüllung ist eine große Sache, aber noch nie ist ein Mensch dadurch selig geworden, denn wir bleiben alle Gott und den Menschen viel schuldig. Was nach menschlichem Urteil als treue Pflichterfüllung gilt, ist vor Gottes Urteil nur ein Bruchstück, dem viel gebricht und an dem viel Schuld hängt. Vor Gott hat noch nie das zugereicht, was ein Mensch ist und leistet, und wenn er sich bis zum Tod für andere Menschen aufgeopfert hätte. Vor Gott sind wir immer die, die tausendfältig seiner Vergebung bedürfen. Darum kann keiner ohne Jesus selig werden, der allein unsere Schuld so zu löschen vermag, daß sie vor Gott nicht mehr existiert.

An der Treue Jesus gegenüber bis in den Tod hängt unser Leben. Lieber sterben als Jesus verlassen. So war es bei Stephanus. So war es bei allen Märtyrern. Sie wußten, daß an Jesus ihr Leben hing. Sie wußten, daß die Treue ihm gegenüber über ihre Ewigkeit entschied. Weil sie sich durch nichts von Jesus trennen ließen, sondern ihm bis ins Sterben treu blieben, darum gewannen sie die Krone des Lebens.

Diese Krone ist das ewige Leben bei Jesus, die jetzt noch verborgene Herrlichkeit, die bei ihm auf uns wartet. Es lohnt sich, um dieses Zieles willen zu leiden und alles daranzugeben. Wer Jesus verleugnet, verliert alles. Wer von Jesus sich trennt, ist ein verlorener Mann. Wer zu Jesus steht, obwohl er darüber zugrunde geht, gewinnt das Größte, was es gibt, und wird bei seinem Herrn sein in der Ewigkeit.

Alles, was wir sonst im Leben erwerben können, wird im Tod zurückbleiben. Wir nehmen nichts mit. In der Ewigkeit bleibt nur Jesus und das große Leben, das er uns bereitet hat. Wer Jesus verliert, ist in Wahrheit der ärmste Mensch in Zeit und Ewigkeit.

**Offb. 2, 11: „Wer ein Ohr hat, der höre, was der Geist den Gemeinden sagt. Der Überwinder soll von dem zweiten Tod keinen Schaden erleiden."**

Der Geist ist ein treuer Mahner. Er zeigt den rechten Weg. Er macht Mut, auch das Schwerste um Jesu willen auf sich zu nehmen. Er macht uns klar, daß der Weg, den er uns zeigt, der Weg zum Leben ist.

Der zweite Tod ist der eigentliche Tod, wenn der ewige Richter uns der Verdammnis überantwortet: Offenbarung 20, 11—15. Wenn diese große Stunde der Menschheit gekommen ist, da sie vor ihrem ewigen Richter steht, gibt es keine Rettung mehr. Wessen Name dann nicht in dem Buch des Lebens steht, der ist verloren. Im Buch des Lebens stehen die Namen derer, die Jesus die Treue gehalten haben bis in den Tod.

Es steht ein unheimliches Fragezeichen über dem letzten Schicksal der Verlorenen. Das Bild von dem feurigen Pfuhl oder Feuersee, das für das letzte Gericht verwendet wird, gibt keine nähere Auskunft über das Schicksal der Verlorenen. Dieses Fragezeichen steht in seiner ganzen Schaurigkeit da. Es soll so unheimlich und grausig stehenbleiben, auf daß wir den Ernst des Verlorenseins nicht verkleinern und zu Jesus kommen, solange es noch Zeit ist. Es ist eine unheimliche Verantwortung, wenn jemand dieses dunkle Fragezeichen irgendwie mildert oder wegwischt und über das Schicksal der Verlorenen mehr zu sagen wagt, als dieses letzte Wort der Schrift ausspricht. Wäre dieses Verlorensein nicht so furchtbar, würde Jesus nicht mit solchem Ernst als der erhöhte Herr seine Gemeinde in diesen Briefen warnen.

Wie macht Jesus uns Mut, alles zu überwinden, auch wenn es Existenz und Leben kostet. Der Überwinder ist nicht der Heilige, Vollkommene, Tadellose, sondern der, der tapfer alle Versuchungen überwunden hat, die ihn von Jesus trennen und zur Verleugnung seines Namens bewegen wollten. Auch die Märtyrer waren in ihrer Heiligung nicht am Ziel, sondern noch auf dem Weg wie wir alle. Aber das Große an ihnen war, daß sie bei all ihrer persönlichen Unvollkommenheit die Liebe zu Jesus nicht lassen konnten und ihm treu blieben bis in den Tod.

## 3. An die Gemeinde in Pergamon: die Gemeinde am Thron Satans

Offenbarung 2, 12–17

Offb. 2, 12 a: „Dem Engel der Gemeinde in Pergamon schreibe."

Pergamon liegt nördlich von Ephesus und Smyrna. Ephesus war der politische Mittelpunkt, Smyrna das Handelszentrum, Pergamon der Brennpunkt des kulturellen, geistigen Lebens. Als königliche Residenz barg es in seinen Mauern berühmte Bibliotheken. Die Fürsten, die dort ihren Sitz hatten, haben viel Sorgfalt darauf verwendet, die Bibliotheken auszubauen und durch wertvolle Handschriften zu vermehren. Buchdruckerkunst gab es ja noch nicht. Alle Bücher wurden handschriftlich vervielfältigt. In Pergamon wurde zum erstenmal ein besonders haltbares Material für die Vervielfältigung der Bücher verwendet, das seitdem unter dem Namen Pergament bekannt ist.

Die Stadt war außerdem berühmt durch ein Heiligtum des heidnischen Gottes Äskulap, der der Gott der Heilkunde war. Er trug auch den Beinamen Erlöser, Heiland. Ihm wurden wunderbare Heilungen zugeschrieben. Nach den Schilderungen der Heiden hatte er Ähnlichkeit mit Jesus. Sein Symbol war die Schlange. In seinen Tempeln wurden Schlangen gehalten und verehrt – dieselbe Schlange, die den Christen das Symbol des Teufels war. An solchem Wallfahrtsort des Heidentums konnte leicht ein fanatischer Haß gegen die Gemeinde Jesu aus religiösen und wirtschaftlichen Gründen entstehen.

### *Das Wort Jesu in seiner richtenden Kraft*

Offb. 2, 12 b: „Das sagt der, der das Schwert hat, das zweischneidige, das scharfe."

Das Schwert ist das Bild für das lebendige Wort Gottes, das von Jesus ausgeht. Jesus ist nicht tot und nicht stumm. Er spricht zu seiner Gemeinde und greift mit seinem Wort in die Welt hinein. Sein Wort ist eine Macht. Es kann Hilfe und Leben bringen, aber auch Gericht und Tod bedeuten.

Jesus ist der Richter über seine Gemeinde und über die Welt. Sein Gerichtswort ist durchdringend wie ein zweischneidiges Schwert. Es ist unerbittlich scharf. Das Wort Jesu trifft bis auf den Grund und legt alles Verborgene bloß. Sein Wort ist unbestechlich wahr.

Jesus streitet mit dem Schwert seines Wortes für seine Gemeinde und behält den Sieg. Er braucht keine anderen Waffen. So er gebeut, so geschieht's; so er spricht, so steht's da. Sein Wort ist darum ausreichend, um seine Gemeinde auch in ihren schwersten Stunden durchzubringen und ihre Geschichte zum Ziel zu führen.

Aber Jesus kann auch seine Gemeinde nicht schonen, wenn sie der Sünde Raum gibt und Menschen Einfluß gewährt, die ihr nicht guttun. Sein Wort trifft auch die Sünde seiner Kinder. Er schont uns nicht. Was müssen wir dankbar sein, daß das Wort Jesu auch gegenüber seinen Kindern ein zweischneidiges, scharfes Schwert ist. Er ist unser unbestechlicher Freund und Retter, der uns in keiner Sünde zugrunde gehen läßt, sondern mit seinem Wort so trifft, daß wir mitten in der Sünde aufwachen und zu ihm zurückgerufen werden. Es wäre das Schwerste, wenn Jesus mit seinem Wort uns nicht mehr dort treffen würde, wo wir in Todesgefahr sind. Wie gut, daß er durch allen frommen Schein durchdringt und mit seinem Wort den Grund unseres Wesens und Lebens trifft.

## *Jesus kennt unsere Lage*

**Offb. 2, 13 a: „Ich weiß, wo du wohnst, wo der Thron des Satans ist."**

Wir wissen aus den Vorgängen des 20. Jahrhunderts, wie schwer es ist, wenn in einer Stadt oder in einem Dorf ein Zentrum fanatischen Hasses gegen Christus ist, wie schwer und gefahrvoll es wird, sich dann noch zu Jesus zu bekennen. Wir haben es nicht immer dankbar genug gewertet, wenn wir unangefochten und ungehindert unseres Glaubens leben durften. Es war uns oft eine Selbstverständlichkeit, daß das Christentum eine anerkannte, offizielle Größe war und staatlichen Schutz genoß. Wir haben miterlebt, wie schnell diese Situation sich ändern kann und ins Gegenteil umzuschlagen vermag. Es ist gar nicht zu fassen, wie aus einem Ort, in dem früher jeder wie selbstverständlich sich zu Christus bekannte, ein

Thron des Satans wird, in dem sich haßerfüllte Kräfte zusammenballen und der Gemeinde Jesu das Leben unmöglich machen wollen.

Es ist kein leichtes Ding, in solch einem Ort zu leben. Wir haben gesehen, wie viele Jesus verleugneten. Es ist keine Kleinigkeit, am Gottesdienst teilzunehmen, wenn er kontrolliert wird und jeder auf die schwarze Liste kommt, der den Gottesdienst noch besucht.

Vollends gehört viel Mut dazu, zu Jesus selbst sich zu bekennen, wenn solch eine Schmach und Gefahr darauf ruht, wenn man dadurch auf Schritt und Tritt mit den führenden Persönlichkeiten eines Ortes in Konflikt gerät und jederzeit gewärtig sein muß, abgeholt zu werden.

Hier braucht es die ganze Stärkung durch Jesus selbst, der spricht: „Ich weiß, wo du wohnst." Wer in solchen Zeiten nicht den Blick auf Jesus richtet und in dem verborgenen Umgang mit ihm verankert ist, wird schwerlich durchkommen. Aber Jesus hat acht auf jedes seiner Kinder und jede seiner Gemeinden mitten in der Verfolgung. Er denkt um so treuer an uns, je gefährlicher die Lage ist. Er weiß, wo ein Thron des Satans sich befindet und seine Gemeinde schier nicht mehr atmen kann. Dort wird er ganz sonderlich auf dem Plan sein und alles daransetzen, um seine Gemeinde innerlich zu stärken. Er hat viele Weisen, um seinen Kindern zu Hilfe zu kommen und sie davor zu bewahren, daß sie ihn verleugnen und ihm untreu werden.

## *Das treue Bekenntnis zu Jesus*

**Offb. 2, 13 b: „Und du hältst an meinem Namen fest und hast den Glauben an mich nicht verleugnet, auch nicht in den Tagen des Antipas, meines Zeugen, meines Getreuen, der bei euch getötet worden ist, dort, wo der Satan wohnt."**

Es geht um den einen Namen Jesus. Trotz allem Widerspruch und aller Schmach hat die Gemeinde den Namen Jesu festgehalten und den Glauben an Jesus nicht verleugnet. Es geht nicht um eine Weltanschauung und Religion, sondern um Jesus. Der Glaube der Christenheit ist nicht der Glaube an irgend etwas, sondern der Glaube an Jesus selbst. Wir glauben nicht an sachliche Begriffe, und wenn es solch große, wertvolle Dinge wären wie Vergebung, Rechtfertigung, Heiligung, Wiederkunft, Reich Gottes, sondern wir glauben an Jesus, den persönlichen Herrn seiner Gemeinde.

Religiöse Gedanken, auch solche, die von Jesus ausgesprochen waren, hätte man der Gemeinde in Pergamon verziehen. Religiöse Gedanken sind immer wieder salonfähig. Aber daß ein Mensch zu Jesus sich bekennt, wird ihm nicht verziehen. Man erlaubt es uns vielleicht, zu einer Kirche zu gehören und Gottesdienste zu besuchen, aber man erlaubt es nicht, zu Jesus selbst zu stehen. An dem Namen Jesus scheiden sich die Geister. Er ist unser Schicksal und unsere Entscheidung.

Die Gemeinde in Pergamon hatte inmitten der geistigen und religiösen Welt ihrer Stadt gewagt, diesen Namen „Jesus" als den allein wesentlichen auszusprechen und an ihm festzuhalten. Alle Todesgefahr hatte sie nicht bewegen können, diesen Namen aus ihrem Leben auszulöschen und durch eine Religion zu ersetzen. Aber die Schmach und Verachtung um Jesu willen hatte die Gemeinde vor dem Namenchristentum bewahrt und innerlich frisch und wacker erhalten. Jesus weiß, wer treu zu ihm steht, und weiß, wie er ihn durchbringt.

Der Haß gegen Jesus wurde in Pergamon so groß, daß es einem Glied der Christengemeinde das Leben kostete. Auch das hat die Gemeinde nicht gelähmt. Auch als die Verfolgung ihren Höhepunkt erreichte, blieb sie Jesus treu.

Der Name des Mannes, der damals die Treue zu Jesus mit dem Tod besiegelte, ist nun in allen Erdteilen bei allen Christen bekannt als der Name eines Mannes, von dem Jesus sagt: *mein* Zeuge, *mein* Getreuer. Das ist das Größte, was von einem Jünger Jesu gesagt werden kann. Er hat nicht irgend etwas bezeugt, sondern Jesus selbst. Ihm gehört er, ihm gilt sein Zeugnis. Das hat ihm den Tod gebracht. Er war in einer ganz anders gelagerten Umgebung ein echter Missionar für Christus. Er wußte, daß er seiner Stadt das Zeugnis von Jesus schuldig war, und hatte darum sein Leben nicht geliebt bis in den Tod.

Der erhöhte Herr unterstreicht noch einmal die Lage in Pergamon: „Wo der Satan wohnt", um deutlich zu machen, wie er die Treue des Antipas und die Unerschütterlichkeit der Gemeinde wertet.

## *Das gelähmte Gewissen*

**Offb. 2, 14. 15: „Aber ich habe ein Kleines wider dich, daß du dort solche hast, die an der Lehre Bileams festhalten, der den Balak lehrte, den Kindern Israels eine Falle zu stellen, daß sie Götzenopfer aßen und Hurerei trieben. Daher hast du auch solche, die an der Lehre der Nikolaiten in derselben Weise festhalten."**

Es scheint eine kleine Gruppe in der Gemeinde gewesen zu sein, deren Gewissen gelähmt und vernebelt war. Vielleicht lebte diese Gruppe gar nicht inmitten der Gemeinde, sondern nur in derselben Stadt Pergamon. Aber die Gemeinde hatte nicht die Kraft, diese gefährdete und gefährliche Gruppe zu überwinden und aus ihrer Lähmung herauszureißen. So konnte dieser Fäulniszustand sich erhalten.

Diese kleine Gruppe nahm offenbar an den Götzenopfermahlzeiten der heidnischen Nachbarschaft und den damit verbundenen geschlechtlichen Ausschweifungen teil, ohne zu durchschauen, daß das den Tod ihres Lebens mit Jesus bedeuten mußte. Wir begreifen, wie schwer es war, sich von der gesamten Tradition der Umwelt, der Familie, der Verwandtschaft zu lösen. Wir wissen, daß wir dadurch einsame, heimatlose Menschen werden. Wir wissen auch, wie uns der Blick vernebelt werden kann, daß wir die Gefahren gar nicht mehr durchschauen, und meinen, wir könnten Jesus treu bleiben, auch wenn wir mit dem Lebensstil unserer Umwelt einen faulen Kompromiß schließen.

Noch immer ist das sexuelle Gebiet in besonderer Weise die Einbruchstelle Satans in der Gemeinde Jesu gewesen. Wie viele hervorragende Jünger Jesu, die in der vordersten Front für ihn standen, sind hier zu Fall gekommen. Immer hat es damit angefangen, daß man die erste Trübung und Lähmung des Gewissens nicht bemerkte und unversehens den schmalen Weg mit Jesus auf diesem Gebiet breiter machte. Wir können in einer geradezu raffinierten Weise in unserem Gewissen getäuscht werden, daß wir die Zuchtlosigkeit auf diesem Gebiet noch innerlich begründen und entschuldigen.

Jesus wacht über seiner Gemeinde und weiß, daß ein wenig Sauerteig den ganzen Teig durchsäuert. Von einigen wenigen Jüngern Jesu, die auf diesem Gebiet einen schiefen Weg gehen und ihren Kompromiß auf sexuellem Gebiet gar noch lehrmäßig verteidigen, kann ein zersetzender Einfluß auf eine ganze Gemeinde ausgehen. Jesus nimmt jede Lähmung des Gewissens auf diesem Gebiet todernst.

**Offb. 2, 16: „So tue nun Buße, wo aber nicht, so werde ich bald über dich kommen und mit ihnen Krieg führen mit dem Schwert meines Mundes."**

Wenn die Gemeinde innerlich nicht stark genug ist, Zucht zu üben, Fäulnisherde zu überwinden und ihre gefährdeten Brüder aus ihrem Traumzustand herauszureißen, greift Jesus selbst ein. Ein Wort von ihm genügt. Es kann das Wort zum Leben und zum Tode sein. Manches seiner Kinder hat Jesus durch schwerste und tiefste Wege geführt, um es aus den Lähmungen seines Gewissens zu retten.

Es ist eine große Sache, wenn ein Jünger Jesu, dessen Gewissen so umnebelt ist, plötzlich aufwacht und die ganze Schwere seiner Lage sieht. Es hat aber auch manchen gegeben, der sich in seinem Gewissen dem treuen Ruf Jesu verschloß und die Sünde auf sexuellem Gebiet festhielt. Dann gibt es bittere Katastrophen, die zu der völligen Zerstörung des Lebens mit Jesus führen können. Aber wo es vor Menschenaugen zu spät zu sein scheint, ist es bei Jesus nicht zu spät. Bei ihm gibt es auch in letzter Stunde immer noch ein Zurück.

## *Der Lohn der Treue*

**Offb. 2, 17: „Wer ein Ohr hat, der höre, was der Geist den Gemeinden sagt. Dem Überwinder werde ich vom verborgenen Manna geben und werde ihm einen weißen Stein geben und auf den Stein einen neuen Namen schreiben, den niemand kennt, als der ihn empfängt."**

Mit großer Treue warnt der Geist jedes Glied der Gemeinde Jesu vor jedem Kompromiß mit der Sünde. Der Geist spricht auch in die verborgensten Gebiete des sexuellen Lebens hinein und weiß dort zu warnen, wo ein Menschenwort nicht mehr hinreicht. Wer still wird vor Jesus, wird volle Klarheit bekommen, was in seinem Leben Sünde ist, und aus aller Todesgefahr herausgeholt werden.

Dem, der überwindet, dem, der die Versuchungen zum Kompromiß auf dem sexuellen Gebiet erkennt und abweist, verspricht Jesus etwas ganz Großes. Der Überwinder ist nicht der vollendete Heilige, der keine Niederlage mehr erlebt, der hoch über allen sexuellen Versuchungen steht, sondern der, der die Gefahr durchschaut und den Kompromiß in seinem Gewissen abwehrt. Wir alle werden immer wieder vielfältigen Versuchungen ausgesetzt bleiben und manche Narben und Wunden in diesem Kampf davontragen. Aber Jesus weiß, wer seine Sünde entschuldigt und wer der treuen Stimme des Geistes recht gibt, so daß Sünde Sünde bleibt.

Das verborgene Manna, das Jesus denen gibt, die die Versuchung zum Kompromiß auf sittlichem Gebiet überwinden, ist das Gegenstück zu der bitteren Speise, die uns die Sünde reicht. An dieser sterben wir; an dem verborgenen Manna, das Jesus gibt, werden wir gesund. Das verborgene Manna ist im Grunde er selbst, der das Brot des Lebens ist, und das er uns in dem verborgenen Umgang mit ihm schenkt — jetzt hier auf Erden und einst in seiner vollendeten Gemeinde. Wenn wir über seinem Wort still werden und mit ihm im verborgenen Zwiegespräch sind, stärkt er uns durch das verborgene Manna.

Im Altertum wurden bei den Festspielen den Siegern von dem Leiter der Spiele Lorbeerkränze und Siegespreise überreicht. Die Empfänger der Lorbeerkränze und Siegespreise erhielten zur Beglaubigung ein kleines weißes Täfelchen, auf dem ihr Name eingraviert war. Dem Leiter der Wettkämpfe entspricht Jesus, der auch den Überwindern im Kampf des Glaubens verspricht, ein weißes Täfelchen zu überreichen, durch das er sie als Sieger anerkennt und in die vollendete Gemeinde aufnimmt. Was wird es eine Freude sein, wenn Jesus dieses volle Ja zu den Seinen ausspricht und sie am Ziel sind!

Diejenigen, die dann am Ziel sind, tragen nicht mehr ihren alten Namen, sondern empfangen von ihrem Herrn einen neuen. Der neue Name bedeutet die vollendete Umwandlung aller Glieder seiner Gemeinde, die Einlösung seines Wortes: „Siehe, ich mache alles neu!" Dieses Wort steht am Ende des Weges der Gemeinde: Offenbarung 21, 5.

Daß diesen neuen Namen niemand kennt als Jesus und der, der ihn empfängt, deutet darauf hin, daß in das letzte verborgene Verhältnis zwischen uns und unserem Herrn niemand hineinschauen kann — auch nicht der, der uns am allernächsten steht. Das Allerletzte im Verhältnis zwischen Jesus und denen, die ihm verbunden sind, bleibt ein tiefes, heiliges Geheimnis zwischen uns und ihm selbst.

## 4. An die Gemeinde in Thyatira: Gemeindezucht

Offenbarung 2, 18–29

Offb. 2, 18 a: „Dem Engel der Gemeinde in Thyatira schreibe."

Thyatira liegt in Kleinasien, sechzig Kilometer südöstlich von Pergamon. Es war eine Industriestadt, durch ihre Wollfärberei bekannt.

Thyatira ist dem Bibelleser interessant als die Heimat der Lydia in Philippi, der ersten Christin in Europa, die uns mit Namen bekannt ist (Apg. 16, 14). In Thyatira befand sich eine mazedonische Kolonie. Dadurch war die Verbindung zwischen Thyatira und Philippi gegeben. Im zweiten Jahrhundert war Thyatira der Hauptsitz der schwärmerischen Bewegung der Montanisten.

### *Jesus, der unbestechliche Richter seiner Gemeinde*

Offb. 2, 18 b: „Das sagt der Sohn Gottes, der Augen hat wie Feuerflammen, und dessen Füße wie glühendes Erz sind."

Dem erhöhten Herrn bleibt nichts in seiner Gemeinde auf Erden verborgen. Er sieht hinter alle frommen Kulissen.

*Wir* haben keine Augen wie Feuerflammen, die durch und durch sehen können. *Wir* sehen den Menschen nur von außen, obwohl auch wir oft ahnen, was im Verborgenen eines Menschen lebt. *Wir* können durch fromme Worte getäuscht werden. Jesus werden wir nie täuschen.

Unser erhöhter Herr ist Geist wie Gott. Er ist der Herr, der Geist ist (2. Kor. 3, 17). Aber wir verstehen die Bildersprache der Offenbarung, wenn sie sagt, daß seine Füße gleich glühendem Erz sind. Das Bild spricht aus, daß es dem Gerichtswort Jesu gegenüber keinen Widerstand gibt. Wie glühendes Erz alles verbrennt, so ist auch das Gerichtswort Jesu für den vernichtend, den es trifft.

Es spricht hier nicht irgendein Mensch, sondern der Sohn Gottes. Die ersten Christen nannten Jesus den Sohn Gottes, weil keiner Gott so nahe steht wie er und in ihm das ganze Wesen Gottes verkörpert ist. Darum kann er auch in der Vollmacht Gottes handeln und das richtende Wort in Kraft aussprechen, dem sich keiner entziehen kann.

Auch für seine Gemeinde ist Jesus der unbestechliche Richter. Er schließt mit unserer Sünde keinen Kompromiß. Die Sünde seiner Gemeinde ist ebenso ernst wie die Sünde der übrigen Welt, ja noch ernster, weil seine Gemeinde den Geist Gottes hat und den vollen Blick für den Ernst der Sünde geschenkt bekam.

Das Wort von der Vergebung macht uns nicht lax im Gewissen. Es macht die Sünde vielmehr todernst. Wie sollten wir das noch lieben können, was Jesus ans Kreuz brachte. Wie sollten wir nicht alles hassen, wofür unser Herr gestorben ist.

Jesus weiß, wo das Wort der Vergebung und der freien Gnade von seiner Gemeinde in seinem Wesen verändert und zur Entschuldigung des Gewissens genommen wird. Die Gerechtigkeit allein aus dem Glauben, die Jesus uns am Kreuz erwarb, rettet uns nicht, wenn wir sie zum Deckmantel der Bosheit machen (1. Petr. 2, 16). Mit ganzem Ernst ringt Paulus Galater 5 darum, daß uns die Gerechtigkeit aus dem Glauben zu keinem Kompromiß mit der Sünde verleitet, sondern in uns eine Macht wird, die uns von der Sünde löst und den Früchten des Geistes freie Bahn macht.

Jesus allein weiß, wo die Gerechtigkeit aus dem Glauben zu einem reinen Gedankenspiel geworden ist und keine Macht über unser Leben gewann. Er allein weiß, wo aus seiner Vergebung ein billiges Wort wurde, das nur einen Gedanken darstellt, aber nicht in die Wurzeln unseres Wesens eingreift. Jesus, der unbestechliche Richter seiner Gemeinde weiß, wo das Leben mit ihm nur Schein ist und er im Grunde nichts mehr zu sagen hat. Er wird mit ganzer Liebe, aber auch mit ganzem Ernst um den Menschen und die Gemeinde ringen, in der dies zutrifft. Er ist immer darauf aus, zu retten. Er kann aber auch mitten im Leben das Gerichtswort über ein Scheinglied seiner Gemeinde aussprechen. Aber dann ist sein letztes

Ziel immer noch, zu retten und nicht zu richten. Aber ein Jünger Jesu und eine Gemeinde, die mit der Sünde spielt, muß damit rechnen, daß der Herr der Gemeinde schon auf Erden das Gericht über uns vollziehen kann.

## *Eine Gemeinde in lebendiger Entwicklung*

**Offb. 2, 19: „Ich weiß deine Werke: deine Liebe, deine Treue, dein Dienen, deine ausdauernde Geduld und daß deiner letzten Werke mehr sind als die ersten."**

Jesus spricht nicht zuerst von dem schweren Schaden in der Gemeinde in Thyatira, der diesen Brief veranlaßt hat und ihm solche Sorge macht. Sein erstes Wort gilt all dem Guten, das er in seiner Gemeinde sieht, an dem er sich von Herzen freut. Sein Wort ist nie nur negativ, sondern zuallererst positiv. Überall dort, wo Jesus unsere Denkart beeinflussen kann, wird auch bei uns das positive Wort an erster Stelle und das negative an zweiter Stelle stehen.

Jesus sagt: „Ich weiß deine Werke." Damit denkt er an alles, was seiner Gemeinde aus der nahen Glaubensverbindung und Lebensgemeinschaft mit ihm erwachsen ist. Das ist nichts Formales, sondern etwas ganz Lebendiges. Das umschließt nicht nur die praktische Tat, sondern die innerste Haltung, aus der alles geboren wird.

Darum nennt Jesus an erster Stelle unter den Werken seiner Gemeinde die Liebe, die ihm und den Brüdern gilt. Die Liebe zu Jesus, die ihren Widerschein in der Liebe zu den Brüdern hat, ist die stärkste Kraft und der untrügliche Kompaß im Gewissen seiner Gemeinde. Wo die Liebe zu Jesus uns bestimmt und regiert, wird unser Gewissen klar und fein arbeiten und der Weg in der Praxis des Lebens uns deutlich werden. Die Liebe zu Jesus ist eine starke Kraft, die den Alltag des Lebens formt.

An zweiter Stelle nennt Jesus die Glaubenstreue, die er in seiner Gemeinde beobachtet. Alles, was auf sie einstürmte, alle Verfolgung, alles Einsamwerden um Jesu willen, hat seine Gemeinde in der Glaubenstreue Jesus gegenüber nicht irremachen können. Sie kann von dem nicht lassen, der ihr das Wertvollste im Leben geworden ist.

Als drittes Stück der „Werke" seiner Gemeinde nennt Jesus den Dienst, den seine Gemeinde auf vielfältige Weise tut, um ihr Leben mit Christus zu gestalten und die einzelnen Glieder der Gemeinde am Leben zu erhalten. Die mannigfaltigen Gaben zum Dienst, die Jesus seiner Gemeinde gibt (Röm. 12 und 1. Kor. 12), sind in der Gemeinde Thyatira treu verwaltet worden. Sie ist keine passive Gemeinde, keine stumme, untätige Zuhörerschaft. Ein lebendiger Dienst ist in ihrer Mitte im Gang, der das Leben mit Christus im Fluß erhalten will.

Als viertes Stück nennt Jesus die ausdauernde Geduld, die unermüdliche Standhaftigkeit, mit der seine Gemeinde allen Versuchungen widersteht, die sie lahmlegen und müde machen wollen. Es tritt so viel an uns heran, was das Leben mit Christus lähmen will: der harte Kampf um die Existenz im wirtschaftlichen Leben, der Spott der Kollegen und Freunde, die bitteren Erfahrungen mit anderen Gliedern der Gemeinde, die große Not um uns selbst und unsere eigenen Schwächen und Niederlagen. Dem allem ist die Gemeinde mit ihrer unermüdlichen Standhaftigkeit und ausdauernden Geduld begegnet.

Alle diese „Werke", all dieses neue Leben, das aus der Gemeinschaft mit dem Herrn der Gemeinde geboren ist, nimmt nicht ab, sondern ist in beständigem Wachstum begriffen. Das Leben mit Christus befindet sich in einer lebendigen Entwicklung.

## *Eine Gemeinde in der Verirrung*

Offb. 2, 20: „Aber ich habe wider dich, daß du dein Weib Isebel gewähren läßt, die sich für eine Prophetin ausgibt und meine Knechte lehrt und verführt, Hurerei zu treiben und Götzenopfer zu essen."

In der Gemeinde Thyatira lebt eine Frau, die über die Gewalt des Wortes verfügt und einen Teil der Gemeinde an sich fesselt. Fast scheint es, als wäre es die Frau des Vorstehers der Gemeinde gewesen, denn jeder Brief ist in erster Linie an den Vorsteher gerichtet, und Jesus sagt an dieser Stelle: „Dein Weib Isebel." Wenn dem so ist, so wäre über die Gemeinde Thyatira eine ganz große Not gekommen, weil die Frau des Vorstehers ihre Stellung und ihr faszinierendes Wort dazu gebraucht hätte, um das Leben der Gemeinde zu unterhöhlen. Der Name Isebel wird ihr beigelegt in Erinnerung an das Weib des schwachen Ahab (2. Kön. 9), die für ihren Mann und die Gemeinde Gottes zu solcher Gefahr wurde.

Es besitzt weder der Vorsteher der Gemeinde in Thyatira noch die Gemeinde selbst die Kraft, dieser redegewaltigen Frau in ihrer Mitte entgegenzutreten und ihren Einfluß zu überwinden. Durch das Wort dieser Scheinprophetin ist der schmale Weg sehr breit geworden und ein tiefer, folgenschwerer Einbruch auf dem Gebiet des sexuellen Lebens erfolgt. Unter dem Vorwand, die Tiefen des Satans erkennen zu müssen (V. 24), wurde der Zuchtlosigkeit auf sexuellem Gebiet und dem Kompromiß mit dem Heidentum Tür und Tor geöffnet. Ein Fäulnisherd schwerster Art hatte sich inmitten der Gemeinde gebildet, und sie besaß keine Kraft, ihn zu überwinden.

Wenn die Gemeinde nicht imstande ist, echte Gemeindezucht zu üben, greift Jesus selbst ein, um seine Gemeinde zu retten. Menschliche Gemeindezucht ist eine geringe Sache gegenüber der Zucht, die Jesus selbst übt, die aus Liebe mit unerbittlicher Härte durchgreift.

**Offb. 2, 21: „Ich habe ihr Zeit gegeben, daß sie Buße tue, und sie will nicht Buße tun von ihrer Hurerei."**

Jesus kann lange warten. Seine Geduld in unserem Leben ist unglaublich. Wir können es oft nicht fassen, wie lange er schmerzliche Dinge in unserer Lebensgeschichte trägt.

Das hatte er auch bei dieser gefährlichen Frau in der Gemeinde Thyatira getan. Er hat ihr Zeit gegeben, sich zu besinnen, Buße zu tun und die Vergebung Jesu zu suchen. Aber sie hat nicht gewollt.

Unsere Unbußfertigkeit ist immer eine Willensentscheidung. Wenn Jesus uns zur Buße ruft und uns Zeit zur Umkehr gibt, ist sie wirklich möglich. Wir haben keine Entschuldigung, wenn wir seine Geduld mißbrauchen. Unser Nein zu dem treuen Ruf Jesu ist nicht durch die Lebensumstände begründet, sondern allein in unserem Willen.

**Offb. 2, 22. 23 a: „Siehe, ich werfe sie auf ein Siechbett und, die mit ihr Ehebruch treiben, in große Trübsal, wenn sie nicht Buße tun von ihren Werken, und ihre Kinder werde ich durch eine Seuche töten."**

Wenn wir zu dem treuen, geduldigen Ruf Jesu beharrlich nein sagen, antwortet er mit seinem Gericht schon hier auf Erden. Er tut es aus Liebe. Es ist ihm schwer, eins seiner Kinder so hart treffen zu müssen. Aber es ist sein letzter Versuch, uns zu retten. Er tut alles, um uns nicht verlorengehen zu lassen.

Darum wirft er diese Frau, die eine solche Gefahr für die Gemeinde ist, auf ein Siechbett, das ihre Kraft verzehrt und sie mundtot macht. Er trifft nicht nur sie selbst, sondern er trifft sie in ihren leiblichen Kindern, die von einer Seuche hinweggerafft werden sollen. Jesu Gericht ist tief und einschneidend. Er will seine Gemeinde retten und vor weiterer innerer Ansteckung bewahren.

So sicher sein Gericht die Verführer der Gemeinde treffen wird, so deutlich gibt er den von ihr Verführten noch eine letzte Möglichkeit zur Buße. Auf Schritt und Tritt merken wir, daß er in allem Gericht dennoch der Retter und nicht der Richter ist.

Offb. 2, 23 b: „Alle Gemeinden werden erkennen, daß ich es bin, der Nieren und Herzen erforscht, und ich werde einem jeden von euch vergelten nach euren Werken."

Das Gericht Jesu inmitten der Gemeinde Thyatira wird so erschütternd sein, daß die Kunde davon durch alle Gemeinden geht. Überall wird man erschrecken und neu erkennen, daß Jesus nicht nur der Versöhner, sondern auch der Herr seiner Gemeinde ist. Es wird neu deutlich werden, daß ihm gegenüber keine fromme Fassade und kein frommer Schein möglich ist, sondern daß Jesus wirklich Nieren und Herzen erforscht und der unbestechliche Richter seiner Gemeinde ist.

## *Die Stärkung der treuen Gemeinde*

**Offb. 2, 24. 25: „Euch aber, den übrigen in Thyatira, sage ich, wie viele diese Lehre nicht haben, welche nicht die Tiefen des Satans erkannt haben – wie sie sagen – auf euch lege ich keine weitere Last, außer: das, was ihr habt, haltet fest, bis ich komme."**

Apostelgeschichte 15 ist uns berichtet, wie die Urgemeinde zu Jerusalem in entscheidungsvoller Stunde das Evangelium gerettet hat und sich dafür entschied, daß wir ganz allein durch die Gnade des Herrn Jesu gerettet werden und daß kein Joch eines frommen Gesetzes auf uns gelegt werden sollte (Apg. 15, 9—11). Aber sie besaß zugleich die Weisheit, grundsätzliche seelsorgerliche Linien auszusprechen, die für die jungen Gemeinden aus den Heiden lebensentscheidend waren. Zwei dieser seelsorgerlichen Ratschläge, die die Gemeinschaft mit den Jüngern Jesu aus Israel betreffen, sind bald versunken, weil sie keine praktische Bedeutung mehr hatten. Aber die beiden anderen seelsorgerlichen Linien, keinen Kompromiß durch Teilnahme an heidnischen Gottesdiensten und durch Zuchtlosigkeit auf sexuellem Gebiet zu schließen, behielten ihre Bedeutung.

Das sind die beiden Linien, die Jesus seiner Gemeinde in Thyatira neu einschärfen will. Jeder Kompromiß auf diesen beiden Lebensgebieten muß das Leben mit Jesus zerstören. Eine andere Last und einen anderen Befehl legt Jesus der Gemeinde in Thyatira nicht auf. Aber diese beiden Linien soll sie kompromißlos bis zum Ende festhalten. Daran hängt ihr Leben. Die Gemeinde Jesu kann vor dem Auge ihres wiederkommenden Herrn nicht bestehen, wenn sie die Stimme Jesu im Blick auf diese beiden Lebensgebiete überhört.

**Offb. 2, 26. 27: „Wer überwindet und meine Werke bis ans Ende festhält, dem werde ich Macht über die Heiden geben, und er wird sie mit eisernem Stabe weiden, wie die irdenen Gefäße zertrümmert werden."**

Wer an den Lebenslinien Jesu festhält und um ihre Durchsetzung auf allen Gebieten des eigenen Lebens ringt, der wird an den Regierungsfunktionen des wiederkommenden Herrn teilhaben, wenn er das erschütternde Endgericht über alle die bringt, die sich ihm in ihrem Leben entzogen haben. Dann ist es zu spät. Er wird wiederkommen, zu richten die Lebendigen und die Toten. Es kommt die Stunde, da Jesus nicht mehr der Retter ist, sondern ganz allein der Richter. Wer dann ihm nicht verbunden ist, ist verloren. Das unbestechliche Urteil unsers Herrn durchschaut die Scheinfrömmigkeit.

**Offb. 2, 28: „Wie auch ich von meinem Vater empfangen habe, so will ich ihm den Morgenstern geben."**

Jesus hat von seinem Vater das Christusamt empfangen, das die Welt- und Menschheitsgeschichte ihrem großen Endziel entgegenführt. Er ist der Anfänger und Schöpfer einer zweiten Menschheit, die an dem Tag vollendet sein wird, an dem er aus der Verborgenheit hervortritt. Dann beginnt der helle Tag der Menschheitsgeschichte. Wie mit dem Morgenstern der Einbruch des hellen Tages gekennzeichnet ist, so wird mit dem Kommen Jesu der neue Tag Gottes für die Menschheit anbrechen. Jesus ist in Wahrheit der Morgenstern, der mit seinem Kommen der Welt kundtut, daß ihr bitterer Weg zu Ende ist und mit ihm die neue Welt Gottes anbricht.

Daß der Weg der Menschheit zunehmend in die dunkle Nacht geht, ist uns im 20. Jahrhundert eine erschütternde Tatsache. Darum ist es für uns eine doppelt große Kunde, daß Jesus der Morgenstern ist und mit ihm alle Nacht der Menschheitsgeschichte ein Ende hat. Aber das Kommen Jesu bedeutet für uns die ewige Katastrophe, wenn wir nicht ehrlich ihm verbunden sind und bei aller Begrenzung und Schwachheit kompromißlos in unserem Gewissen ihm offen geblieben sind. Wer aber an den Gewissens- und Lebenslinien Jesu festhält, dem wird er „den Morgenstern geben". Er wird ihn an seinem großen Tag teilhaben lassen, der den Einbruch der neuen Gotteszeit für die Menschheit bringt.

**Offb. 2, 29: „Wer ein Ohr hat, der höre, was der Geist den Gemeinden sagt."**

Das Wort, das der erhöhte Herr der Gemeinde in Thyatira geschrieben hat, ist in eine bestimmte Lage hineingesprochen, und doch zugleich überzeitlich ein Wort an die Gemeinde Jesu zu allen Zeiten, das der Geist Gottes jedem einzelnen von uns und jeder Gemeinde der Gegenwart in die eigene Lage zu übersetzen weiß.

Für jede Gemeinde des Herrn Christus in der Gegenwart aber wird deutlich, daß sie mit ganzem Ernst und heiligem Einsatz darum ringen muß, die Fäulnisherde in ihrer Mitte zu überwinden.

## 5. An die Gemeinde in Sardes: Scheinchristentum

### Offenbarung 3, 1–6

**Offb. 3, 1 a: „Dem Engel der Gemeinde in Sardes schreibe."**

Sardes liegt noch tiefer landeinwärts in Kleinasien als Thyatira, südlich von dieser Stadt. Sardes war einst berühmt als Residenz des Königs Krösus, der über einen märchenhaften Reichtum verfügte. Zur Römerzeit, in der unser Brief geschrieben ist, hatte Sardes keine besondere Bedeutung, sondern war eine einfache Landstadt im Inneren des Landes. Über die Geschichte der Christengemeinde in Sardes wissen wir nichts. Aber aus unserem Brief geht hervor, daß sie in Kleinasien weithin als eine besonders lebendige Gemeinde bekannt gewesen sein muß. Offenbar sprach man überall von ihr. Ebenso muß der Vorsteher ein Mann gewesen sein, dessen Wort man weithin schätzte, und der als ein besonders ausgerüsteter Zeuge Jesu bekannt war.

**Offb. 3, 1 b: „Das spricht der, der die sieben Geister Gottes und die sieben Sterne hat."**

In jedem Brief bezeichnet sich unser erhöhter Herr in einer anderen Weise – jedesmal so, wie die betreffende Gemeinde es braucht.

Wir wissen schon aus dem ersten Kapitel, daß die Zahl sieben die Vollzahl Gottes ist. Sieben setzt sich zusammen aus drei und vier. Drei ist die Zahl des allmächtigen, ewigen, dreieinigen Gottes, vier die Zahl der vier Himmelsrichtungen. So bedeuten in der Zeichensprache der Offenbarung die Zahlen drei und vier zusammen den allmächtigen Gott, der sich in seiner ganzen Fülle nach allen Seiten kundtut. Wenn Jesus sagt, daß er die sieben Geister Gottes in seiner Hand hat, so bedeutet dies Bild, daß er über die Fülle des Geistes Gottes verfügt.

Die Sterne bedeuten nach Kapitel 1, 20 die Engel der Gemeinden, unter denen wir die Vorsteher verstanden haben. Daß der Vorsteher der Gemeinde in Sardes sich in derselben Hand befindet, die auch über die Fülle des Geistes Gottes verfügt, kennzeichnet den ganzen Ernst seiner Lage, kann aber seine Lebensrettung sein. Weil Jesus die Fülle des Geistes Gottes besitzt, kann er durch keine noch so große Begabung und glänzende Redetätigkeit des Vorstehers der Gemeinde getäuscht werden. Er sieht in das Verborgene und weiß um jeden geheimen Schaden, um alles, was unecht ist. Aber weil der Geist Gottes das Leben bedeutet, kann Jesus dem Vorsteher und der Gemeinde selbst aus aller Todesgefahr und Erstarrung zu neuem Leben helfen.

## *Die große Täuschung*

Offb. 3, 1 c. 2: „Ich weiß deine Werke, daß du den Namen hast, daß du lebst und bist tot. Werde wach und stärke das übrige, das im Begriff ist zu sterben, denn ich habe deine Werke nicht vollwertig vor meinem Gott erfunden."

Jesus weiß alles. Er schaut bis auf den Grund. Er weiß die „Werke" des Vorstehers und der Gemeinde. Unter dem Gesamtbegriff „Werke" ist alles zusammengefaßt, was aus dem neuen Lebenszusammenhang mit Jesus Christus gewachsen ist. Er weiß, was wirklich echt und was nur Schein ist. Keine fromme Fassade kann ihn täuschen.

Offenbar spricht man im ganzen Land von dieser lebendigen Gemeinde. Sie ist berühmt geworden. Jedermann kennt ihren Namen. Vielleicht hat sie manchen Besuch von auswärts erhalten, der diese lebendige Gemeinde kennenlernen und an ihr sich erfreuen wollte.

Dies alles kann Jesus nicht täuschen. Er weiß, daß die Gemeinde in der letzten Wurzel krank ist und nicht mehr wirklich aus dem Lebenszusammenhang mit ihm lebt. Das Gemeindeprogramm ist großartig und läuft. Die Gottesdienste und Veranstaltungen der Gemeinde sind gut besucht. Sie haben Anziehungskraft. Es wird wirklich etwas geboten. Aber der verborgene, tiefe Zusammenhang mit Jesus selbst ist verlorengegangen. Das alles wird nicht mehr aus dem verborgenen Umgang mit Jesus selbst geboren. Es ist menschlicher, religiöser Betrieb. Weil Jesus und das verborgene Zusammenleben mit ihm fehlt, lautet das Urteil Jesu über diese Gemeinde: du bist tot.

Es ist unheimlich, daß solch eine Selbsttäuschung möglich ist. Jeder, der das liest, zittert für sich selbst. Jede Gemeinde, die glaubt, lebendig zu sein, kommt über diesem Wort Jesu in ernstes Nachdenken und Fragen, ob sie auch unter diesem Urteil Jesu steht: du bist tot.

Besonders unheimlich ist es, daß Jesus kein näheres Merkmal angibt, wann er eine Gemeinde als tot bezeichnet. So wird dieser Ausspruch über die Gemeinde in Sardes zu einer ständigen Beunruhigung für alle seine Gemeinden. Das macht die Sache so ernst, daß wir keinen festen Maßstab in der Hand haben, an dem wir ablesen können, wann eine Gemeinde lebendig und wann sie tot ist. Es wäre uns eine große Beruhigung und Erleichterung, wenn etwa zwölf Punkte aufgestellt werden könnten, die darüber entscheiden, ob eine Gemeinde lebendig oder tot ist. Wie einfach wäre es, wenn die Erfüllung solcher feststehenden Punkte bedeuten würde, daß wir wirklich im Leben mit Jesus stehen. So aber wird uns jede Sicherheit aus der Hand geschlagen. Es wird nie zur Selbstverständlichkeit, ob wir wirklich im Leben mit Christus stehen. Dieses unheimliche Fragezeichen läßt uns nie zur Ruhe kommen. Jeden Tag ist die Frage neu da. Ihre Beantwortung ist nie abgeschlossen. Letzten Endes kann keiner von uns sie selbst beantworten. Wir bleiben auf das Urteil Jesu angewiesen. Er allein weiß, ob wir wirklich im Leben stehen oder tot sind.

Jesus ist freilich sehr treu, wie er uns auf mannigfache Weise des Lebenszusammenhangs mit ihm gewiß macht. Es gehört zum Leben mit ihm, daß er uns von Sünde überführt und durch das Wort der Bibel mit uns redet, daß es uns zu der Gemeinschaft der Jünger Jesu zieht und wir uns um andere sorgen, um sie zu Christus zu führen oder bei Christus zu bewahren. Das sind Zeichen des Lebens mit Jesus.

Hier nennt Jesus nur einen einzigen Punkt, den er in Sardes vermißt, und der offenbar auch zu den Lebensmerkmalen gehört: „Stärke das übrige, das im Begriff ist zu sterben." Wer im Leben mit Jesus steht, kann kein egoistisches Privatchristentum führen, das nur sich selbst lebt und nur das eigene Leben mit Jesus pflegt. Zum Wesen des Lebens Jesu gehört bei ihm selbst und seinen Jüngern die Hingabe, das Dienen, die Liebe, die Sorge um die anderen. Darum ist es etwas Erschreckendes, wenn das Leben eines Jüngers Jesu sich nur um sich selbst dreht und er die Sorge um die anderen nicht mehr kennt. Wer im Leben mit Christus steht, kann sich von seinen Brüdern und Schwestern nicht lösen, sondern muß sich um sie sorgen, wie sie im Lebenszusammenhang mit Jesus erhalten werden. Lebendige Gemeinde will keinen im Leben mit Christus sterben lassen, sondern jeden so stärken, daß er Jesus bis ans Ende treu bleibt.

Trotz dieser Lebensmerkmale wird uns kein absoluter, feststehender Maßstab in die Hand gegeben, mit dem wir uns selbst und unsere Gemeinden mit selbstverständlicher Gewißheit vor der großen Selbsttäuschung bewahren können. Das letzte Wort hat doch Jesus selbst. Er allein weiß, was der Satz bedeutet: „Ich habe deine Werke nicht vollwertig vor meinem Gott erfunden." Es ist gut, daß dieses bange Fragen und Zittern in uns allen erhalten bleibt. Die Todesgefahr wäre dann aktuell, wenn dieses verborgene Zittern um uns selbst und die Gemeinden, in denen wir leben, einmal aufhören würde. Es ist das Grundzeichen des Lebens, daß dieses Bangen und Zittern da ist. Wo das Christsein und Seligwerden zur Selbstverständlichkeit geworden ist, ist der geistliche Tod eingetreten.

Offb. 3, 3: „So denke nun daran, wie du empfangen und gehört hast, und halte es fest und tue Buße. Wenn du nun nicht wach wirst, werde ich kommen wie ein Dieb, und du wirst nicht wissen, zu welcher Stunde ich über dich kommen werde."

Die Zeit ist unvergeßlich, in der Jesus in unsere Lebensgeschichte eingetreten ist. Keiner kann vergessen, wie er zuerst von Jesus gehört und die Gemeinschaft mit ihm geschenkt bekam. Das ist immer wie Frühling, in dem alles zu sprießen und zu knospen beginnt. Das ist die Zeit der ersten Liebe zu Jesus. Diese Zeit kann keiner vergessen. Sie steht auch für die Christen in Sardes in lebendiger Erinnerung.

An diese Zeit knüpft Jesus in seinem Brief an Sardes an. Er möchte mit seinem vernichtenden Urteil nicht das Ende ihres Lebens mit ihm bewirken, sondern ihnen einen Neuanfang des Lebens bereiten. Er möchte die alte, schöne Zeit noch einmal heraufführen und einen neuen Frühling des Geistes über die Gemeinde in Sardes kommen lassen. Darum ruft er ihr zu: werde wach! halte fest! tue Buße! Wie würde er sich freuen, wenn sein Brief nicht umsonst zu ihnen spräche, sondern sie in das ganze flutende Leben mit ihm aufs neue hineinstellte.

Aber er kann ihnen auch nicht verschweigen, in welch einer Todesgefahr sie sich befinden. Den Ernst ihrer Lage spricht er mit demselben Wort aus, mit dem er Matthäus 24, 43. 44 von seinem Kommen zum letzten Gericht spricht: „Ich werde kommen wie ein Dieb." Das gilt nicht nur für das letzte Gericht. Das kann sich jederzeit mitten im Leben ereignen, wenn wir nicht wach werden und Jesus neu vollen Eingang bis in die verborgenen Gebiete unseres Lebens gewähren. Aber mit all dem will er uns nur bewegen, der Todesgefahr zu entgehen und zu dem schönen Anfang zurückzukehren.

## *Der Lohn für die Überwindung*

Offb. 3, 4–6: „Aber du hast einige wenige Namen in Sardes, die ihre Kleider nicht befleckt haben, und sie werden mit mir in weißen Kleidern wandeln, denn sie sind es wert. Wer überwindet, der soll mit weißen Kleidern angetan werden, und ich werde seinen Namen nicht aus dem Buch des Lebens auslöschen, und ich werde seinen Namen bekennen vor meinem Vater und seinen Engeln. Wer ein Ohr hat, der höre, was der Geist den Gemeinden sagt."

Trotz des Gesamturteils über die Gemeinde in Sardes weiß Jesus genau um die, die in ihrem Gewissen ihm offenstehen, die ihre Kleider nicht befleckt haben. Die Befleckung des Gewandes ist immer wieder als Einbruch der Sünde auf sexuellem Gebiet verstanden worden. Wie sollten auch kleinasiatische Gemeinden des ersten Jahrhunderts auf diesem Gebiet nicht ihre besondere Not gehabt haben. Darin gleicht ihnen unsere Lage im 20. Jahrhundert. Es gibt auch heute keine Gemeinde Jesu, die nicht von der Zersetzung des sexuellen Lebens unmittelbar bedroht ist. Jeder, der Christus gehören will, wird von einer dunklen Flut in unserem Jahrhundert umspült, die seine Beziehung zu dem anderen Geschlecht offenkundig oder im Verborgenen vergiften will. Jesus weiß, wer tapfer diesen Angriffen widersteht und durch seine Vergebung sich neu reinigen und stärken läßt. Er weiß, wer auf diesem Gebiet sich ein feines Gewissen bewahren möchte.

Aber dieser kleine und doch so große Satz wird noch viel weitergreifen und eine Fülle von anderen Einbruchstellen dunkler Mächte im Auge haben, wenn Jesus sagt: „Sie haben ihre Kleider nicht befleckt." Das umspannt letzten Endes alles, was uns in unserem Leben mit Christus beflecken kann. Es ist ein großes Wort, das Jesus hier von einigen wenigen in Sardes aussagt.

Das Bild des weißen Kleides ist schon vielen ein tiefer Ansporn gewesen. Das war das, was Luther sich in seinen heißen Kämpfen in der Klosterzelle ersehnte, und was Tausende nach ihm ersehnt haben, ohne jeden Flecken, ganz rein vor Gott stehen zu dürfen – im vollen Frieden eines versöhnten Gewissens. Dieses „weiße Kleid" kann nur Jesus geben, weil er allein für uns starb und nur sein Blut uns von aller Sünde rein waschen kann. Er gibt es dem, der den schmalen Weg mit ihm ging. Er gibt es denen, die im Lebenszusammenhang mit ihm blieben. Ihren Namen wird er im Buch des Lebens festhalten.

Es wird eine große Stunde sein, wenn wir vor das Angesicht Gottes treten und Jesus sich zu uns bekennt. Davon hängt unser ewiges Schicksal ab. Wenn Jesus uns nicht kennen wird, sind wir verloren.

## 6. An die Gemeinde in Philadelphia: die offene Tür

Offenbarung 3, 7–13

**Offb. 3, 7 a: „Und dem Engel der Gemeinde in Philadelphia schreibe."**

Philadelphia gehörte zu dem Kranz von Städten, die die Metropole Ephesus umgaben. Die Sendschreiben umschließen diese Städtegruppe in geographischer Reihenfolge. Man hat den Eindruck, als ob die Christengemeinden dieser sieben Städte in einer regen Gemeinschaft miteinander standen und am gegenseitigen Leben starken Anteil nahmen.

Philadelphia selbst lag 13 Wegstunden südöstlich von Sardes. Wegen Erdbebengefahr war die Stadt nur schwach bevölkert.

Der Name Philadelphia heißt auf deutsch Bruderliebe. Aber die Stadt trug nicht deswegen diesen Namen, sondern weil sie von einem König Attalus Philadelphus gegründet worden war. Die Geschichte der Gemeinde Jesu in Philadelphia ist uns nicht bekannt.

Der Brief an Philadelphia hat darin sein besonderes Merkmal, daß er ebenso wie der Brief an Smyrna nichts enthält, was den Herrn Jesus über seine Gemeinde mit Sorge erfüllt. In beiden Briefen fehlt der schwerwiegende Satz: „Ich aber habe wider dich." Es ist eine große Sache, daß dieser kleine Satz fehlt, der so einschneidend ist. Daß nur zwei Gemeinden uneingeschränkt die Zustimmung Jesu finden, gibt uns zu denken. Es ist schmerzlich, daß Jesus so selten ungeteilte Freude an seiner Gemeinde hat. Wir wünschten uns, daß das Auge Jesu mit Freuden auf den Bruderkreisen ruhen dürfte, in denen wir unsere Heimat haben, daß auch in bezug auf uns selbst der kleine, ernste Satz wegfallen dürfte: „Ich habe wider dich."

**Offb. 3, 7 b: „Das sagt der Heilige, der Wahrhaftige, der den Schlüssel Davids hat, der aufschließt und niemand schließt zu, und der zuschließt und niemand schließt auf."**

Das Wort Jesu ist darum lebensentscheidend für uns alle, weil er der Heilige und Wahrhaftige ist. Mit diesen beiden Worten wird sonst der lebendige, ewige Gott gekennzeichnet. Daß diese beiden Ausdrücke auch auf Jesus angewandt werden, macht deutlich, daß Jesus an der Heiligkeit Gottes vollen Anteil hat und daß sein Wort ebenso wiegt wie das Wort Gottes. Er ist der, der im Auftrag und in der Vollmacht Gottes handelt. Was er sagt, das gilt, ob es ein Verheißungswort oder Gerichtswort ist. Sein Wort ist unumstößlich und zuverlässig. Darum hängt an seinem Wort unser zeitliches und ewiges Schicksal.

In Jesu Hand ist der Schlüssel zum Reich Gottes. Niemand kann sich selbst die Tür zur Gemeinschaft mit Gott aufschließen. Das kann nur Jesus, weil er für uns starb und uns mit Gott versöhnte.

Das Wort vom Schlüssel Davids stammt aus Jesaja 22, 22 und wurde schon früh als eine Prophetie auf die Schlüsselgewalt des Christus verstanden. Wenn Jesus uns die Tür zum Reich Gottes aufschließt, ist keine Macht in der Welt imstande, sie zuzuschließen.

Das macht uns solchen Mut im Blick auf all die Gefahrenmomente, die uns bedrohen. Keine Lebensumstände, keine Verwandtschaft, keine Kollegen, nichts kann die Tür zuschließen, die die Vergebung Jesu aufschließt. Und wenn wir ganz allein stünden und nicht einen einzigen Menschen zur

Seite hätten, der diesen Weg mit uns teilte, kämen wir durch, weil kein Geringerer als Jesus selbst die Tür zum Leben mit ihm aufschloß. Nichts kann uns aus seiner Hand reißen (Joh. 10, 28).

Ebenso unumstößlich ist es aber auch, wenn Jesus die Tür zum Reich Gottes uns zuschließt und die Zeit der Gnade für abgelaufen erklärt. Kein Wort eines Pfarrers, keine Absolution eines Priesters, keine heilige Handlung, nichts ist in der Lage, die Tür zum Reich Gottes uns aufzuschließen, wenn Jesus sie verschlossen hat. Sein Wort gilt absolut.

Darum kommt alles darauf an, daß wir nie selbstsicher und selbstzufrieden werden, sondern an Jesus hängenbleiben als die, die arm in sich selbst sind, die noch Hunger und Durst haben, die von ganzem Herzen seinem Werk in uns freie Bahn machen. Jesus allein hat das Urteil darüber, zu wem er noch einen offenen Zugang besitzt und wer in einer erstarrten „Frömmigkeit" oder im Atheismus ihm verschlossen ist.

Wo er den Hunger und den Durst nach dem Leben mit ihm in uns sieht, wird er die Gnadenzeit nicht beenden und die Tür nicht zuschließen. Er hat versprochen, den glimmenden Docht nicht auszulöschen und das zerknickte Rohr nicht zu zerbrechen. „Er hilft dem Elenden herrlich." Aber den selbstsicheren und satten „Frommen" durchschaut er und kann jeden Tag den Schlußpunkt der Gnadenzeit für ihn setzen und die Tür zum Reich Gottes für ihn zuschließen.

Offb. 3, 8: „Ich weiß deine Werke. Siehe, ich habe vor dir eine geöffnete Tür gegeben, die niemand zuschließen kann, denn du hast eine kleine Kraft und hast mein Wort bewahrt und meinen Namen nicht verleugnet."

Jesus überschaut auch bei der Gemeinde in Philadelphia ihre „Werke", alles, was aus dem Lebenszusammenhang mit ihm hervorgewachsen ist. Er übersieht ihre ganze Lebenssituation. Er weiß, daß sie nur eine kleine Kraft hat. Sie ist ein verachteter, geringer Haufe in ihrer Stadt. Es gehören zu ihr keine führenden Persönlichkeiten, die Macht und Einfluß haben. Von ihr gilt 1. Korinther 1, 26—28.

Trotzdem hat sie Jesu Wort bewahrt und seinen Namen nicht verleugnet. Sie hat sich durch nichts in der Treue zu Jesus irremachen lassen und hängt an ihm und seinem Wort von ganzem Herzen. Das Wort ihres Herrn ist für sie ausschlaggebend. Der verborgene Umgang mit Christus ist ihr unentbehrlich. Sie kann nicht anders, als in allen Stücken auf ihn zu hören und das Wort Jesu fest zu bewahren.

Bis heute ist dieser verborgene Umgang mit Jesus und seinem Wort kennzeichnend für jeden Christen. Wer seine Bibel unbekümmert durch Tage oder gar durch Wochen unangerührt liegenlassen kann, steht in keiner rechten Lebensbeziehung zu Jesus. Für einen Jünger Jesu ist es gar nicht möglich, einen Tag ohne das Wort seines Herrn zu leben. Er ist sehr traurig, wenn es einen Tag schiefgegangen ist und der verborgene Umgang mit Jesus und seinem Wort nicht zustande kam. Er weiß, daß hieran sein Leben hängt. In dem Wort der Heiligen Schrift, das Jesus uns heute durch seinen Geist lebendig macht, liegt eine wunderbare Kraft aus der Ewigkeit. Hierfür gibt es keinen Ersatz. Jesus weiß, wer so an ihm hängt und von seinem Wort nicht lassen kann.

Er weiß auch, wer sich tapfer zu ihm bekennt und seinen Namen nicht verleugnet. Er weiß, wer sich seiner unter Kollegen und Verwandten schämt. Er vergißt aber den nicht, der die Schmach um Jesu willen gern trägt und ihn nicht verleugnen kann.

Nicht die Höhenlage der Heiligung und nicht die Höhenlage der Erkenntnis, nicht die reife Erfahrung und nicht die besondere Geistesausrüstung haben Jesus bewogen, der Gemeinde in Philadelphia die offene Tür zu den anderen zu geben, sondern die Tatsache, daß sie trotz ihrer kleinen Kraft an seinem Wort hängt und seinen Namen nicht verleugnet. Das kann uns viel Mut machen.

Die Fruchtbarkeit unseres Dienstes für Jesus hängt also nicht von unserer besonderen Begabung und Stellung ab, sondern allein davon, ob Jesus uns eine offene Tür gibt. Auch die offene Tür, die er uns zu einem anderen Menschen gibt, kann niemand zuschließen. Es sind oft die schlichtesten Kinder Gottes gewesen, die den fruchtbarsten Dienst für Jesus zu tun vermochten. Es ist darum sehr beunruhigend, wenn ein Jünger Jesu keinen anderen Menschen zu Jesus zu führen vermag.

Freilich ist dabei zu bedenken, daß wir an all dem Anteil haben, was durch die Gemeinde Jesu geschieht, in der wir Heimat haben. Nicht jeder darf einen anderen Menschen gerade dann an die Hand nehmen, wenn er den entscheidenden Schritt der Hingabe seines Lebens an Christus tut. Wo inmitten der Gemeinde Jesu, die uns selbst umschließt, ein Mensch zum Glauben kommt, ist jedes Glied der Gemeinde daran beteiligt. Die Gemeinde Jesu ist immer ein lebendiger Organismus. Wer in diesem Organismus lebt, hat Anteil an allem, was durch ihn geschieht. Darum sagt Jesus nicht vom einzelnen, sondern von seiner Gemeinde in Philadelphia, daß er ihr eine offene Tür gegeben habe und daß niemand imstande sei, den Dienst seiner Gemeinde in Philadelphia zu unterbinden.

### *Schlüsselmenschen*

**Offb. 3, 9: „Siehe, ich gebe einige aus der Synagoge des Satans, die sich selbst für Juden ausgeben und es nicht sind, sondern lügen. Siehe, ich werde sie dazu bringen, daß sie kommen und zu deinen Füßen niederfallen werden und erkennen, daß ich dich geliebt habe."**

In der jüdischen Synagoge in Philadelphia ist offenbar das Widerstandszentrum gegen die Gemeinde Jesu. Einflußreiche, führende Persönlichkeiten sind die erbitterten Gegner der kleinen Christenschar. Aber wer gegen Jesus und seine Gemeinde steht, verkörpert nicht das wahre Israel. Das wahre Israel besteht aus denen, die in Jesus ihren Heiland erkannt und angenommen haben.

Nichts verschließt uns gegen den Ruf so sehr wie religiöser Fanatismus, wie verbissene, irrtümliche Frömmigkeit. Aber Jesus ist stärker als jeder religiöse Fanatismus. Er kann auch Schlüsselmenschen in besonderer Stellung überwinden und sie zu schlichten, echten Gliedern seiner Gemeinde machen. Es ist eine große Zusage an das arme Gemeindlein in Philadelphia, daß solch ein Sieg Jesu über führende Persönlichkeiten ihrer Stadt sich begeben wird. Ihre fanatischen Gegner werden das Auge für Jesus und die Bedeutung seiner Gemeinde geöffnet bekommen. Sie werden merken, wo das wirkliche Leben ist. Es wird ihnen das Auge für das verborgene, innige Band aufgehen, das Jesus mit seiner Gemeinde in Philadelphia hat. Sie werden staunen, wenn sie eines Tages selbst zu dieser verachteten Schar gehören, und glücklich sein, daß nun die ganze Liebe Jesu auch ihnen gehört.

## Halte, was du hast

Offb. 3, 10. 11: „Weil du das Wort von dem geduldigen Harren auf mich bewahrt hast, werde ich dich auch bewahren aus der Stunde der Versuchung, die dereinst über die ganze bewohnte Erde kommen wird, zu versuchen alle Bewohner der Erde. Ich komme bald; halte fest, was du hast, daß niemand deine Krone nehme."

Der Weg mit Christus ist kein Kinderspiel. Er ist kein harmloser Spaziergang. Er ist eine wirkliche Schlacht um das Bleiben in Jesu. Viele Lebensumstände sind immer wieder darauf aus, uns in dem Leben mit Jesus lahmzulegen und von ihm zu trennen. Für die Christen der ersten Jahrhunderte stand Leben und Existenz auf dem Spiel, wenn sie sich zu Jesus bekannten. Weil sie treu waren, verspricht ihnen Jesus noch Größeres, als was sie bisher an Bewahrung erfuhren.

Er weiß um allerschwerste Stunden, die über die Erde kommen werden, in denen es kaum möglich sein wird, ihm die Treue zu halten. Die großen Verfolgungen im Römerreich unter Kaiser Decius von 248 bis 260 und um 300 unter Diokletian waren solche Erprobungszeiten schwerster Art. Die Gemeinde Jesu sollte auf Erden ausgelöscht werden. Keiner war seines Lebens sicher. Die führenden Persönlichkeiten der Gemeinde und unzählige andere Christen verschwanden in den Bleibergwerken Sardiniens, um an Vergiftung zugrunde zu gehen. Frauen und Mädchen kamen in die Bordelle, weil sie sich als Christen bekannten und die Liebe zu Jesus nicht verleugneten. Nirgendswo konnten die Christen mehr zusammenkommen, um sich gegenseitig zu stärken. Die heiligen Schriften wurden ihnen genommen und verbrannt. Viele sind der Versuchung erlegen und haben Jesus verleugnet. Es ist ein Wunder, daß die Gemeinde Jesu dennoch am Leben blieb. Das dankt sie allein ihrem Herrn, der sie durchgebracht hat.

Jesus weiß, daß die Weltgeschichte in ihrem letzten Stadium noch schwerere Verfolgung bringen wird. Er hat das letzte Buch der Bibel seiner Gemeinde geschenkt, um sie gewiß zu machen, daß er sie auch in den schwersten Versuchungen vor Verleugnung bewahren kann. Tausende haben die Treue zu Jesus im 20. Jahrhundert trotz aller Drangsal bewahrt. Viele sind lieber in den Tod gegangen, als daß sie von Jesus ließen. Die Namen der Märtyrer des 20. Jahrhunderts sind uns zum großen Teil unbekannt, aber Jesus weiß um sie alle und hat ihre Namen in das Buch des Lebens eingeschrieben.

Das Sendschreiben an Philadelphia macht uns deutlich, was es bedeutet, wenn wir in den leichteren Zeiten die Schmach um Jesu willen tapfer tragen und uns treu zu ihm bekennen. Wer in diesen Zeiten das Wort vom geduldigen Harren auf Jesus festhält, der wird von ihm auch in den großen Stunden der Versuchung bewahrt werden.

Es ist im Grunde nur eine kurze Zeitstrecke, bis alle Not seiner Gemeinde beendet ist und Jesus selbst in Herrlichkeit wiederkommt. Uns scheint manchmal die Zeit sehr lang zu sein. Für den, vor dessen Augen tausend Jahre wie ein Tag sind, ist sie kurz.

Wer den Herrn Jesus in sein Leben aufgenommen hat, der hat von ihm große Dinge empfangen. Sie sind eines tapferen Einsatzes wirklich wert. Wir sollten mit ganzer Energie festhalten, was er uns gegeben hat. Es gibt keinen Ersatz für das, was Jesus uns anvertraute.

Es ist immer sehr schmerzlich, Jünger Jesu zu beobachten, die einen feinen, lebendigen Anfang genommen haben und Schritt für Schritt alles verlieren, bei denen die Frühlingszeit der ersten Liebe zu Jesus einer kümmerlichen, armseligen, matten Nachfolge Platz machen mußte. Manche Schar, die einst in einem lebendigen Dienst und einer großen Liebe zu ihrem Herrn stand, ist ein müdes, armseliges Häuflein geworden, durch das kein Mensch mehr zu Jesus findet.

Es sollte uns schon erschrecken, wenn in unserer Gemeinde niemand mehr zum lebendigen Glauben kommt. Es sollte uns ebenso erschrecken, wenn wir dies gar nicht mehr für möglich halten. Die Apostelgeschichte ist ein Zeugnis dafür, daß es niemals verborgen bleibt, wenn Menschen zum lebendigen Glauben an Christus kommen. Es kann uns nur in die Buße leiten, wenn dies unter uns nicht mehr geschieht.

Aber immer gibt es eine Rückkehr in das anfängliche Leben mit Christus. Es kann jederzeit die erste Liebe zu Jesus wieder in uns Platz greifen und die Macht werden, die uns führt. Es sollte keiner sagen: es ist zu spät. Wir wollen diesem harten Kampf nicht ausweichen und mit dem Einsatz unserer ganzen Person das festhalten, was er uns gegeben hat. Wir sind dabei nicht allein. Die Macht Jesu umschließt uns. Aber er handelt nicht über unseren Kopf hinweg. Er will, daß wir mit all unseren Kräften daran beteiligt sind. Darum stehen so viele Imperative im Neuen Testament. Aber sie sind umschlossen von der Liebesmacht dessen, dem alle Gewalt im Himmel und auf Erden gegeben ist, und der seinen Kindern in großer Treue zu Hilfe kommt, daß sie wirklich das festhalten können, was er ihnen gab, auf daß niemand ihnen ihre Krone nehme.

Offb. 3, 12: „Wer überwindet, den werde ich zum Pfeiler im Tempel meines Gottes machen, und er wird nicht mehr hinausgehen, und ich werde auf ihn schreiben den Namen meines Gottes und den Namen der Stadt meines Gottes, des neuen Jerusalem, die aus dem Himmel von meinem Gott herabkommt, und meinen Namen, den neuen."

Zu den Überwindern gehören die, die mit Entschlossenheit alles abweisen, was sie aus dem Lebenszusammenhang mit Jesus lösen und in der Liebe zu ihm lahmlegen will. Überwinder sind die, die an dem Wort Jesu festhalten, die auf ihn hören wollen und im Einsatz für ihn mit ganzer Hingabe stehenbleiben möchten.

Den Überwindern gilt eine große Verheißung. Wie die schweren Gewölbe unserer Dome von schlanken Pfeilern in einer erstaunlichen Weise getragen werden, so wird auch der lebendige Tempel Gottes, seine Gemeinde, von einzelnen Menschen getragen, die Jesus zu Pfeilern in ihr gemacht hat. Es ist kaum zu fassen, welche Last ein einzelner schlanker Pfeiler einer Kirche zu tragen vermag. Zu solchen Pfeilern seiner Gemeinde will Jesus die Überwinder machen.

Es ist eine herrliche Sache, wenn man nicht zu den schweren Querbalken gehört, die von den Pfeilern getragen und gestützt werden müssen, sondern Pfeiler sein darf, auf den viele Belastungen gelegt werden können, und der doch nicht zerknickt. Das gibt unserem Leben wirklich Wert und Inhalt, wenn Jesus uns zu Pfeilern zu machen vermag, die viele Menschen und Belastungen seiner Gemeinde zu tragen vermögen. Pfeiler oder belastender Querbalken: das ist die Frage.

Jesus verspricht seinen Kindern, die er zu solchen Pfeilern seiner Gemeinde machen kann, daß sie nimmermehr aus seiner Gemeinde hinausgehen werden, sondern fest in ihr verankert bleiben. Die Kraft Jesu bewahrt sie in seiner Gemeinde, weil sie mit solcher Hingabe bereit sind, Pfeiler zu sein und andere zu tragen und zu schleppen.

Mancher Pfeiler an historischen Gebäuden trägt bedeutsame Inschriften. Auf die lebendigen Pfeiler seiner Gemeinde will Jesus drei Namen schreiben, die Entscheidendes für sie bedeuten: den Namen Gottes zum Zeichen, daß sie seine Kinder sind, den Namen des neuen Jerusalem zum Zeichen, daß sie in ihm eingebürgert sind, den neuen Namen Jesu zum Zeichen, daß sie seine Wiederkunft und kommende Herrlichkeit miterleben.

Jesus wird dann, wenn er aus der Unsichtbarkeit hervortritt und der ganzen Welt sichtbar wird, insofern einen neuen Namen tragen, als wir ihn jetzt nur als den erniedrigten Herrn am Kreuz und den verborgenen Herrn der Herrlichkeit kennen. Dann aber wird er in seiner ganzen Herrlichkeit und Machtfülle offenbar werden. Dann kommt mit ihm das volle, ungebrochene Leben aus Gott und die Verwirklichung der Urpläne Gottes mit der Welt. Dann werden wir ihn als den Herrn der Herrlichkeit im Vollsinn des Wortes kennenlernen, so daß sein Name für uns alle ganz neu wird.

Es ist schon eines Lebens und Kampfes wert, daß wir wirklich Überwinder und Pfeiler in der Gemeinde Jesu werden, auf die Jesus diese drei großen Namen eintragen kann.

**Offb. 3, 13: „Wer ein Ohr hat, soll hören, was der Geist den Gemeinden sagt."**

Immer wieder ist in der Geschichte der Gemeinde Jesu dieser Brief an Philadelphia und der Name dieser Gemeinde von einzelnen Gruppen für sich in Anspruch genommen worden, die der überheblichen Meinung waren, daß sie und nur sie eine Überwinder-Gemeinde seien, der dieses Sendschreiben gelte. Jesu Wort läßt keinen Zweifel, daß auch dieser Brief an alle seine Gemeinden zu allen Zeiten gerichtet ist. Er schaut in der ganzen Welt nach denen aus, die trotz ihrer kleinen Kraft sein Wort bewahren und seinen Namen nicht verleugnen, auf daß er ihnen eine offene Tür und die Krone des Lebens geben kann.

Die Voraussetzungen sind von Jesus in diesem Brief klar ausgesprochen. Andere Voraussetzungen gibt es nicht, oder es sind Menschensatzungen, die keine Bedeutung haben.

## 7. An die Gemeinde in Laodicea: Kalt oder warm

Offenbarung 3, 14—22

**Offb. 3, 14 a: „Und dem Engel der Gemeinde in Laodicea schreibe."**

Laodicea lag in Kleinasien an einer großen Handelsstraße, wenige Stunden von Kolossä entfernt. Es war eine reiche Handelsstadt. In der Mitte des ersten Jahrhunderts wurde sie durch ein Erdbeben heimgesucht, aber es gelang ihr, den Aufbau aus eigener Kraft durchzuführen. Sie besaß Banken und Handelshäuser. Die Herstellung und der Vertrieb von schwarzen Wollstoffen war für das kaufmännische Leben der Stadt charakteristisch. Nach der medizinischen Seite hin war Laodicea durch das „phrygische Pulver" und durch eine besondere Augensalbe zum Bestreichen der Augen bekannt.

Die Gemeinde Jesu in Laodicea war zur selben Zeit wie die in Kolossä und Hierapolis entstanden (Kol. 2, 1 und 4, 13—17). Paulus hatte lebendige Beziehungen zu ihr und sorgte sich im Gefängnis sehr um die drei benachbarten Gemeinden, wie wir aus dem Kolosserbrief ersehen. Sein Brief an Laodicea ist verlorengegangen.

### *Der klare Blick Jesu*

**Offb. 3, 14 b: „Das sagt der Amen, der treue und wahrhaftige Zeuge, der Anfang der Schöpfung Gottes."**

Der „Amen": das ist die im Spätjudentum gebräuchliche Bezeichnung Gottes. Daß dieselbe Bezeichnung für Jesus gebraucht wird, bringt zum Ausdruck, daß durch ihn Gott selbst spricht. Was zuerst durch das hebräische Wort „Amen" ausgedrückt wird, wird griechisch wiederholt durch die Worte: „Der treue und wahrhaftige Zeuge." Das Wort Jesu ist Gottes Wort. Wenn der erhöhte Herr spricht, so spricht er in der Autorität Gottes. Das gilt für die Worte der Ermutigung wie für die Worte des Gerichts. Er ist der Zeuge, der es unendlich treu mit uns meint und keinen anderen Gedanken hat, als uns zu helfen.

Er ist aber zugleich auch der unbestechliche Zeuge, dessen

Wort nichts verschleiert, sondern ganz ehrlich mit uns spricht. Daß Jesus der Treue und Wahrhaftige ist, gibt seinem Bußwort ein besonderes Schwergewicht. Sein ernstes Wort ist von derselben Treue getragen wie das gütige und helfende. Auch das Gerichtswort ist nur darauf aus, in großer Güte und Treue helfen zu wollen. Die Güte und Treue Jesu kann aber den Ernst seines Gerichtswortes nicht abschwächen.

An diesem Wort hängt unser Leben. Es kann auch einmal den Schlußpunkt hinter unsere Lebensgeschichte mit Christus setzen. Nur Jesus selbst vermag zu beurteilen, wo dies nicht mehr zu umgehen ist. Wir wollen ihm von Herzen dankbar sein, wenn sein Gerichtswort uns so treu und wahrhaftig erreicht wie die Gemeinde in Laodicea. Er will die Katastrophe unseres Lebens mit ihm verhüten und es aus seinem erstarrten Zustand wieder in lebendigen Fluß bringen.

Das Wort Jesu wiegt deshalb so schwer, weil er der „Anfang der Schöpfung Gottes" ist. Das will nicht besagen, daß Jesus das erste Geschöpf Gottes ist, sondern zum Ausdruck bringen, daß in ihm die ganze Schöpfung ihren Ursprung hat (Joh. 1, 3; Kol. 1, 16. 17).

Jesus steht in einer Linie mit dem lebendigen Gott. Er gehört in eine Linie mit dem Schöpfer und nicht mit dem Geschöpf. Er ist wirklich der Herr, der das entscheidende Wort in der ganzen Schöpfung Gottes zu sagen hat. Darum hängt an seinem Urteil über uns das Leben.

Offb. 3, 15. 16: „Ich weiß deine Werke, daß du weder kalt noch heiß bist. Ach, daß du kalt oder heiß wärest. So aber, weil du lau bist und weder heiß noch kalt, werde ich dich aus meinem Munde ausspeien."

Jesus weiß alles. Er durchschaut die Gemeinde. Er weiß, daß ihre Nachfolge in keiner Weise zureicht. Er hat für sie kein Wort des Lobes und der Anerkennung, kein milderndes Wort. Sein Wort an die Gemeinde in Laodicea ist sofort und ausschließlich Gerichtswort, das den ganzen Todesernst der inneren Lage der Gemeinde ausspricht.

Aus den Werken der Gemeinde, aus ihrem Tun und Lassen wird ihre innere Not und Schuld deutlich: ihre Lauheit, daß sie weder kalt noch heiß ist. Die Zeit der ersten Liebe liegt weit zurück und ist vergessen. Sie ist Jesus nicht untreu geworden, aber ihre Liebe zu ihm und ihre Hingabe an den

Dienst für Jesus hat eine sehr gemäßigte, wohltemperierte Art. Sie schießt nirgendswo über das Ziel. Sie ist in allem außerordentlich maßvoll. Sie geht den goldenen Mittelweg.

So lebt die Gemeinde ein braves „christliches" Leben. Sie sind alle „fromm". Aber ihrer Frömmigkeit fehlt der lebendige Impuls der wirklichen Hingabe an Jesus und seinen Dienst. Einst galt das Wort 2. Korinther 5, 14: „Die Liebe des Christus dringet uns also, dieweil wir dieses Urteil uns gebildet haben: einer ist für alle gestorben, folglich sind sie alle gestorben (und haben darum nichts mehr zu melden und zu beanspruchen); und er ist für alle gestorben, auf daß die, welche leben, hinfort nicht mehr sich selbst leben, sondern dem, der für sie gestorben und auferstanden ist." Ihr Leben hat nicht mehr den einen Brennpunkt: Jesus Christus. Ihr Leben dreht sich um die eigene Achse und ist ein spießbürgerliches Dasein im „frommen" Gewand.

Jesus sagt: „Ach, daß du kalt oder heiß wärest." Er weiß, daß er aus einem entschlossenen, eiskalten Gegner einen lebendigen Zeugen machen kann. Die Lebensgeschichte des Paulus ist ein Beweis dafür, während wir an Gamaliel sehen, wie schwer ein Mensch das Leben findet, der immer vorsichtig abwägt und zuwartet, so daß er nie die Unmittelbarkeit der totalen Hingabe an Jesus findet.

An der Geschichte der Gemeinde in Laodicea sehen wir, daß der gute Anfang einer brennenden Liebe zu Jesus durch eine sehr kümmerliche Art des Lebens mit ihm abgelöst werden kann. Das ist keine geringfügige Verschiebung, sondern bedeutet in Jesu Augen Entscheidendes. Er kann keinen brauchen, der nicht mit ganzem Herzen und ganzer Hingabe bei ihm ist. Mitläufer sind für ihn unmöglich. Der Kompromiß in der Nachfolge Jesu bedeutet das Ende: „Weil du lau bist, will ich dich aus meinem Munde ausspeien." Dieses Wort des erhöhten Herrn geht uns durch und durch. Es ist ein Wort an uns alle. Es ist keiner davor gesichert, daß es nicht das Wort ist, das auch über sein Leben gesprochen werden könnte.

## *Die Liebe und Treue Jesu*

**Offb. 3, 17–19 a: „Du sprichst: ich bin reich und habe Überfluß und habe nichts nötig, und du weißt nicht, daß du elend und jämmerlich bist – arm, blind und bloß. Ich rate dir, von mir Gold zu kaufen, das durch Feuer geläutert ist, damit du reich werdest, und weiße Kleider, damit du dich bekleidest und die Schande deiner Blöße nicht offenbar werde, und Augensalbe, deine Augen zu salben, damit du sehend werdest. Ich strafe und züchtige alle, die ich liebhabe."**

Die Liebe Jesu zu uns hört auch dann nicht auf, wenn wir ihn tief enttäuschen und so selbstsicher geworden sind, daß wir nur noch scheinbar ihn nötig haben, in Wirklichkeit aber unabhängig von ihm unser Leben gestalten. Einst hatte die Gemeinde in Laodicea Jesus als ihren Heiland wirklich nötig, als die ganze Not um ihre Schuld vor Gott aufbrach und sie die Vergebung Jesu nötiger brauchte als das tägliche Brot. Damals war sie sehr arm in sich selbst. Sie gehörte wirklich zu den Leuten der ersten Seligpreisung. Sie war arm in sich, aber reich in Jesus. Jetzt war sie reich in sich selbst, aber arm in Jesus. Der verborgene Umgang mit Jesus ist uns in solcher Zeit nicht mehr ein Lebensbedürfnis wie früher. Aus dem Bettler vor Christus ist ein selbstsicherer Mensch geworden, der gerade soviel „Frömmigkeit" hat, um seines Herrn nicht mehr auf Schritt und Tritt bedürftig zu sein.

Es ist die Katastrophe unseres Lebens mit Christus, wenn wir mit uns zufrieden geworden sind und nicht mehr merken, wie alles bei uns Stückwerk ist und wie sehr wir seine Vergebung nötig haben. Während wir glauben, daß unser Leben mit Christus verhältnismäßig gut im Lot ist, ist in Wirklichkeit der Weg der Nachfolge Jesu sehr breit und das Gewissen in vielen Fragen stumm geworden. Es ist immer die Folge der satten Selbstzufriedenheit, daß aus dem feinen Gewissen ein sehr robustes wird, das die Stimme Jesu in den praktischen Fragen des Alltags überhört und auf Schritt und Tritt Kompromisse schließt, ohne es zu merken. Sonst könnte man gar nicht so zufrieden mit sich selbst sein. Wenn das Gewissen noch richtig arbeitete, würden wir merken, wie elend und arm wir vor Christus sind, und würden die lebensgefährliche Selbstsicherheit und Sattheit gar nicht aufkommen lassen.

Es ist erschütternd, wenn wir gar nicht merken, wie es um uns steht, und in unserem Bewußtsein ein reiches, inneres Leben haben, während in Wirklichkeit die Nachfolge Jesu zerbrochen ist und das Gewissen nicht mehr auf ihn hört. Es ist immer todernst, wenn Jesus uns nicht mehr zeigen kann, was bei uns krank ist, wenn er nicht mehr in die alltäglichen Fragen unmittelbar hineinsprechen darf und unsere Selbstsicherheit nicht mehr zu zerschlagen vermag. Vor ihm sind wir immer arm und krank. Vor seinem heiligen Auge reicht es nie zu. Vor ihm bleiben wir immer die Menschen der ersten Seligpreisung, die in sich bettelarm sind. Unser Reichtum ist nie in uns, sondern nur in ihm.

Aber Jesus ist treu, daß er uns nicht in unserer Selbstsicherheit sterben läßt. Er kommt uns zu Hilfe: „Ich rate dir, von mir zu kaufen." Es ist ein eigenartiges Kaufen, da wir ihm nichts geben können, und er alles umsonst gibt. Und doch müssen wir das, was wir brauchen, bei Jesus kaufen und finden es nur in dem verborgenen Umgang mit ihm. Wir dürfen bei ihm alles kaufen, was für uns notwendig ist. Wir empfangen es als die Bettler, dann aber ganz bestimmt. Es hat noch nie einer bei Jesus angeklopft, dem er die Tür gewiesen hätte. Es liegt alles bei ihm für uns bereit. Wir dürfen von ihm kaufen, was nötig ist, um uns in einem echten Leben mit ihm zu erhalten. Wir empfangen es als sein unverdientes Geschenk. Der, der uns befehlen und richten könnte, spricht: „Ich rate dir, von mir zu kaufen." Wer aus seiner Selbstsicherheit aufgeschreckt ist und den Rat Jesu befolgt, wird das Leben neu empfangen.

Das „Gold", das durch Feuer geläutert ist, ist das echte Leben mit Christus, das nicht in einer frommen Fassade besteht, sondern in dem Ringen um das wirkliche Bleiben in ihm und das tägliche Hören auf ihn. Es ist das Leben, in dem Jesus durch das Feuer seines täglichen Gerichts die Schlacken ausscheiden und einen Läuterungsprozeß durchführen kann. Dann sind wir in Wahrheit reich, obwohl wir uns täglich schlechter vorkommen. Wir sind reich, weil er sich unser erbarmt und die Gemeinschaft mit ihm nicht Selbsttäuschung ist.

Die „weißen Kleider" werden uns allein durch die Vergebung Jesu zuteil. Nur sie vermag unsere Schande zu bedecken, daß sie am Tage des Gerichts nicht sichtbar wird. Das weiße Kleid ist die Gerechtigkeit vor Gott, die uns Jesus Christus auf Golgatha erworben hat. Eine andere gibt es nicht. Der Selbstsichere und Selbstzufriedene kann sie nicht empfangen. Dem, der um seine Armut weiß, wird sie zuteil.

Die „Augensalbe“ ist der Geist Gottes, der uns die Augen für uns selbst öffnet und uns nicht nur an einzelnen Punkten unsere Sünde zeigt, sondern einen Einblick gibt, der bis in den Schlammgrund unseres Wesens geht, aus dem jederzeit jede Sünde aufzusteigen vermag. Wer den Geist Gottes empfängt, denkt nicht mehr groß von sich, sondern wird auf Schritt und Tritt der Gnade bedürftig. Der Geist Gottes zerstört alle Selbstzufriedenheit. Unter seinem treuen Einfluß werden wir auch nach Jahrzehnten der Nachfolge Jesu noch wissen, wie wir seiner Vergebung bedürftig sind. Ja, dann wissen wir es erst recht.

Das hebt nicht das Wort 2. Korinther 3, 18 auf, daß Christus seine Kinder von Klarheit zu Klarheit in sein Bild gestaltet. Aber er ist mit uns allen noch auf dem Wege. Keiner ist am Ziel. Wir machen ihm alle noch viel Not. Wer darum nicht mehr weiß, bereitet ihm die größte Not und ist selbst in der schwersten Gefahr.

Entscheidend aber ist, daß wir das, was wir von Christus empfangen und was er in uns gestaltet, nie als selbsteigenen Besitz haben, über den wir verfügen können, als gehörte er uns. Alles, was wir unter seinem Einfluß sind und werden, haben wir nur in dem Hängen an ihm. Ohne ihn sind wir die alten. Darum sind wir unser Leben lang auf ihn angewiesen, daß wir im Glauben an ihm hängen und als die in sich Wurmstichigen aus dem verborgenen Umgang mit Christus Kräfte der oberen Welt gewinnen. Das ganze Leben Jesu ist uns zugedacht, aber wir haben es nicht als Eigenbesitz, sondern nur als glaubende Bettler in dem Hängen an ihm; dann aber wirklich.

Darum bedeutet es das Leben, daß uns der Geist Gottes laufend das Auge dafür öffnen kann, wo wir seiner bedürftig bleiben. Die Augensalbe des Geistes Gottes macht uns so sehend, daß wir uns je länger, je schlechter vorkommen, obwohl das Werk Jesu vorwärtsschreitet. Es ist vielleicht das stärkste

Merkmal des weiterschreitenden Werkes Jesu in uns, daß wir je länger, je mehr für uns und die tiefen Schäden in uns sehend werden. Wem das zuteil wird, der sollte seinem Herrn tausendfältig dafür danken, daß er ihm die Salbe gereicht hat, die sehend macht, und daß er darum reich in Jesus ist.

Die Liebe und Treue Jesu gibt keinen auf. Wenn er nicht durch sein treues Wort uns helfen kann, sucht er uns durch sein treues Gericht zu retten. Wir können den Vers 19 a in der Übersetzung kaum so wiedergeben, daß es deutlich wird, wie der ganze Ton auf dem einen Wort liegt: „Ich." Jesus will sagen: so bin nur ich. Ich strafe nicht, um zu strafen. In allem, was ich tue, offenbart sich nur meine Liebe und Treue zu dir. Ich nehme nicht in Zucht, um in Zucht zu nehmen, sondern um dir dein Leben mit mir zu erhalten und neu die Liebe zu mir zu entzünden. Dabei ist sein Gericht und seine Zucht im Leben seiner Kinder oft so tiefgreifend und schmerzend wie die Operation des Chirurgen, der tief schneidet, um den Krebs ganz zu entfernen.

Darum liegt der zweite Ton in Vers 19 a auf dem kleinen, knappen Satz: „Die ich liebhabe." Wir würden die Gemeinde in Laodicea ganz falsch ansehen, wenn wir sie nicht mit diesem Blick Jesu betrachten würden. Sie ist nicht die verstoßene, verdammte, verachtete Gemeinde, sondern sie ist die, die Jesus liebhat. Die hochmütige, selbstbewußte und im Grunde so selbstsichere Art, mit der manche gläubige Kreise über andere Kreise von Jüngern Jesu urteilen und sie als „Laodicea" brandmarken, hat mit Jesus und seinem Wort nichts zu tun.

Laodicea ist sein krankes Kind, das er unendlich liebhat und dem er helfen möchte. Ich fürchte, daß die Jünger Jesu, die so hart und selbstsicher über andere zu urteilen vermögen, selbst das sind, was sie mit dem Namen „Laodicea" kennzeichnen. Aber in den Augen Jesu sind auch diese selbstsicheren Richter ihrer Brüder und Schwestern noch seine Kinder, die in sich reich geworden sind und deren er sich darum in großer Liebe annimmt, um ihre Selbstsicherheit zu zerschlagen. Diese Liebe kann hart zugreifen und tief stürzen lassen. Bei wem sie ihr Ziel erreicht, der wird ihm nur danken.

**Offb. 3, 19 b–21: „So werde nun eifrig und fang neu an. Siehe, ich stehe vor der Tür und klopfe an. Wenn jemand meine Stimme hört und die Tür auftut, zu dem werde ich eingehen und das Mahl mit ihm halten und er mit mir. Wer überwindet, dem werde ich geben, mit mir auf meinem Thron zu sitzen, wie auch ich überwunden und mich mit meinem Vater auf seinen Thron gesetzt habe."**

„Tu Buße": fang neu an! Das ist das Wort Jesu an die Gemeinde, die so satt und mit sich zufrieden geworden ist. Bei ihm ist es nie zu spät. Er hat immer noch Möglichkeiten. Er hat für jeden von uns. immer noch einen neuen Anfang.

Das Wort, das im Griechischen für „Buße tun" steht, läßt sich so schwer im Deutschen wiedergeben. Sicher bedeutet es nicht das, was man landläufig unter „Buße" versteht. Bei allem Ernst und aller Beugung bedeutet es etwas ganz unendlich Schönes und Frohmachendens. Es gibt nichts Schöneres, als neu anfangen zu dürfen, wenn alles schiefging und wir uns in viel Not und Sünde verstrickten. Jesus sagt: gib meiner Stimme recht und fang neu an! Das, was wir Bußwort nennen, ist bei Jesus immer das Schönste, obwohl es von unserer Sünde und der Härte der Entscheidung gegen unsere Sünde nichts abzieht. Es ist das Wort, durch das Jesus uns seine Hand reicht, damit wir von dem alten, verkehrten Weg abtreten und neu anfangen können.

Auch Laodicea gegenüber ist er kein anderer, obwohl die satten, selbstzufriedenen und im Grunde so kümmerlichen Jünger Jesu die schmerzlichsten Erscheinungen in seiner Gemeinde darstellen. Er kennt auch ihnen gegenüber nur eines: Fang neu an! Werde eifrig und beginne einen wirklichen Lauf wie ein Wettläufer, der sein Auge fest aufs Ziel gerichtet hat. Werde nicht wieder solch ein harmloser Spaziergänger im Reiche Gottes, der für Jesus eine Schande und für die Nichtchristen ein Brechmittel ist. Werde eifrig und laß die erste Liebe zu Jesus nie wieder aus deinem Herzen und Gewissen kommen. Laß dein Leben mit Christus und deinen Dienst für ihn von dem lebendigen Pulsschlag der ersten Liebe durchpulst bleiben, bis du am Ziel bist.

So und nicht anders spricht Jesus zu Laodicea. So steht er vor jedem von uns, dessen Liebe zu Jesus kümmerlich, arm und klein geworden ist. Wer auf seine Stimme neu hört und ihm auftut, dem schenkt Jesus neu die volle, ungebrochene

Gemeinschaft mit ihm, wie sie im Abendmahl verkörpert ist. Es ist eine tiefe Freude, wenn eine Zeit der inneren Stumpfheit und des Sattseins überwunden ist und wir wieder Bettler in uns selbst geworden sind, die aufs neue reich in Jesus wurden.

Mit einer königlichen Vergebung deckt Jesus all den Kummer zu, den wir ihm gemacht haben, und schenkt uns neu seine volle Gemeinschaft. Wenn sein richtendes Wort und seine schmerzliche Züchtigung ihr Ziel erreicht haben, ist alles vergessen, was dahinten liegt. Er hält uns nichts mehr vor. Er verspricht dem, der ihm soviel Mühe und Not gemacht hat, die Gemeinschaft mit ihm selbst wie in den Tagen der ersten Liebe zu ihm. So schließen die sieben Sendschreiben mit demselben Ton, mit dem sie begonnen haben. Sie wollen aus allem „korrekten", mit sich zufriedenen Christentum herausreißen und neu in die ganze Armut in uns selbst und damit in den Lebensstrom Jesu stellen.

Diese lebendige Gemeinschaft mit Jesus, die so tief und innig ist und in jeder Feier des Abendmahls uns neu versiegelt wird, will eine bleibende sein. Sie braucht nicht abzusinken und einer kümmerlichen Art Platz zu machen. Jesus will wirklich in uns wohnen und uns diese Gemeinschaft mit ihm durchs ganze Leben bereiten, daß unsere Haltung ihm gegenüber nie wieder lauwarm wird, sondern die brennende Liebe zu unserem Herrn aus tiefer Dankbarkeit durchs ganze Leben in Herz und Gewissen bestimmend bleibt.

**Offb. 3, 22: „Wer ein Ohr hat, der höre, was der Geist den Gemeinden sagt."**

Es war nicht nur ein Wort an Laodicea. Es waren nicht nur sieben Briefe des erhöhten Herrn an die kleinasiatischen Gemeinden. Die sieben Sendschreiben der Offenbarung sind das seelsorgerliche Wort Jesu an seine Gemeinde zu jeder Zeit, an jedem Ort und in allen Lebensumständen. Es ist sein treues Wort an uns alle.

3. Kapitel

# Weltgeschichte im Grundriß

Offenbarung 4—11, 14

## A. Der lebendige Gott – der Herr der Welt

Offenbarung 4

**Offb. 4, 1: „Ich schaute (in einem Gesicht), und siehe, eine Tür war aufgetan im Himmel. Und die erste Stimme, die ich wie eine Posaune hatte mit mir reden hören, sprach: ‚Steige herauf, hierher, und ich werde dir zeigen, was nach diesem (in Offenbarung 1–3 beschriebenen Geschehen der Gegenwart) geschehen soll.'"**

Durch die Bilder, die Johannes sieht, soll ihm im Gleichnis etwas Bestimmtes gesagt werden. Die geöffnete Tür bedeutet, daß der Gemeinde Jesu ein Einblick in die Pläne Gottes gewährt wird. Nur aus der Christusgemeinde heraus gibt es ein letztes Verständnis für den Gang der Entwicklung, weil nur Christus einen Einblick in den Weltenplan Gottes erschließen kann.

**Offb. 4, 2: „Alsbald war ich im Geist; und siehe: ein Thron stand im Himmel, und auf dem Thron saß einer."**

Daß Johannes sich jetzt „im Geist" befindet, bedeutet nicht, daß er eine rein gedankliche Überlegung anstellt, sondern daß der Geist Gottes ihm jetzt Durchblicke besonderer Art durch die Pläne Gottes gibt.

Das Bild des Thrones besagt, daß Gott der Herrscher der Welt ist, der die Zügel der Weltentwicklung fest in seiner Hand hat.

**Offb. 4, 3: „Und der da saß, war anzusehen gleich einem Jaspis und Sardis, und ein Regenbogen war rings um den Thron, anzusehen gleich einem Smaragd."**

Gott ist Licht, und von ihm geht wunderbarstes Licht aus. Wer dies Licht aufnimmt, bekommt einzigartige Klarheiten.

Der Regenbogen ist das Bild der Gnade und besagt, daß der Herrscher der Welt im tiefsten Grunde Pläne der Gnade verfolgt. Alles Gericht ist für Gott selbst am schwersten. Er möchte nicht richten, sondern retten. Daß viele Menschen es ihm unmöglich machen, sie in den Plan der Gnade einzubeziehen, ist für Gott ein tiefer Schmerz.

**Offb. 4, 4: „Und rings um den Thron sah ich 24 Throne, auf den Thronen 24 Älteste sitzend, mit weißen Gewändern angetan und auf ihren Häuptern goldene Kronen."**

Die 24 Ältesten sind das Sinnbild der Gottesgemeinde aus dem Alten und Neuen Bund. 12 Älteste verkörpern in diesem Bild die alttestamentliche Gemeinde und 12 die neutestamentliche.

Die vollendete Gemeinde umgibt den Thron Gottes. Ohne Bild: der lebendige Gott handelt in seiner Weltregierung in engstem Zusammenhang mit der erlösten Gemeinde. Die Gottesgemeinde hat eine viel größere Regierungsgewalt, als die meisten ahnen. Wir sollten sie schon jetzt durch das Gebet tatkräftig einsetzen.

Die Gemeinde in der Ewigkeit trägt weder weiße Kleider noch goldene Kronen, denn sie empfängt ihre neue Gestalt vom Geist, wie ihr Herr Geist ist. Das Bild des weißen Kleides sagt, daß niemand sich in der Nähe Gottes befindet, der nicht völlig durch die Vergebung Jesu reingewaschen ist. Es ist etwas Gewaltiges, daß wirkliche Sünder durch Jesus und sein Blut so rein von aller Schuld gewaschen werden, daß sie in die Umgebung des heiligen Gottes versetzt werden können.

Das Bild der goldenen Kronen bedeutet, daß Jesus sie ans Ziel gebracht hat als solche, die den Kampf bestanden haben (2. Tim. 4, 7).

**Offb. 4, 5: „Und von dem Thron gehen (ununterbrochen) Blitze, Stimmen und Donner aus; und sieben mit Feuer brennende Fackeln befinden sich vor dem Thron, welches die sieben Geister Gottes sind."**

Von dem Thron Gottes (Luther übersetzt „Stuhl") gehen Blitze, Donner und Stimmen aus. Natürlich nicht in Wirklichkeit wie bei einem Gewitter, sondern es ist das Bild, das ausdrückt, daß von dem regierenden Gott Machtwirkungen ausgehen, die wie Blitze und Donner in die Weltentwicklung eingreifen, und daß seine Stimme und sein Wort die Geschicke der Welt entscheiden und zum Ziel führen. Gott ist am Werk, handelt und befiehlt. Er führt seine Pläne unbedingt durch. Die sieben Fackeln bedeuten in der Zeichensprache der Offenbarung die sieben Geister Gottes, d. h. die Fülle des Geistes

Gottes (Offb. 3, 1 b). Das Bild spricht aus, daß Gott durch die Kraft seines Geistes in Vollmacht nach allen Seiten sich offenbart und handelt und daß kein Gebiet der Weltentwicklung sich ihm zu entziehen vermag. Er wird die Weltgeschichte wie die Reichgottesgeschichte ans Ziel führen.

Offb. 4, 6 a: „Und vor dem Thron breitet es sich aus *wie* ein gläsernes Meer, gleich Kristall."

Wie der Ausdruck „Thron Gottes", so ist auch das „gläserne Meer" ein Bild. Wo in der Offenbarung des Johannes der Ausdruck „Meer" vorkommt, ist das Meer der Völkerwelt gemeint. Das Völkermeer liegt vor den Augen Gottes durchsichtig klar wie Kristall. Die Völkergeschichte ist vom Menschen aus gesehen voller Rätsel. Für Gott ist die Völkergeschichte durchsichtig wie Kristall. Er verfolgt einen einheitlichen Plan, zu dessen Durchführung ihm alles helfen muß. Wem Gott einen Durchblick durch seinen Weltenplan eröffnet, für den wird auch die Völkergeschichte in zunehmendem Maße klar, obwohl für uns als Menschen natürlich Fragen genug bleiben, während vor Gott die Völkerwelt durchsichtig ausgebreitet ist.

Offb. 4, 6 b–8: „Und inmitten des Thrones und rings um den Thron befinden sich vier lebendige Wesen, die vorn und hinten voll Augen sind. Und das erste Wesen gleicht einem Löwen, das zweite einem Stier, das dritte hat ein Gesicht wie ein Mensch, und das vierte gleicht einem fliegenden Adler. Und die vier lebendigen Wesen hatten eins wie das andere je sechs Flügel und sind ringsum außen und innen voll Augen; und sie haben keine Ruhe bei Tag und bei Nacht, da sie (ununterbrochen) rufen: ‚Heilig, heilig, heilig ist der Herr, Gott, der Herrscher über alles, der da war und der da ist und der da kommt.'"

Mitten im Thron und um den Thron befinden sich vier Tiere. Auch hier ist nicht gemeint, daß Gott von vier Tieren umgeben ist, sondern diese vier Lebewesen, die sich mitten im Thron, das heißt in Gott, befinden, sind das Bild für vier Wesenszüge Gottes. Zugleich sind sie um den Thron herum; in diesen vier Wesenszügen tut sich Gott der Welt kund.

Das Bild des Löwen bedeutet, daß Gott sich in Majestät und Kraft als Herrscher der Schöpfung offenbart und durchsetzt. Das Bild des Stieres (nicht „Kalb") erinnert an den Opferstier und will sagen, daß zum Wesen Gottes das Opfer gehört, das den Verlorenen retten will. Der Herr der Welt ist zugleich der,

der sich erbarmend der Welt annimmt. Das Bild des Menschen erinnert daran, daß der lebendige Gott sich so tief zu uns herabgeneigt hat, daß er unser Bruder wurde und in Jesus uns so nahe zu kommen versuchte wie nur möglich. Wenn er so erbarmend das schwerste Opfer für uns bringt und sich so tief zu uns herniederneigt, so verliert er doch nie den großen Gesamtplan mit der Welt aus dem Auge, sondern schaut wie der fliegende Adler mit Adlerblick klar aufs letzte Ziel und verfolgt es mit gradlinigem Flug.

Die sechs Flügel der Tiere wollen ausdrücken, daß der lebendige Gott ununterbrochen am Schaffen ist, daß der Geist Gottes überall eingreift, daß es keinen Ort gibt, da Gott nicht ist, und keinen Punkt der Weltgeschichte, um den Gott nicht weiß. Auch das, was von unsichtbaren dämonischen Mächten und von der Sünde der Menschen in der Welt bewirkt wird und eigentlich die Pläne Gottes durchkreuzen soll, wird von ihm in seine Pläne hineingezwungen und muß dem letzten Plan Gottes dienen, ohne daß wir dadurch irgendwie eine Entschuldigung für unser Handeln fänden. Gott durchwaltet die Weltgeschichte in umfassender Weise und ist so am Werk, daß sich nichts ihm entziehen kann. Das wollen die sechs Flügel sagen.

Die vier Tiere sind voll Augen vorn und hinten. Ebenso sind die sechs Flügel außen und inwendig voll Augen. Dieser Zug in dem Bild bedeutet einmal, daß Gott nicht blind handelt, sondern mit umfassendem Blick, so daß er alle seine Pläne in vollendeter Harmonie durchführt, auch wenn diese unserem beschränkten Blick noch nicht sichtbar ist. Zum andern wollen die Augen der sechs Flügel Gottes Allgegenwart deutlich machen. Nichts in der Welt entzieht sich dem Blick Gottes. Er sieht uns immer. Was bedeutet das für die Gemeinde Jesu, wenn sie unter Druck und Not steht, daß sie weiß: auch dieser Abschnitt der Weltgeschichte vollzieht sich unter Gottes Augen, auch die letzte und schwerste Zeit des Antichristus.

Die vier Tiere haben keine Ruhe Tag und Nacht und rufen ständig: „Heilig, heilig, heilig ist der Herr!" Ohne Bild will dies besagen: Gott ist ununterbrochen am Schaffen; die heilige, einzigartige Majestät Gottes aber tut sich darin kund, daß der, der wie ein Löwe die Macht in der Welt hat, zugleich zum tiefsten Opfer („Opferstier") bereit ist, um uns zu retten, und sich wie ein Bruder in Jesus („Menschenantlitz") zu uns neigt und doch mit der Zielstrebigkeit und Klarheit des Adlers seine Pläne in unablässigem Schaffen durchführt.

Offb. 4, 9–11: „Und sooft die lebendigen Wesen dem, der auf dem Thron sitzt, der in die Ewigkeiten der Ewigkeiten lebt, Preis, Ehre und Danksagung bringen, fallen die 24 Ältesten vor dem, der auf dem Thron sitzt, nieder und beten den an, der in die Ewigkeiten der Ewigkeiten lebt, und legen ihre Kronen vor dem Thron nieder und sprechen: ‚Würdig bist du, unser Herr und unser Gott, Preis, Ehre und Macht zu empfangen, denn du hast alles erschaffen, und durch deinen Willen waren sie da und sind sie geschaffen worden.'"

Angesichts dieses einzigartigen Handeln Gottes wird die erlöste Gottesgemeinde in der Ewigkeit (dargestellt durch die 24 Ältesten) zu tiefster Anbetung genötigt. Sie werfen ihre Kronen vor dem Thron nieder. Ohne Bild: sie sind sich bewußt, wie bescheiden es ist, daß sie sich in ihrem Erdenleben bis ans Ziel durchgekämpft haben, gegenüber dem einzigartigen Handeln Gottes, der mit Kraft und Opfer seinen Plan durch eine Geschichte von Jahrtausenden gegen alle dämonischen und menschlichen Widerstände durchführt und durch keine Enttäuschung, auch nicht von seiten seiner Kinder, sich müde machen läßt.

Die Schau von der Majestät Gottes zieht uns mit starker Gewalt, das ganze Leben unter die Führung des lebendigen Gottes zu stellen. Es gibt ein glückliches, zielstrebiges, inhaltsreiches Leben, das im tiefsten befriedigt, wenn die gewaltige Hand Gottes unser Leben zielbewußt nach seinem Plan formen und auswerten kann.

## B. Christus – der Vollstrecker der Pläne Gottes

### Offenbarung 5

Offb. 5, 1: „Und ich sah auf der rechten Hand dessen, der auf dem Thron saß, eine Buchrolle, die innen und außen beschrieben war, mit sieben Siegeln versiegelt."

Gott bedarf keines Buches, um seinen Plan aufzuzeichnen, denn Gott ist Geist. Aber durch dieses Bild des Buches können uns die einzelnen Abschnitte gut nahegebracht werden, da es ja nicht ein Buch im heutigen Sinn ist, sondern eine Pergamentrolle, welche aus einzelnen Blättern besteht, die aufgewickelt und versiegelt sind. So kann jedes versiegelte Blatt einzeln abgerollt werden und gibt jedesmal Einblick in ein Stück des Planes Gottes. Diese Rolle ist auch auswendig beschrieben. Die Schriftzeichen, die im aufgerollten Zustand auswendig sichtbar bleiben, sind natürlich nur sehr wenige im Vergleich zu den Schriftzeichen, die sich inwendig befinden und nicht von außen zu sehen sind. Das will sagen, daß wir ein klein wenig von Gott und seinen Weltenplänen auch als Menschen mit unseren Augen erkennen können, daß aber der größte Teil der Pläne Gottes für uns verhüllt ist und erst auf besondere Weise enthüllt werden muß.

**Offb. 5, 2–4: „Und ich sah einen starken Engel, der mit lauter Stimme rief: ‚Wer ist würdig, das Buch zu öffnen und seine Siegel zu lösen?' Doch niemand im Himmel oder auf der Erde oder unter der Erde vermochte das Buch zu öffnen und einen Blick hineinzutun. Und ich weinte sehr, daß niemand würdig erfunden wurde, das Buch zu öffnen und hineinzusehen."**

Zu dieser Enthüllung der Pläne Gottes ist niemand in der ganzen Welt imstande. Die Weltgeschichte im ganzen ist für die Menschheit aller Jahrtausende ein großes Rätsel. Die gesamte Menschheit hungert nach Auflösung der Welträtsel. Manche führen die Fragen und Rätsel der Welt bis in Schwermut und Verzweiflung. Es liegt eine tiefe Trauer über der Menschheit, weil sie durch ihre eigene Geschichte keinen Durchblick hat. Teilausschnitte aus der Geschichte einzelner Völker und Rassen werden wohl manchmal verständlich, aber eine Gesamtlösung der Menschheitsgeschichte ist niemandem zugänglich. Und doch brauchen wir diese, um wirklich leben zu können.

**Offb. 5, 5: „Und einer von den Ältesten sprach zu mir: ‚Weine nicht; siehe, es hat der Löwe aus dem Stamme Juda, der Sproß Davids, den Sieg errungen, daß er das Buch und seine sieben Siegel öffnen kann.'"**

Die Gottesgemeinde in der Ewigkeit weiß, daß Jesus durch seinen Kampf auf Golgatha („es hat überwunden der Löwe") würdig geworden ist, das Buch zu öffnen, das heißt, die Pläne Gottes kennenzulernen und sie zu enthüllen. Sein Kampf von Golgatha schließt die Lösung der Welträtsel ein. In Jesus lösen sich alle Fragen und Schrecken der Weltgeschichte. In ihm kommen wir zur Ruhe. Er gibt uns den neuen Durchblick, daß wir Grund für unser Leben bekommen.

Offb. 5, 6: „Und ich sah in der Mitte des Thrones und der lebendigen Wesen und inmitten der Ältesten ein Lamm stehen, wie geschlachtet, das sieben Hörner und sieben Augen hatte, welches die sieben Geister Gottes sind, ausgesandt über die ganze Erde."

Derselbe, der als Löwe geschildert wurde, wird jetzt als Lamm dargestellt. Als das Lamm hat Jesus gesiegt. Auf eine ganz andere Weise, als sonst in der Welt ein Sieg errungen wird — nicht durch Kraftentfaltung, sondern durch Hingabe, durch Opfer, durch Dienen. Auch seine Gemeinde wird nur auf diesem Wege siegen können.

Das Lamm steht in der Mitte des Thrones, der vier Tiere und der Ältesten. Im Himmel ist kein Lamm, sowenig wie sich ein Thron oder vier Tiere dort befinden. Das Bild will sagen, daß Jesus, das Lamm Gottes, der Mittelpunkt der Pläne Gottes ist. Er ist „mitten im Thron", dem Sinnbild der Herrschergewalt Gottes, und in der Mitte der vier Tiere, den Sinnbildern der Wesenszüge Gottes, an denen er vollen Anteil hat. Jesus ist der Brennpunkt alles Handelns und Denkens Gottes. Von ihm geht die Herrschergewalt in der Welt ebenso aus wie von Gott: er ist mitten im Thron. Er handelt auf keine andere Art und Weise als Gott. Er handelt in vollendeter Einheit mit Gott, und Gott handelt in vollendeter Einheit mit ihm. Er ist der Christus Gottes, der Brennpunkt der Welt, der Brennpunkt des großen Planes Gottes.

Dieser Christus Gottes ist in der Mitte der Ältesten. Er ist der Mittelpunkt der Gottesgemeinde, der Quellort ihres Lebens. Er gestaltet die Gottesgemeinde; er ist der Herr über sie; er gibt ihr das Leben.

Das Lamm, das hier das Sinnbild für Christus ist, hat sieben Hörner. Das Horn ist in der Offenbarung immer das Sinnbild der Macht. Die Zahl 7 haben wir uns eingeprägt als das Sinnbild für den lebendigen Gott, der in umfassender Weise nach allen Seiten hin handelt.

Die sieben Hörner bedeuten also ohne Bild, daß Christus alle Macht im Himmel und auf Erden gegeben ist, und daß er in derselben umfassenden Weise wie Gott in der Welt handelt und im Auftrag Gottes die Pläne durchführt, die Gott mit der Welt und seiner Gemeinde hat.

Das Bild der sieben Hörner ist für die kämpfende Gemeinde Jesu in den Zeiten des Martyriums ein großer Trost. Sie weiß, daß sie keiner fremden Macht ausgeliefert ist, auch wenn sie leidet und stirbt, sondern daß Christus, ihr Herr, in umfassender Weise über die Vollmacht Gottes verfügt, und daß kein Ort der Welt sich ihm entziehen kann, wie die Zahl 7 deutlich macht.

Zu den sieben Hörnern treten in dem Bild sieben Augen, welche als die sieben Geister Gottes gedeutet werden, die in alle Lande gesandt sind. Die Fülle des Geistes, wie er Gott eigen ist, steht auch Jesus zur Verfügung. Mit demselben Bild wurde das Walten Gottes Kapitel 4, 5 beschrieben. Die Zahl 7 drückt aus, daß in Jesus die ganze Fülle Gottes wohnt (Kol. 1, 19). Mit dieser Fülle des Geistes Gottes handelt er in allen Landen. Kein Gebiet der Erde ist ihm entzogen. Die gesamte Welt ist sein Machtgebiet. Von Jesus, dem erhöhten Herrn, gehen lebendige Kräfte aus, die über die ganze Erde wirken. Alle Kräfte Gottes sind in ihm vereint, auf daß er der Vollstrecker der Pläne Gottes sei. Wir wissen nun, wen wir zum Herrn haben, wenn wir sein Eigentum sind.

**Offb. 5, 7: „Und es ging hin und nahm das Buch aus der rechten Hand dessen, der auf dem Thron saß."**

Aus dem Stand der tiefsten Niedrigkeit, da Jesus das erwürgte Lamm ist, wird er eingesetzt in die höchste Herrlichkeit, da Gott ihm den Einblick in seinen Weltenplan eröffnet und ihm die Durchführung überträgt. In der Gestalt des geschlachteten Lammes wird er zum Verwalter und Vollstrecker der göttlichen Geheimnisse eingesetzt. In ihm soll alles seine Lösung finden, was von der Welt her verhüllt war.

Wenn Jesus bei der Übernahme der Regierungsgewalt unter dem Bild des erwürgten Lammes dargestellt wird, so ist dies Wegweisung für die Gemeinde Jesu auf Erden und die Art ihres Kampfes. Nicht durch Machtentfaltung, wie sie etwa politischen Gebilden eigen ist, wird sie siegen, sondern auf dem Weg dem Lamme nach. Sie wird leiden und sterben wie ihr Herr und auf diesem Wege siegen.

**Offb. 5, 8: „Und als es das Buch nahm, fielen die vier lebendigen Wesen und die 24 Ältesten vor dem Lamm nieder, und es hatte jeder eine Harfe und goldene Schalen voll Rauchwerk, welche die Gebete der Heiligen bedeuten."**

Die vier Tiere fallen vor dem Lamm nieder. Ohne Bild: alle Kräfte Gottes treten in den Dienst des Lammes. Gott wirkt durch Christus. Alles, was Gott hat, steht ihm zur Verfügung.

Die vierundzwanzig Ältesten fallen vor dem Lamm nieder: die Gemeinde der Ewigkeit steht anbetend vor dem Werk des Christus.

Die goldenen Schalen voll Rauchwerk, welche die Gebete der Kinder Gottes auf Erden darstellen, erinnern daran, daß die Gebete der Christusgemeinde unmittelbaren Anteil an der Durchführung des Werkes Jesu haben. Jesus gibt seiner Gemeinde Anteil an seiner Regierungsgewalt. Durch unsere Gebete greifen wir in die Welt- und Gottesgeschichte ein. Daß die Schalen aus Gold sind, also aus einem geläuterten Edelmetall, will besagen, daß nur geläuterte Gebete in den großen Gang der Geschichte eingreifen. Die selbstsüchtigen Gebete der Kinder Gottes, die ihre eigene Person betreffen, vermögen keine Regierungsgewalt auszuüben, obwohl wir Jesus als unserem besten Freund auch alles Persönliche sagen dürfen. Aber die Welt- und Gottesgeschichte wird durch *die* Gebete der Gemeinde Jesu vorwärts geführt, die von allem Selbstsüchtigen gelöst sind und in geläuterter, klarer Weise um das Kommen des Reiches Gottes ringen.

**Offb. 5, 9. 10: „Und sie sangen ein neues Lied, das lautet: ‚Würdig bist du, das Buch zu nehmen und seine Siegel zu öffnen; denn du hast dich schlachten lassen und hast für Gott durch dein Blut Menschen aus jedem Stamm und jeder Sprache und jedem Volk und jeder Nation erkauft und hast sie für unseren Gott zu einem Königreich und zu Priestern gemacht, und sie werden auf Erden regieren.'"**

Ein neues Lied wird gesungen. Bisher war ein solches Lied nicht möglich; denn bis auf Christus lag über der Menschheit Traurigkeit und Verdunkelung wie über jedem einzelnen Menschen, bis daß er bei Jesus Durchblick und Klarheit über die Pläne Gottes findet. In der Christusgemeinde lebt ein neues Lied der Anbetung und Freude, daß mit Christus eine neue Zeit begonnen hat — in der Welt wie im persönlichen Leben: die, die von Gott völlig getrennt waren, sind Gottes Volk geworden; Jesus gibt ihnen einen neuen Lebensinhalt durch priesterlichen Dienst in der Welt und durch Anteil an seiner Regierungsgewalt und der Durchführung der großen Pläne Gottes.

Offb. 5, 11. 12: „Und ich sah und hörte eine Stimme von vielen Engeln rings um den Thron und die Lebewesen und die Ältesten, und es war ihre Zahl zehntausendmal Zehntausende und tausendmal Tausende, die mit lauter Stimme riefen: ‚Würdig ist das Lamm, das sich hat schlachten lassen, zu empfangen Macht, Reichtum, Weisheit, Stärke, Ehre, Herrlichkeit und Lobpreis.'"

Die erlöste Gemeinde stimmt das neue Lied zuerst an. Erst nach ihr fällt die Engelwelt ein. Sie ist durch den Einblick in die Pläne Gottes, die er mit Christus hat, in tiefste Bewegung geraten. Sie sieht, daß Christus das letzte Wort in der Entwicklung der Welt behält.

Offb. 5, 13: „Und alle Geschöpfe, die im Himmel und auf Erden und unter der Erde und auf dem Meer sind, und alles, was darin lebt, hörte ich ausrufen: ‚Dem, der auf dem Thron sitzt, und dem Lamm gebührt Lobpreis, Ehre, Herrlichkeit und Macht in die Ewigkeiten der Ewigkeiten.'"

Die Anbetung der Engelwelt setzt sich fort durch den ganzen Kosmos. Das ganze All stimmt ein. Kein Teil der Schöpfung kann sich der Tatsache entziehen, daß Christus von Gott zum Vollstrecker seines Willens und zum Weltenherrscher eingesetzt ist.

Offb. 5, 14: „Und die vier lebendigen Wesen riefen: ‚Amen!' Und die Ältesten fielen nieder und beteten an."

Die Urharmonie der Welt ist wieder da. Der lebendige Gott, dargestellt unter dem Bild der vier Tiere, und die erlöste Gemeinde sind eins geworden in einem Willen und einer Blickrichtung durch Christus. Dann aber kommt für uns persönlich alles darauf an, daß wir eine klare Blickrichtung auf Christus bekommen und unser Leben mit dem zusammenschließen, der der Mittelpunkt und Vollstrecker der Pläne Gottes ist. Wenn Gott durch Christus eine neue Welt voll Harmonie und ein neues Volk Gottes, das ihm wirklich gehört, gestalten will, dann hängt das Schicksal unseres Lebens und unserer Ewigkeit daran, daß wir in dieses Werk des Christus persönlich eingegliedert werden. Es gibt keinen anderen Weg, Glied der Gottesgemeinde zu werden, als daß wir Christus unser Leben zu eigen geben, daß seine Vergebung uns in die Gottesgemeinde aufnimmt und daß er die Führung unseres Alltags übernimmt, um uns und unser Leben nach seinen Gedanken zu prägen.

Wer in die Gemeinschaft mit Christus kam, erfuhr volle Freude, daß mit Christus *der* in sein Leben trat, dem Gott seine letzten Pläne erschloß und der darum auch für alle Fragen und Rätsel unseres Lebens die Antwort und Hilfe weiß. Christus persönlich ist *die* Antwort Gottes für uns und unser ganzes Leben.

Der Weg zu Christus ist der kürzeste, den es in der Welt gibt, denn sein letztes Wort spricht klar aus: „Ich bin bei euch alle Tage!" Darum können wir unmittelbar zu ihm reden. Er hört uns; er versteht uns; er stößt keinen hinaus, der ihn ehrlich um Verzeihung bittet und sein Leben ihm unterstellt. In dem, der zu Jesus heimgefunden hat, wacht eine große Freude über seinen neuen Herrn auf. Es beginnt in ihm das neue Lied zu klingen von dem, der der große Beauftragte Gottes für die Welt ist, und der sich doch wie ein Bruder zu uns neigt.

## C. Die Großmächte der Weltgeschichte

### Offenbarung 6

Offb. 6, 1: „Und ich sah, daß das Lamm eins von den sieben Siegeln löste, und ich hörte eins der vier lebendigen Wesen mit Donnerstimme rufen: ‚Komm!'"

Unter dem Bild von vier Reitern schauen wir die Mächte, die im Kampf um den Menschen stehen und den Gang der Weltgeschichte bestimmen. Die vier Reiter kommen jedesmal auf den gewaltigen Ruf eines der vier Tiere, die wir um den Thron Gottes erblicken. Da die vier Tiergestalten Sinnbilder für vier verschiedene Grundlinien im Wesen Gottes sind, wird hiermit gesagt, daß diese Mächte nicht willkürlich ans Werk gehen dürfen, sondern in die zielbewußten Pläne Gottes eingegliedert sind. Auch die Mächte, die gegen Christus arbeiten, müssen gegen ihren Willen dem Plane Gottes dienen.

Für unseren Blick hört scheinbar Gottes Herrschaft dort auf, wo die drei Reiter herrschen, die gegen Christus stehen. In

Wirklichkeit sind sie alle nur Schachfiguren in der Hand Gottes, um das ausreifen zu lassen, was Gottes letztes Ziel ist: sein Reich.

Die Donnerstimme, mit der die vier Tiergestalten jene Mächte rufen, besagt, daß Gott über allen Kräften der Welt steht. Welch eine Geborgenheit bedeutet das für die, die durch Jesus Gottes Kinder wurden.

Offb. 6, 2: „Und ich sah, und siehe, ein weißes Pferd, und der darauf saß, hatte einen Bogen, und es wurde ihm ein Siegeskranz gegeben, und er zog als Sieger aus, und um den Sieg zu gewinnen."

Die Mehrzahl der Ausleger deuten in Übereinstimmung mit den ersten Vätern der Kirche den Reiter auf dem weißen Pferd als das Wort Gottes, das ausgezogen ist, um den Sieg zu gewinnen. Obwohl das Wort Gottes oft so unscheinbar aussieht und in den großen Auseinandersetzungen der Völker gar nicht in Erscheinung tritt, ist es doch in Wahrheit die erste Großmacht der Welt und behält den Sieg.

Die weiße Farbe des ersten Pferdes deutet darauf hin, daß im Wort Gottes keine dunklen, zerstörenden, dämonischen Kräfte leben. In ihm ist alles licht und hell. Es ist die Wahrheit, die das Leben bringt.

Es wäre naheliegend zu denken, daß das Wort Gottes in seiner Lichtheit und Reinheit mit Freuden von der ganzen Welt aufgenommen wird. In Wirklichkeit aber muß das Wort Gottes eine schwere Schlacht durch die Jahrhunderte hindurch schlagen. Bei jedem einzelnen Menschen ist es ein hartes Ringen, bis das Wort Gottes den Sieg gewinnt. Das kündet der Bogen, der dem ersten Reiter gegeben ist, den die Soldaten des Altertums zum Kämpfen brauchten.

Aber es ist kein Zweifel, wer den Sieg behält. Von Anfang an ist dem ersten Reiter die Krone, der Siegeskranz verliehen. Weil der lebendige, ewige Gott hinter der Botschaft von Christus steht, behält das Evangelium den Sieg. Es ist schon als Sieger ausgezogen, als Christus seine ersten Boten in die Welt sandte; denn der Sieg Jesu auf Golgatha hat den Kampf grundsätzlich entschieden.

Da Gott aber im Reich des Geistes nie mechanisch handelt und niemand mit Gewalt zum Gehorsam gegen sein Wort zwingt, wirkt sich der Sieg Jesu nicht automatisch aus. Er will keine Sklaven, sondern Freiwillige, die ihm in Freiheit und Dankbarkeit dienen. So muß das Wort Gottes ausziehen, um den Sieg zu gewinnen, obwohl die Schlacht im Grunde entschieden ist. Aber sie ist nicht entschieden für den einzelnen Menschen. Der einzelne erhält von Gott die unerhörte Freiheit, „ja" oder „nein" zu der Botschaft von Christus zu sagen.

1900 Jahre währt diese Schlacht des Geistes. Millionen von Menschen hat Christus innerlich erobert. In über 1000 Sprachen ist das Wort Gottes übersetzt. Manchmal schien es in einem Land oder Volk ausgelöscht zu sein. Aber mit immer neuer Siegeskraft brach es sich Bahn in der Welt und wird das Wort sein, das als letztes bestehen bleibt und den Sieg Gottes in der kommenden neuen Welt bereitet.

Offb. 6, 3. 4: „Und als es das zweite Siegel öffnete, hörte ich das zweite lebendige Wesen rufen: ‚Komm!' Und es kam ein anderes Pferd hervor, ein feuerrotes, und dem, der darauf saß, wurde gegeben, den Frieden von der Erde zu nehmen, und daß sie einander hinmorden sollten, und es wurde ihm ein großes Schwert gereicht."

Die erste große Gegenmacht sind die dämonischen Gewalten, die unter dem roten Pferd dargestellt werden. Sie nehmen den Menschen in sich selbst und untereinander den Frieden. Ungezählte sind von ihnen innerlich oder buchstäblich ermordet worden. Jesus bringt den Menschen zum Frieden in sich selbst und mit den andern. Überall dort, wo der Friede in uns selbst und mit den andern Menschen gestört wird, ist die erste große Gegenmacht am Werk. Sowie wir merken, daß wir selbst im innern Frieden gestört werden und die Eintracht mit andern Menschen verlieren, wissen wir, daß hier ein Angriff dieser dämonischen Gewalten auf uns vorliegt, die uns innerlich ermorden wollen. Wo sie innerlich das Spiel gewinnen, folgt die äußere Katastrophe im Einzelleben und in der Völkerwelt bald nach.

Offb. 6, 5. 6: „Und als es das dritte Siegel öffnete, hörte ich das dritte lebendige Wesen rufen: ‚Komm!' Und ich sah, und siehe, ein schwarzes Pferd, und der, der auf ihm saß, hatte eine Waage in seiner Hand. Und ich hörte eine Stimme inmitten der vier lebendigen Wesen, die sprach: ‚Ein Scheffel Weizen für ein Silberstück und drei Scheffel Gerste für ein Silberstück! Doch dem Öl und dem Wein sollst du keinen Schaden zufügen.'"

Die zweite große Gegenmacht wird dargestellt unter einem Reiter auf schwarzem Pferd, der eine Waage in der Hand hat und damit all die Not kundtut, die der Kampf ums Dasein verursacht. Seitdem der Mensch aus der Urheimat in Gott ausgewandert ist und zu ihm im Gegensatz steht, liegt über seinem Schaffen ein dunkler Fluch. Die Sorge um die Nahrung schneidet tief ins Leben ein.

Ein Maß Weizen und drei Maß Gerste kann man gerade für einen Tageslohn kaufen. Damit ist ausgedrückt: es langt oft im Leben für nicht mehr als für das allernotwendigste tägliche Brot. Millionen Menschen stehen unter diesem Druck, und die andern sind in ihrer Weise in den Kampf ums Dasein hineinbezogen, so daß oft führende Männer des Erwerbslebens, die über große Vermögen verfügen, noch unheimlicher vom Kampf ums Dasein beschlagnahmt und dadurch Christus entzogen werden als der, der nur das bescheidenste tägliche Brot hat. In der Tat ist der Kampf ums Dasein eine riesenhafte Gegenmacht gegen Christus, die uns so beschlagnahmen will, daß wir keinen Raum in der Seele mehr frei behalten, um für Jesus offen zu sein.

Dennoch bleibt der tröstliche Schlußsatz in Vers 6 Wahrheit: Öl und Wein dürfen von dieser Macht nicht beschädigt werden. Das sind die Bilder für den Geist Gottes und seine Gabe. Bis hierhin reicht jene Macht nicht. Was uns an Leben aus Gott zugedacht ist, wird nicht um Geld erworben, sondern umsonst, als Geschenk Jesu gegeben. Der Bettler und der Millionär stehen hier in einer Linie, und keiner hat einen Vorzug oder einen Nachteil vor dem andern, wenn es um das Leben aus Gott geht. Beide gewinnen es nur bei Jesus und nur als Sünder. Wieviel oder wie wenig der Kampf ums Dasein einem an Geldwert gebracht hat, spielt keine Rolle. Leben aus Gott ist die freie Gabe in Christus.

Offb. 6, 7. 8: „Und als es das vierte Siegel löste, hörte ich die Stimme des vierten lebendigen Wesens rufen: ‚Komm!' Und ich sah, und siehe, ein fahles Pferd, und der auf ihm saß, hieß ‚der Tod'. Und das Totenreich folgte ihm nach. Und es wurde ihnen Vollmacht verliehen über den vierten Teil der Erde, die Menschen mit dem Schwert, durch den Hunger, durch Pest und wilde Tiere zu töten."

Als Reiter auf einem fahlen Pferd erscheint die dritte große Gegenmacht: die unheimlichen Mächte der Krankheit und des Todes. Diese Mächte haben also nach Gottes Gedanken Raum in dieser Schöpfung. Es gelingt ihnen bei vielen Menschen, ihren Blick für Christus zu verdunkeln und sie durch Leid und Sterben von Jesus zu trennen.

Wer aus der Wahrheit ist, hört Jesu Stimme und findet in ihm den, der stärker ist als Krankheit und Tod. Jesus trägt in die der Krankheit und dem Tod ausgesetzten Menschen Leben aus der Ewigkeit hinein. Von tiefem Leid geplagte Menschen enthüllen die Lebenskraft Jesu und offenbaren, daß er stärker ist als alles.

Er ist stärker als die dämonischen Kräfte, die uns durch Friedelosigkeit ermorden wollen. Er führt uns in seinen Frieden, der eine Großmacht im Leben seiner Kinder ist. Er ist stärker als der Kampf ums Dasein und bringt mitten in dieser von Kampf verzehrten Welt Menschen ins Leben aus Gott, so daß sie unter allen Lebensbedingungen wirklich leben können und nicht nur kümmerlich vegetieren. Was er ihnen innerlich gibt, stellt sie über alles. Er ist auch stärker als Krankheit und Tod und verwandelt beide zu Pforten des Lebens.

Offb. 6, 9–11: „Und als es das fünfte Siegel öffnete, sah ich unter dem Altar die Seelen derer, die um des Wortes Gottes und des Zeugnisses willen, das sie hatten, hingeschlachtet worden waren. Und sie riefen mit lauter Stimme: ‚Wie lange, o Herr, du Heiliger und Wahrhaftiger, richtest und rächst du nicht unser Blut an den Bewohnern der Erde?' Und es wurde ihnen einem jeden ein weißes Kleid gegeben und ihnen gesagt, daß sie sich noch kurze Zeit gedulden sollten, bis auch ihre Mitknechte und Brüder vollendet würden, die gleich wie sie getötet werden sollten."

Die Zeugen Jesu, die schon in der Ewigkeit sind und selbst den Kampf für Christus auf Erden bis zum Sterben durchgekämpft haben, nehmen lebendigen Anteil an dem Werdegang der Gemeinde Jesu auf Erden. Es gibt nichts, was sie so stark bewegt wie der Kampf zwischen Christus und seinen drei großen Gegenspielern. Sie wundern sich, daß Gott noch nicht den Schlußpunkt der Weltgeschichte gesetzt hat.

Wir merken, daß die Güte und Geduld Gottes nicht nur *unser* Denken übersteigt, sondern auch das Denken der vollendeten Gemeinde. Sie muß lernen, daß Gott auf weite Sicht denkt, aber seine letzten Ziele nie aus den Augen verliert; auch wenn sie die letzte, schwerste Spanne der Geschichte der Gemeinde Jesu auf Erden miterlebt, darf sie gewiß sein, daß Gottes Pläne ihr Ziel erreichen.

Offb. 6, 12: „Und ich sah, als es das sechste Siegel öffnete, da entstand ein gewaltiges Erdbeben, und die Sonne wurde schwarz wie ein härener Sack, und der ganze Mond wurde wie Blut.“

In knappen Worten wird das ganze Schlußkapitel der Weltgeschichte zusammengefaßt. Das sechste Siegel enthält im Grundriß Offenbarung 8—20 und enthüllt, wie die Welt dem Gericht Gottes entgegengeht. Bis jetzt war die Weltgeschichte getragen von der Langmut und Güte Gottes. Mit dem letzten Abschnitt ist die Zeit der Gnade vorüber, und es setzt das Gericht ein. Ein gewaltiges Erdbeben schüttelt die Welt. Ohne Bild: ein ungeheurer Zusammenbruch in der Geistesgeschichte der Menschen setzt ein. Bei einem Erdbeben bricht alles zusammen. Je höher die Bauten, desto tiefer der Einsturz. Es bricht alles zusammen, was der Mensch nur von sich aus aufgebaut hat. Alle Grundlagen der Kultur, der Geisteswissenschaft, der Weltanschauung, des Völkerlebens geraten ins Wanken. Die Welt wird ein Trümmerhaufen, die Geistesverfassung der Menschheit ein Chaos.

Obwohl man im grundsätzlichen Gegensatz zu Gott stand, hatte man doch das Zusammenleben auf Kräfte, Gesetze und Anschauungen aufgebaut, die zum guten Teil von der Gottesgemeinde entlehnt waren. Die großen geistigen Erschütterungen der Endzeit lösen alle geborgten Werte auf. Nur wer in Christus selbst verankert ist, besitzt noch Halt. Die übrige menschliche Gesellschaft verliert jede gemeinsame Lebensgrundlage, alle ihre Zusammenhänge lösen sich auf. Jeder feste Halt, den sie noch zu haben glaubte, wird ihr zersetzt.

Vorzeichen dieses gewaltigen Erdbebens im Geistesgebiet erlebt der moderne Mensch längst. Wenn es den Mächten von unten einmal gegeben wird, sich völlig in der Welt auszuwirken, erfährt der Mensch, daß die Lösung von Gott schlechthin Vernichtung bedeutet.

Diese Katastrophe tritt ein, wenn Gott die letzten Lebenskräfte aus der Welt nimmt, die von ihm stammen. Die Sonne am Himmel der Menschheit ist Christus. Diese wird in dem letzten Zeitraum der Weltgeschichte völlig verdunkelt. Das wird das Furchtbarste jener Zeit sein, daß der, der Christus fern ist, Jesus nicht mehr zu finden vermag. Vorboten dieser völligen Verdunkelung der Botschaft von Christus werden schon früher erlebt und lassen ahnen, wie trostlos das Leben für die Menschheit wird, wenn Jesus ihr völlig verdunkelt ist und er nur noch für die etwas bedeutet, die ihm schon gehören.

Der Mond hat kein selbständiges Licht. Er ist nur der Abglanz der Sonne. Sein Licht ist kalt und ohne jede Wärme. Er ist das Sinnbild des Gottesgesetzes, wie es in den Grundzügen im Gewissen jedes Menschen geschrieben steht und in der Bibel klargelegt ist. Das Gesetz Gottes spricht eine eindeutige Sprache. Aber es gibt kein Leben. Im Schein des Gottesgesetzes kann man frieren. Es enthält ja nur das eherne „Du sollst". Dennoch enthält es auch ein Stück Leben als Abglanz der Sonne, des Christus. Es ist uns etwas wert, die Wahrheit zu wissen. Sie bedeutet ein Stück Kraft. In der letzten Periode wird Gottes Gesetz jeden milden Glanz entbehren und nur noch Bote des Gerichtes sein („der Mond war wie Blut").

**Offb. 6, 13: „Und die Sterne des Himmels fielen auf die Erde, wie wenn ein Feigenbaum seine Feigen abwirft, wenn er von einem starken Wind geschüttelt wird."**

Die Sterne sind die Lichter außer Sonne und Mond. Es sind die großen Persönlichkeiten im Reich Gottes, die der Menschheit Richtung weisen. Sie haben ihr Licht wie die Sterne nicht von sich selbst, sondern von der Sonne, von Christus. In dieser letzten Zeit wird es solche geistesmächtige Persönlichkeiten für die Welt nicht mehr geben, die den Weg zu Christus zeigen. Das Gericht steht vor der Tür.

**Offb. 6, 14: „Und der Himmel verschwand wie eine Buchrolle, die zusammengerollt wird, und alle Berge und Inseln wurden von ihrer Stelle gerückt."**

Der Himmel wird zusammengerollt wie ein Buch. Den Inhalt eines zusammengerollten Buches können wir nicht lesen. So wird die Welt Gottes in dieser letzten Zeitspanne für die Erdenwelt verschlossen. Sie kann keinen Zugang mehr zu ihr finden. Die Himmelswelt entzieht sich dem Menschen. Es ist Gerichtszeit. Das Wort von Christus ist für die Welt nicht mehr da, nur noch für seine Gemeinde.

Berge und Inseln sind Bilder für die Christusgemeinde in der Welt. Die Gemeinden Jesu sind die Stadt auf dem Berge, an der die Welt sich zurechtgefunden hat und die ihr die Richtung aufs Leben wies, selbst wenn die Welt im Gegensatz zu ihr stand. Die Inseln im Meer sind Zufluchtsorte für die Schiffbrüchigen. Manch einer hat in den Gemeinden Jesu einen Bergungsort gefunden. Jetzt hört die Gemeinde auf, Stadt auf dem Berg und Zufluchtsort für die Gestrandeten zu sein. Es ist nirgendswo mehr Rettung, wenn Gottes Gericht da ist.

Offb. 6, 15–17: „Und die Könige der Erde, die Gewaltigen, die Heerführer, die Reichen, die Mächtigen, alle Sklaven und Freien verbargen sich in Höhlen und Felsen der Berge und sprachen zu den Bergen und Felsen: ‚Fallt auf uns und verbergt uns vor dem Angesicht dessen, der auf dem Throne sitzt, und vor dem Zorn des Lammes, denn gekommen ist der große Tag ihres Zornes; und wer kann bestehen?"

Eine unheimliche Erregung erfaßt die gesamte Welt. Die führenden Persönlichkeiten der Welt wie die allerunbedeutendsten Menschen spüren, daß jetzt alles zusammenbricht und eine Katastrophe von nie dagewesenem Ausmaß heranreift. Sie spüren, daß der Mensch sich verrechnet hat, wenn er glaubte, von sich aus die Welt bauen zu können.

Nun Gott die letzten Gotteskräfte der Welt entzieht, enthüllt sich der ganze Zusammenbruch des Menschen ohne Gott. Er ist sich klar, daß er keine Entschuldigung mehr vor Gott dafür hat, daß er Gott aus seinem Leben strich und sich selbst führen wollte. Es ist in aller Bewußtsein, daß das Gericht Gottes furchtbare Wahrheit ist und daß sich ihm niemand entziehen kann. Eine verzweifelte Stimmung lagert über der ganzen Welt. Zur Rettung ist kein Raum mehr. Nur das Gericht bleibt gewiß. Der, der als das Lamm Gottes für sie starb und sie in großer Liebe suchte, wird nun der Richter.

## D. Christus und seine Gemeinde

### Offenbarung 7

Mit dem Inhalt des sechsten Siegels kann die Weltgeschichte nicht schließen. Gottes letztes Wort ist nicht Gericht, sondern Leben.

Mit zwei herrlichen Bildern läßt uns Kapitel 7 schauen, wie Gott seine Gemeinde durch die unendlich schwere Zeit der letzten Zeitspanne der Weltgeschichte durchgebracht und ans Ziel geführt hat. Diese Schau des siebten Kapitels überspringt die ganzen schweren letzten Weltperioden und läßt uns den allerletzten Akt schauen, wenn die Gemeinde des Christus in die Herrlichkeit eingegangen ist.

Mit dieser Schau will Jesus seine Gemeinde instand setzen, die mit Kapitel 8 anhebenden Enthüllungen über den unendlich schweren Weg der letzten Zeit zu ertragen. Es ginge sonst über Menschenvermögen, das Grauenvolle der letzten Zeiträume zu wissen und den bittereinsamen Weg der Gemeinde Jesu zu kennen, ohne zu verzagen. Darum überspringt der Herr zunächst diese ganzen Zeiten und zeigt seiner Gemeinde mit herrlicher Klarheit das Allerletzte. Nun weiß jeder, der zur Christusgemeinde gehört, daß der Herr ihn durchbringt.

Offb. 7, 1: „Nach diesem sah ich vier Engel an den vier Enden der Erde stehen, die hielten die vier Winde der Erde fest, damit kein Wind auf dem Land und auf dem Meere und über irgendeinen Baum wehte."

Die Stürme des Gerichts und der letzten, von dämonischen Geistesmächten durchfluteten Zeitspannen dürfen nicht eher über die Erde gehen, als Gott es erlaubt. Das drückt sich im Bild der vier Engel aus, die die vier Winde der Erde festhalten. Kein Lufthauch irgendeiner Geistesströmung dämonischer Art darf über die Erde ohne den Willen Gottes gehen. Das macht seine Kinder getrost und geborgen. Sie wissen, daß ihr Gott den Anfang und das Ende dieser schweren Weltzeit bestimmt, die man gewöhnlich „die große Trübsal" nennt.

Offb. 7, 2. 3: „Und ich sah einen anderen Engel von Sonnenaufgang heraufsteigen, der ein Siegel des lebendigen Gottes hatte. Und er rief mit gewaltiger Stimme den vier Engeln zu, denen Macht gegeben war, die Erde und das Meer zu beschädigen, und sprach: ‚Schädiget die Erde nicht, noch das Meer, noch die Bäume, bis wir die Knechte unseres Gottes an ihren Stirnen versiegelt haben.'"

Ehe die Endzeit hereinbricht, erhalten alle Glieder der Christusgemeinde das Siegel des lebendigen Gottes. Dies Bild will ausdrücken, daß Gott seine Kinder als sein Eigentum in Anspruch nimmt und durch nichts antasten läßt. Sie haben sich einst ihm zu eigen gegeben, und er hat sie durch seine Vergebung aufgenommen. Darin sollen sie nicht getäuscht werden. Er bewahrt sein Eigentum unverletzt. Das Siegel Gottes spricht aus, daß keine Macht seine Kinder antasten darf.

Das Siegel wird schwerlich ein äußerer Stempel sein, sondern der innere Stempel Jesu, den er jedem seiner Leute aufprägt. Es ist schon heute eine Freude, wie man an den Stirnen und Gesichtern vieler Kinder Gottes den Stempel Jesu ablesen kann.

Die dämonischen Mächte der letzten Zeit aber werden noch viel klarer als wir diesen Stempel Jesu erkennen und die Kinder Gottes als Eigentum ihres Herrn achten, weil Gott sie dazu zwingt.

Offb. 7, 4–8: „Und ich hörte die Zahl der Versiegelten: 144 000 aus allen Stämmen der Kinder Israels,

| | | | |
|---|---|---|---|
| aus dem Stamm Juda | 12 000, | aus dem Stamm Simeon | 12 000, |
| aus dem Stamm Ruben | 12 000, | aus dem Stamm Levi | 12 000, |
| aus dem Stamm Gad | 12 000, | aus dem Stamm Isaschar | 12 000, |
| aus dem Stamm Asser | 12 000, | aus dem Stamm Sebulon | 12 000, |
| aus dem Stamm Naphtali | 12 000, | aus dem Stamm Joseph | 12 000, |
| aus dem Stamm Manasse | 12 000, | aus dem Stamm Benjamin | 12 000 Versiegelte." |

Mit diesem ersten Bild wird in unbedingter Gewißheit ausgesprochen, daß Jesus seine Gemeinde, die in die große Trübsal hineingehen muß, bis auf den letzten Mann durchbringt und daß ihm kein einziger von denen, die er als sein Eigentum versiegelt hat, verlorengeht.

Das ist ausgedrückt durch die in diesem Bild immer wiederkehrende Zahl zwölf, die uns schon als die Vollzahl Gottes (drei mal vier) bekannt ist. Sie will besagen, daß der Plan Jesu mit seiner Gemeinde aufs völligste durchgeführt wird und in einer göttlichen Vollkommenheit sein Ziel erreicht. In wuchtigen, knappen Worten wird diese Gewißheit der Gemeinde des Christus eingeprägt, indem sich die Vollzahl zwölf in ununterbrochenem Rhythmus wiederholt.

144 000 = 12 mal 12 000 ist die Gesamtzahl. Natürlich ist die Gemeinde Jesu unendlich viel größer. Es ist keine wirkliche Zahl, sondern Zeichensprache, die alle, die in die große Trübsal hineingehen müssen, gewiß macht, daß nicht einer von denen, die Jesus gehören, in den versuchungsreichen Jahren seinem Herrn untreu wird, sondern daß die Vollzahl der Gemeinde Jesu diese Feuerprobe besteht.

Wie dies in der Gesamtzahl 12 mal 12 000 schon bildlich ausgedrückt ist, so wird es noch einmal durch die immer neue

Wiederholung ausgesprochen, daß aus jedem der 12 Stämme die Vollzahl 12 000 durchgebracht wird. Jeder einzelne kleine Satz verkündigt aufs neue: Jesus trägt seine Gemeinde durch.

Zwölf Stämme werden aufgezählt, obwohl sie zum großen Teil nicht mehr bestehen. Auch ist ihre Aufzählung anders, als man gewohnt ist. Es geht eben gar nicht um die 12 Stämme des natürlichen Volkes Israel, sondern es geht um das Israel nach dem Geist, um die Gemeinde des Christus. Die Zahl „12 Stämme" will besagen, daß der Herr Jesus keinen Teil seiner Gemeinde auf Erden vergißt, sondern an jeden einzelnen denkt; denn 12 ist die Vollzahl Gottes.

Bis in den letzten Winkel seiner Gemeinde reicht die starke Hand ihres Herrn und seine bewahrende Macht. Wo seine Gemeinde auch lebt – er bringt aus jedem Stück der Christusgemeinde die volle, ganze Zahl durch. In jedem Land, in jedem Volk, in jedem Winkel der Erde hält er mitten unter den schwersten Stürmen der Endzeit seine Leute voll und ganz bis auf den letzten in seiner Gemeinschaft.

Das will die immer aufs neue wiederholte Zahl 12 000 mit großer Gewißheit aussprechen. Er verliert nicht einen einzigen. Müssen sie schon durch die unerhört schweren Jahre der Zeiten des Antichristus hindurch, so sollen sie aber ebenso auch in unerhörter Weise erfahren, daß ihr Herr, der Sieger von Golgatha, der Stärkere ist.

Mit diesem Bild ist weniger an das natürliche Israel gedacht. Über diesem Volk liegt das Geheimnis des lebendigen Gottes. Längst ist es der Gemeinde Jesu im ersten Jahrhundert ein klarer Begriff, daß sie das wirkliche Israel nach dem Geist, das eigentliche Volk Gottes ist (Röm. 9–11). Das hebt nicht auf, daß die Bibel an vielen Stellen eine Fülle von großen Verheißungen für das alte Volk Israel enthält, auf deren Verwirklichung wir warten.

Daß hier eine Zeichensprache vorliegt, ergibt sich aus dem ebenmäßigen Rhythmus der Zahl 12 000. Es wäre doch mehr als unwahrscheinlich, daß gerade genau diese Zahl aus jedem der Stämme für Christus gewonnen würde. Auch die Tatsache, daß die 12 Stämme nicht mehr alle vorhanden sind und ihre Aufzählung in einer eigenartigen Form erfolgt, deutet auf die bildliche Sprache hin.

Der entscheidende Punkt aber ist die Tatsache, daß in Offenbarung 14, 1—5 die Deutung für die 144 000 eindeutig gegeben ist. Dort ist es die Gesamtschar der Gemeinde Jesu, in deren Mitte sich ihr Herr befindet. Es ist die Gesamtschar derer, die das neue Lied am Thron Gottes singen.

So will das erste Bild in Kapitel 7 zum Ausdruck bringen: Jesus nimmt alle, die sein Eigentum wurden, bis auf den letzten für sich voll und ganz in Anspruch. Wenn er ihnen zumutet, den schwersten Teil des Weges der Gemeinde Jesu zu gehen, dann wird er auch auf dieser letzten Wegstrecke, die unvergleichlich schwerer als alle früheren ist, in besonderer Weise als ihr starker Herr über ihnen walten und keinen von ihnen zur Strecke kommen lassen.

**Offb. 7, 9: „Danach sah ich, und siehe, eine ungeheure Menge, die niemand zählen konnte, aus allen Völkerschaften, Stämmen, Völkern und Sprachen, die standen vor dem Thron und vor dem Lamm, angetan mit weißen Gewändern und Palmen in ihren Händen."**

Wollte die erste Schau in Kapitel 7 uns bezeugen, daß Jesus seine ganze Schar bis auf den letzten Mann durchbringt, *so will der zweite Blick, den wir tun dürfen, uns die Gewißheit vermitteln, daß das Werk des Christus eine riesenhafte Ausdehnung hat und eine unzählbare Schar aus allen Erdteilen von ihm überwunden und in das neue Volk Gottes eingegliedert worden ist. Das Werk des Christus auf Golgatha und das Schaffen des erhöhten, lebendigen Christus haben eine gewaltige Frucht getragen.*

So klein und armselig seine Gemeinde auf Erden oft erscheint, so wird sie doch etwas ganz Gewaltiges und Herrliches sein, wenn alle seine Jünger bei ihm am Ziel versammelt sind. Der Ertrag der Verkündigung der Botschaft von Christus aus aller Welt ist ungeheuer. Diese Kraft geht von Christus aus als von dem, der als das Lamm Gottes die Sünde der Welt trug. Darum wird er hier, wo er am Ziel seines gewaltigen Werkes geschaut wird, als das Lamm dargestellt.

Die Glieder dieses wirklichen Gottesvolkes, das Christus bereitet hat, stammen aus allen Völkern und Rassen, aber keiner ist darunter, der nicht das weiße Kleid trägt, das heißt, der nicht die Vergebung Jesu empfing, welche blutrote Sünde schneeweiß macht. Weil Christus alle Sünde, die uns anklebt, durch seine Vergebung wirklich gelöscht hat, darum sind seine Kinder für die satanischen Mächte unangreifbar gewesen, die sie gern bei dem letzten großen Angriff Jesus entrissen hätten. Nun aber sind sie für keinen Angriff dämonischer Gewalten mehr erreichbar. Sie sind als Sieger am Ziel. Das wollen die Palmen in ihren Händen besagen.

Offb. 7, 10: „Und sie riefen mit gewaltiger Stimme: ‚Heil sei unserem Gott, der auf dem Thron sitzt, und dem Lamm.'"

Keiner aus dieser siegreichen Armee schreibt irgend etwas auf sein eigenes Konto. Die ganze Ehre geben sie dem lebendigen Gott und ihrem Erlöser. Sie wissen, daß sie allein durch Gott und Christus ans Ziel gebracht worden sind. Ein gewaltiger Jubel braust durch ihre Reihen, und zugleich stehen sie in tiefster Anbetung vor ihrem Retter.

Offb. 7, 11. 12: „Und alle Engel standen rings um den Thron und um die Ältesten und um die vier lebendigen Wesen, und fielen vor dem Thron auf ihr Angesicht, beteten Gott an und riefen: ‚Amen! Preis, Herrlichkeit, Weisheit, Dank, Ehre, Macht und Stärke gebühren unserem Gott in die Ewigkeiten der Ewigkeiten. Amen.'"

In diesen Jubel und in diese Anbetung der ans Ziel gebrachten Christusgemeinde stimmt die ganze Engelwelt mit ein.

Offb. 7, 13. 14: „Und es nahm einer von den Ältesten das Wort und sprach zu mir: ‚Wer sind diese, die mit weißen Kleidern angetan, und woher sind sie gekommen?' Und ich sprach zu ihm: ‚Mein Herr, du weißt es.' Da sagte er zu mir: ‚Das sind die, die aus der großen Trübsal gekommen sind und ihre Kleider in dem Blut des Lammes gewaschen und rein gemacht haben.'"

In köstlichen Worten, durch die Tausende schon gestärkt und ermutigt worden sind, läßt Jesus uns noch einmal sagen, daß diese unzählbare Schar die sind, die *die letzte große Trübsal erlebt haben, ohne von Christus getrennt werden zu können, weil sie durch sein Siegel als sein Eigentum gekennzeichnet waren.* In Vers 14 heißt es: „Diese sind diejenigen, welche aus *der* großen Trübsal kommen." Durch den Artikel wird deutlich, daß es sich nicht um irgendwelche früheren Verfolgungszeiten handelt, sondern um die letzte und schwerste.

Eine Ermutigung liegt auch darin für uns alle, daß der Herr Jesus nicht nur einige wenige mit Müh und Not durch diese letzten, schrecklichen Weltzeiten hindurchrettet, sondern daß es eine unabsehbare Schar ist, die niemand zählen kann, die er unangetastet, unverletzt, fest in seiner Gemeinschaft durch die Zeit des Antichristentums mit all ihren zersetzenden Geisteserscheinungen hindurchträgt. Er hat uns doch nicht gerettet, um uns dann in dieser letzten Zeitspanne innerlich zugrunde gehen zu lassen. Wir können nicht groß und gewaltig genug von dem Werk Jesu denken.

Die Kraft all dieser unzählbaren Jünger Jesu, die in der letzten großen Trübsal als sein Eigentum unverletzt bewahrt wurden, stammte nicht aus ihnen selbst. Es war die Kraft des Blutes des Lammes, die sie bewahrt hat, die Siegesmacht dessen, der auf Golgatha für sie starb. *Wir werden immer wieder in der Offenbarung des Johannes beobachten, daß die Gemeinde Jesu in den schweren, letzten Abschnitten der Menschheitsgeschichte im Grunde nicht selbst kämpft. Sie kämpft für Christus, indem sie mit ihm und aus ihm lebt und ihn als die Quelle ihres Lebens bezeugt.*

Offb. 7, 15–17: „Deshalb sind sie vor dem Thron Gottes und dienen ihm Tag und Nacht in seinem Tempel, und der auf dem Thron sitzt, wird über ihnen wohnen. Sie wird nicht mehr hungern noch dürsten, auch wird sie kein Sonnenbrand oder irgendeine Hitze mehr treffen, denn das Lamm, das in der Mitte des Thrones ist, wird sie weiden und zu Wasserquellen des Lebens führen. Und Gott wird jede Träne von ihren Augen abwischen."

Nun sind die, die in der großen Trübsal als die ausgestoßenen, in der Welt unmöglichen, gejagten und gehetzten Leute erscheinen, in der unmittelbaren Gemeinschaft mit Gott, verbunden mit der höchsten Majestät der Welt. Sie haben viel Hunger und Durst, Hitze und Trübsal in den Verfolgungsjahren erlebt. Die Schwere der Not hat manche Träne gekostet. Leicht ist diese letzte Zeit nicht, aber tausendfältig wird ihnen jetzt alles ersetzt, wenn Jesus selbst sie zu den lebendigen Wasserbrunnen leitet, und Gott alle Tränen von ihren Augen abwischt, und sie an dem vollendeten Gottesreich Anteil haben dürfen.

Jetzt wissen wir den Weg der Christusgemeinde in der letzten großen Trübsal und schauen getrost den Enthüllungen Jesu entgegen, die uns nun die letzten Etappen der Entwicklung der Welt und seiner Gemeinde zeigen wollen.

## E. Christus und die Welt

Offenbarung 8—9

### 1. Die verborgene Regierungsgewalt der Gemeinde Jesu

Offenbarung 8, 1—4

Offb. 8, 1: „Und als es das siebente Siegel öffnete, trat eine Stille im Himmel ein, wohl eine halbe Stunde lang."

Ehe das furchtbare Gottesgericht über die Welt hereinbricht, die die ungezählten Rufe Gottes mit „nein" beantwortet hat, tritt in der Himmelswelt eine lautlose Stille ein. Alles bangt vor dem, was jetzt kommt. Die Himmelswelt bebt vor den Gerichten Gottes. Wir merken, daß nicht Religion Opium ist, sondern die moderne Aufklärung, die über den unentrinnbaren Tatbestand der Gerichte Gottes hinwegtäuscht und den modernen Menschen hindert, sich mit dem auseinanderzusetzen, was für ihn das Allergewisseste ist: das Gericht Gottes. Der Ausdruck „halbe Stunde" ist nicht zu pressen. „Halb" ist immer die Zahl des Gerichts und der Trübsal.

Offb. 8, 2: „Und ich sah die sieben Engel, die vor Gott stehen, und es wurden ihnen sieben Posaunen gegeben."

Ohne Bild: Gott beginnt jetzt zu handeln und sein Gericht über die Welt ablaufen zu lassen. Mit Posaunen gibt man Signale, die etwas ankündigen. Diese Posaunen kündigen an, daß Gottes Angriff auf die Welt beginnt. Bisher hat er vieles in großer Geduld gehen lassen und dem Tun des Menschen oft nur zugeschaut. Diese Zeit ist vorüber. Gott greift in umfassender Weise in die Welt ein.

Sieben ist die Zahl Gottes, der nach allen Richtungen hin in vollendeter Weise handelt. Darum sind die Enthüllungen Jesu eingeteilt in sieben Abschnitte. Es sind sieben Siegel; das letzte Siegel zerfällt in sieben Posaunen, die letzte Posaune in sieben Zornesschalen.

Das alles will uns kundtun, daß der Plan Gottes wohl durchdacht und in sich völlig einheitlich ist, nichts außer acht lassend, alles umfassend: ein Weltenplan mit absoluten Zielen. Und an diesem Plan will er uns beteiligen, wenn wir seine

Leute werden, und will dadurch unserem Leben ein großes Ziel und einen großen Inhalt geben.

Offb. 8, 3. 4: „Und ein anderer Engel kam und trat an den Altar mit einer goldenen Räucherpfanne, und es wurde ihm viel Rauchwerk gegeben, damit er es für die Gebete aller Heiligen auf den goldenen Altar vor dem Thron darbringe. Und es stieg der Rauch des Rauchwerks zugleich mit den Gebeten der Heiligen von der Hand des Engels vor Gott empor."

In einer kurzen Zwischenschau wird uns gezeigt, in welch gewaltiger Weise die Gebete der Gemeinde Jesu in dem Ablauf der Weltgeschichte mitwirken. Aber sie sind von sich aus nicht in der Lage, bis zu Gott zu dringen. Sie enthalten so viel Selbstsüchtiges, Verkehrtes, Ungeheiligtes; wenn nicht viel Rauchwerk anderer Art zu dem Rauchwerk der Gebete der Kinder Gottes hinzugetan würde, hätten unsere Gebete nicht diese Vollmacht.

Das entscheidende Rauchwerk, das zu unserem Gebet hinzugetan wird, ist das Gebet Jesu, der seine Kinder vor Gott vertritt. Das Rauchwerk des Gebetes Jesu befindet sich in einem goldenen Rauchfaß. Das Gebet Jesu enthält nichts Unreines und Beflecktes. Es ist geläutert wie Gold. Nur weil er in einer umfassenden Weise mit viel Gebet den oft so armseligen Gebeten seiner Kinder zu Hilfe kommt, hat seine Gemeinde diese Vollmacht, durch das Gebet zu Gott zu dringen und in die Weltgeschichte einzugreifen.

Vielleicht soll aber auch das andere gesagt werden, daß in dieser letzten Weltzeit der großen Trübsal die Gebete der Gemeinde Jesu eine wunderbare Klarheit und Reinheit gewinnen und alle Mängel abgetan werden. Es reift alles zur Vollendung. Ob nicht dann alles Sehnsüchtige von der Christusgemeinde vergessen wird und sie ganz und gar nur zum Dienen da ist — nur mit dem einen Wunsch, zu helfen, zu retten, Gottes Pläne zu verwirklichen? Wie mag sich dann die Gemeinde Gottes lauter und selbstlos einsetzen für die, die außerhalb der Gemeinde sind, und für die, die inmitten der Gemeinde eingerostet und lahm sind! Wie mag sie sich sorgen, daß alle durch die große Trübsal durchkommen! Der Altar, das goldene Rauchfaß und das Rauchwerk sind Bilder für die eben geschilderten Wirklichkeiten.

## 2. Gewaltige Geistesbewegungen nehmen der Menschheit die rettende Christusbotschaft

Offenbarung 8, 5—13

Offb. 8, 5: „Und der Engel nahm die Räucherpfanne und füllte sie mit Feuer vom Altar und schüttete es auf die Erde. Und es geschahen Donner, Blitze, Stimmen und ein Erdbeben."

Nachdem die Gebete der Christusgemeinde in einer entscheidenden Weise vor Gott gebracht worden sind und Gott seine Gemeinde hierdurch an seinem Werk beteiligt hat, beginnt der Ablauf des Gerichts über die Welt. Stimmen, Donner, Blitze und Erdbeben setzen ein, das heißt, gewaltige Geisteserschütterungen gehen jetzt durch die Welt und vollziehen das Gericht Gottes. Gott entzieht der Welt die rettende Christusbotschaft als Antwort auf das „Nein" des Menschen.

Offb. 8, 6. 7: „Und die sieben Engel, die die sieben Posaunen hatten, machten sich bereit, zu posaunen, und der erste stieß in die Posaune; und es kam Hagel und Feuer mit Blut vermischt und wurde auf die Erde geworfen. Und der dritte Teil der Erde wurde verbrannt, und der dritte Teil der Bäume verbrannte und ebenso alles grüne Gras."

Die erste Posaune. Zum erstenmal in der Weltgeschichte bricht ein so ungeheurer Sturm der Feindschaft gegen die Gemeinde Jesu los, daß ein Drittel der bewohnten Erde davon ergriffen wird. Die Feindschaft gegen Christus ist dargestellt unter dem Hagelwetter, das über die Gemeinde Jesu niedergeht. Das Feuer bedeutet, daß diese Feindschaft mit einem fanatischen Haß verbunden ist, der wie Feuer brennt. Daß der Hagel mit Blut gemengt ist, will ausdrücken, daß viele ihre Liebe zu Jesus mit dem Tode besiegeln müssen.

„Der dritte Teil der Bäume verbrennt": der dritte Teil der Gemeinde Jesu wird hiervon vernichtet. Bei den Bäumen denken wir an die, die an das lebendige Wasser gepflanzt sind (Ps. 1). Viele, die wie Bäume am Wasser gepflanzt waren, kommen im Martyrium um.

In diesen Teilen der Erde verbrennt alles grüne Gras; damit wird gesagt: hier gibt es keine öffentliche Verkündigung der Botschaft von Christus mehr und keine offen sichtbaren Gemeinden des Herrn, in denen man wie auf einer grünen Weide rechte Nahrung findet. Es ist eine ungeheure Christenverfolgung und Christenvernichtung. Wenn ein Drittel der bewohnten Erde von solcher Verfolgung und Vernichtung der Gemeinde Jesu erfaßt würde, würden wir die Verwirklichung dessen erleben, was die erste Posaune angekündigt hat.

Offb. 8, 8. 9: „Und der zweite Engel stieß in die Posaune: da war es, als würde ein großer, feuerflammender Berg in das Meer geworfen. Und der dritte Teil des Meeres wurde zu Blut. Und es starb der dritte Teil der im Meer lebenden Wesen, welche Seelen haben, und der dritte Teil der Schiffe ging zugrunde."

Die zweite Posaune. Der große Berg ist das Bild einer riesigen Weltmacht, die sich plötzlich in dem Völkermeer bildet. In dieser Weltmacht brennt ein unheimliches Feuer des Hasses gegen Christus. Durch das Auftreten dieser weltlichen Großmacht fließen in einem Drittel der Völkerwelt Ströme von Blut. Ein Drittel der Völkerwelt stirbt; das bedeutet: ein Drittel der Menschen verliert unter dem Einfluß dieser Großmacht die Berührung mit dem Leben aus Gott und stirbt innerlich — ihre Seelen sterben und werden stumpf und tot.

Zugleich wird der dritte Teil der Schiffe vernichtet; das besagt: die Beziehungen der Völker untereinander, die im Altertum allein durch Schiffe vermittelt wurden, werden durch das Eingreifen der neuen Großmacht zum dritten Teil unterbunden. Der dritte Teil der Menschheit wird geistig von den übrigen Völkern abgeschnürt.

Offb. 8, 10. 11: „Und der dritte Engel stieß in die Posaune: und es fiel ein großer Stern vom Himmel, der wie eine Fackel brannte. Und er fiel auf den dritten Teil der Flüsse und auf die Wasserquellen. Und der Name des Sternes heißt Wermut. Und es wurde ein Drittel der Gewässer zu Wermut, und viele der Menschen starben an dem Genuß der Wasser, denn sie waren bitter geworden."

Die dritte Posaune. Der große Stern, der vom Himmel fällt, ist wohl eine herrliche göttliche Idee wie etwa die der Freiheit oder der Persönlichkeit. Sie verliert ihren reinen, göttlichen Charakter und nimmt dämonische Formen an. Aus der Freiheit der Kinder Gottes, die sie in der Gebundenheit an Christus haben, wird dämonische Zügellosigkeit, aus der Entwicklung der Persönlichkeit, wie Christus sie original formt, wird selbstsüchtiger Individualismus, der in feiner oder grober Form immer sich selbst lebt. In ihrem Ursprung leuchteten diese Gedanken wie reines, ruhiges Himmelslicht. Jetzt brennen sie wie lodernde Fackeln.

Der dritte Teil der Wasserströme, das heißt der Geistesströmungen auf Erden, und der dritte Teil der Wasserbrunnen, der lebendigen Geistesquellen inmitten der Menschheit, wird hierdurch vergiftet und so bitter, daß die Menschen daran sterben. Der jetzt dämonische Charakter der einst göttlichen Ideen zersetzt das Geistesleben der Menschen und löst bei Ungezählten alles auf, was ihnen als Grundlage für das Leben gedient hat. Ihr Geistesleben wird so zersetzt, daß es bitter ist wie Wermut und viele daran zugrunde gehen.

Offb. 8, 12: „Und der vierte Engel stieß in die Posaune: und der dritte Teil der Sonne, der dritte Teil des Mondes und der dritte Teil der Sterne wurden geschlagen, so daß ihr dritter Teil verfinstert wurde und der dritte Teil des Tages kein Licht hatte und die Nacht in gleicher Weise."

Die vierte Posaune. Die Sonne, das ist die Botschaft von Christus — der Mond, das heißt das Gottesgesetz, welches im Gewissen die Linien der Ehrlichkeit, Wahrheit, Reinheit usw. einprägt — und die Sterne, das sind die Boten des Evangeliums, werden zum dritten Teil verfinstert. Es treten neue Gedankengänge in solcher Zahl in der Menschheit in dieser Zeitspanne auf, daß für große Menschenmassen der Blick für Christus und die Welt Gottes weithin verdunkelt wird.

Die Zeit der Gnade hört auf, das Gericht Gottes setzt ein. Der Mensch gräbt sich durch seine Geisteserzeugnisse selbst das Grab und schneidet sich selbst die Möglichkeit ab, die Botschaft des Lebens noch zu hören. Es wird dunkel in der Welt.

Wo die Sonne, Jesus, nicht mehr scheint, fehlt nicht nur das Licht zur Orientierung, sondern es wird auch frostig und kalt im Zusammenleben der Menschen und im einzelnen. Wo Jesus wirken kann, ist es hell und warm. Die Geschichte des letzten Jahrhunderts hat uns eine Ahnung davon gegeben, wie frostig es in der Welt wird, wenn die Sonne, Christus, zum Teil ausgelöscht wird.

Offb. 8, 13: „Und ich sah und hörte einen Adler, der in der Mitte des Himmels flog, mit lauter Stimme rufen: ‚Wehe, wehe, wehe den Bewohnern der Erde wegen der übrigen Posaunen der drei Engel, die noch posaunen sollen.'"

Diese Zwischenbemerkung bringt zum Ausdruck, daß die nächsten drei Zeiträume der großen Trübsal, ausgedrückt durch die drei Posaunen, alles Vorangegangene an Schrecken und Ernst übertreffen.

Die Zeiträume der ersten vier Posaunen werden wesentlich von menschlichen Kräften bestimmt und gestaltet. Die nächsten drei erhalten ihre Gestalt durch dämonische Kräfte der unsichtbaren Welt.

Auch dies wieder in Steigerung: die erste Etappe wird durch dämonische Ideen gestaltet, die zweite durch den unmittelbaren Einsatz dämonischer Persönlichkeiten, die dritte durch den Antichristus.

## 3. Hemmungsloses Hereinbrechen dämonischer Gedankengebilde bewirkt seelische Massenzerrüttung

Offenbarung 9, 1—12

Offb. 9, 1. 2: „Und der fünfte Engel stieß in die Posaune. Und ich sah einen Stern, der vom Himmel auf die Erde gefallen war, und ihm wurde der Schlüssel zum Schacht des Abgrundes gegeben. Und er öffnete den Schacht des Abgrundes, und es stieg ein Rauch aus dem Schacht wie der Rauch eines gewaltigen Ofens, und die Sonne und die Luft wurde von dem Rauch des Schachts verfinstert."

Die dritte Posaune wiederholt sich in verstärktem Maße. Die Gerichte Gottes nehmen an Kraft und Ausmaß zu. Wieder verliert eine göttliche Idee ihren himmlischen Charakter und wird zum Mittel, daß die ganze dämonische Geisteswelt los wird. Bisher hatte sie keinen uneingeschränkten Zutritt zur Menschenwelt. Nun wird sie hemmungslos frei. Dies wird dargestellt durch das Bild von dem Brunnen des Abgrunds, der jetzt aufgeschlossen wird und von dem ein gewaltiger Rauch aufgeht, der Sonne und Luft verfinstert. Ohne Bild bedeutet dies: die dämonischen Gedankengebilde überfluten in solcher unheimlichen Kraft und Ausdehnung die Welt, daß sie wie der dunkle Rauch eines riesigen Ofens die Sonne, Jesus, völlig verfinstern und die ganze Luft, die geistige Atmosphäre der Menschheit, durch ihre Ideen so dunkel gestalten, daß niemand mehr den Heimweg zu Jesus finden kann. Das ist das wirklich erschütternde Gericht für den Menschen, der so lange Gottes freundlichen Ruf abgelehnt hat.

Offb. 9, 3: „Und aus dem Rauch kamen Heuschrecken hervor auf die Erde, und es wurde ihnen Kraft gegeben, wie sie sonst die Skorpione der Erde haben."

Die Heuschrecken bedeuten die Gedankengebilde, die von den dämonischen Geistesströmungen erzeugt werden. Wie die Heuschrecken ein ganzes Land kahlfressen und zur Hungersnot verurteilen können, so werden von diesen Gedankengebilden alle die wertvollen, geistigen Kräfte und Zielsetzungen verzehrt, die bis dahin dem Menschen Richtung und Halt für sein Leben gaben. Diese Heuschrecken, diese dämonischen Ideen haben dieselbe Art wie die Skorpione, welche durch ihren Biß viel Schmerzen bereiten, aber nicht tödlich wirken. Die Menschen werden in dieser Zeitspanne verzweifelt sein, daß ihnen alles innerlich zersetzt wird, was ihnen lieb und wert war und Kraft fürs Leben gab. So gern sie stürben, müssen sie doch weiterleben, ohne eigentlich noch Kraft zum Leben zu haben, nachdem ihnen die Lebensverbindung mit Gott und Christus genommen ist.

Offb. 9, 4: „Und es wurde ihnen gesagt, daß sie das Gras der Erde nicht beschädigen sollten noch irgend etwas Grünes oder irgendeinen Baum, sondern nur die Menschen, welche nicht das Siegel Gottes auf der Stirn haben."

Wer in dieser Zeit nicht schon fest in der Verbundenheit mit Jesus steht, wird nicht durchkommen; aber alle, die das Siegel Gottes tragen, weil sie ein Eigentum Jesu sind, bleiben vor der unheimlichen Macht dieser Gedankengebilde verschont. Sie dürfen nicht angetastet werden.

Auch bleibt das Gras und das Grüne erhalten, das heißt die frischen Auen des Wortes Gottes inmitten der Gemeinde Jesu. Wer zu der Schar Jesu gehört, behält die Möglichkeit, aus seinem Wort sich zu erquicken und zu stärken. Es ist etwas ganz Gewaltiges, daß in solch einer unheimlichen Zeit allgemeiner seelischer Zerrüttung die, die Jesus angehören, vor diesem Zersetzungsvorgang so treu bewahrt werden und ihnen die Quellen ihres Lebens mit Christus erhalten bleiben. Mancher unter ihnen steht wie ein Baum; er wird nicht nur selbst nicht angetastet, sondern er vermag auch noch andere zu stärken.

Offb. 9, 5. 6: „Und es wurde ihnen aufgegeben, sie nicht zu töten, sondern sie sollten fünf Monate gequält werden; und ihre Qual war wie die Qual von einem Skorpion, wenn er einen Menschen sticht. Und in jenen Tagen werden die Menschen den Tod suchen und ihn doch nicht finden. Und sie werden zu sterben wünschen, und der Tod flieht vor ihnen."

Nur die, die Jesus ferngeblieben sind, werden das Opfer der neuen Ideen und der dämonischen Geistesgewalten, die hinter ihnen stehen. Eine ungeheure innere Qual und Not bricht über sie herein, aber es stirbt niemand daran. Sie müssen weiterleben, obwohl das Leben ihnen zur Hölle geworden ist. Alle Grundlagen sind zersetzt. Die Menschen besitzen keine inneren Werte mehr, von denen sie leben können. Es rächt sich bitter, daß sie Jesus nicht aufnahmen.

Wie gern würden sie jetzt sterben, wo alles ihnen durch die neuen Gedanken und Lehren zersetzt ist, was sie einst durch die Gemeinde des Christus an Lebenskräften empfangen haben. Aber da sie selbst nie zu Christus kamen, verlieren sie auch das, was ihnen durch das Zusammenleben mit der Gemeinde Jesu unwillkürlich zuteil wurde. Sie sind wie ein ausgebrannter Krater. Nur ein Aschenhaufen bleibt im Menschen zurück. Wie mag die Not dadurch gesteigert werden, daß man sich an das erinnert, was man einst haben konnte und nun nicht mehr zu finden vermag. Gottes Gericht ist todernst.

Offb. 9, 7: „Und die Gestalt der Heuschrecken war gleich Pferden, die zum Krieg gerüstet sind; und auf ihren Häuptern trugen sie Kronen wie von Gold, und ihre Angesichter waren wie Angesichter von Menschen."

In einigen Bildern wird uns der Charakter dieser dämonischen Ideen noch deutlicher gezeigt. Sie kommen stolz und hochtrabend daher wie Kriegsrosse; sie treten selbstbewußt auf als die einzig möglichen modernen Gedanken, denen gegenüber die Botschaft von Jesus kümmerlich und veraltet ist. Sie gebärden sich als Sieger, aber das Gold ihrer Kronen ist nicht echt. Es ist nur *wie* Gold. Alles an diesen Ideen ist Täuschung und Schein. Im Grunde genommen sind sie hohl und brüchig und können keinem Menschen wirkliches Leben geben.

Diese Heuschrecken tragen Menschenantlitz. Das heißt, diese neuen Ideen betonen überall, wie natürlich und menschlich sie denken, im Gegensatz zu den „überspannten Gedanken" der Gemeinde Jesu, die nicht mit beiden Beinen auf der Erde steht. Im Grunde aber bedeutet diese Betonung des Menschlichen die Befreiung von der Verantwortung vor Gott und die Auflösung des Gewissens. Der Mensch ahnt nicht, daß er mit der Zersetzung der Gewissensbindung an Gott sich sein eigenes Grab gräbt und die Welt zur Hölle macht. Ist Gott ausgelöscht, ist für keinen Menschen mehr einzusehen, warum er gewissenhaft handeln soll. Alles gewissenhafte Handeln stammt dann noch aus der alten Zeit, da die Einflüsse Jesu lebendig waren. In dieser Zeit der fünften Posaune werden die letzten Reste des alten Einflusses Jesu so zersetzt, daß das Zusammenleben der Menschen jeden Halt verliert.

Offb. 9, 8: „Und sie hatten Haare wie Frauenhaare, und ihre Zähne waren wie Löwenzähne."

Die Frauenhaare der Heuschrecken wollen besagen, daß es sich um Ideen handelt, die auf die sinnlichen Instinkte des Menschen rechnen und ihn durch die hemmungslose Entfesselung dieser Triebe ins Unglück stürzen wollen.

Dabei sind die Vertreter dieser Ideen groß im Maulaufreißen. Sie haben Zähne wie die Löwen. Aber sie sind nur „wie" Löwenzähne. Der Löwe hat wirkliche Kraft. Kraft aber besitzen diese Ideen nicht. Ihre Macht liegt in dem heimlichen Giftstachel, mit dem sie dem Menschen alles zersetzen und ihn selber vergiften.

Offb. 9, 9: „Und sie hatten Panzer wie eiserne Panzer, und das Rasseln und Rauschen ihrer Flügel war wie das Rasseln von vielen Kriegswagen und Pferden, die in die Schlacht ziehen."

Die eisernen Panzer drücken aus, daß die neuen Ideen den Menschen, der ihnen verfällt, unzugänglich für alles andere machen. Wer einmal diesen Ansichten verfallen ist, ist unbelehrbar, ihm ist nicht mehr zu raten. Er ist überhaupt nicht mehr imstande, wirklich zu hören, was andere sagen. Sein Schicksal ist besiegelt.

Dabei treten diese Geistesströmungen mit einem Wortschwall und einer anspruchsvollen Art auf, daß man an das Rasseln vieler Kriegswagen erinnert wird. Durch den Lärm ihrer Worte suchen sie den mangelnden Gehalt an wirklicher Kraft und wirklichem Leben zu ersetzen. Wenn diese Zeitperiode eintritt, beginnt für den, der nicht rechtzeitig ein Eigentum Jesu geworden ist, eine qualvolle Zeit. Unter dem verwirrenden Eindruck jener Ideen wird es nicht mehr möglich sein, den Weg zu Christus zu finden.

Offb. 9, 10: „Und sie haben Schwänze gleich den Skorpionen und Stacheln, und in ihren Schwänzen lag ihre Macht, die Menschen fünf Monate lang zu beschädigen."

Alles, was an diesen Ideen in die Augen fällt, ist Schein, Phrase, unecht. Ihre eigentliche Kraft liegt in einem verborgenen Giftstachel. Nach außen sieht alles so eindrucksvoll aus. Im geheimen aber lauert das Gift. Wer jene Ideen aufnehmen wird, der nimmt etwas auf, was ihn selbst aushöhlt, zersetzt und todunglücklich macht.

Offb. 9, 11. 12: „Sie haben über sich einen König, den Engel des Abgrunds. Sein Name ist auf hebräisch: Abaddon, und im Griechischen hat er den Namen Apollyon, das heißt: Verderber. Das erste Wehe ist vorüber, siehe, es kommen noch zwei Wehe nach diesem."

Diese gesamten dämonischen Mächte stehen unter einer einheitlichen, zielbewußten Führung. Wir müssen immer damit rechnen, daß wir das Ziel solcher zielbewußten, geistigen Angriffe sind. Die Form ist oft sehr harmlos. Der Giftstachel oft sehr verborgen; aber alles, was mich von Jesus trennen will, ist Gift. Denn Jesus ist das Leben. Entscheidend ist, daß wir einen Halt haben, der echt ist und wirklich hält. Wir brauchen Kräfte. Von Worten allein kann niemand leben.

Das haben wir in den vergangenen Jahrzehnten unter dem Einfluß zersetzender Geistesströmungen oft genug erlebt. Wer Christus als sein Leben kennt, richtet darum seinen Blick ganz bewußt auf das, was wirklich echt ist und ihm Leben gibt. Daß Jesus so klar in uns Wohnung machen könnte, daß wir in jenen kommenden Entwicklungen von der allgemeinen Geisteszersetzung unangetastet blieben!

## 4. Der Einbruch dämonischer Geistespersönlichkeiten in die Welt des Menschen

Offenbarung 9, 13—21

Offb. 9, 13: „Und der sechste Engel stieß in die Posaune: Und ich hörte eine Stimme von den vier Hörnern des goldenen Altars, der vor Gott steht."

Ehe der unheimlichste Angriff auf die Menschheit losbricht, wird noch einmal festgestellt, daß die Befehlsgewalt in der Welt allein in der Hand des lebendigen Gottes liegt. Die dämonischen Mächte können nicht frei schalten, sondern Gott nur helfen, sein Werk ausreifen zu lassen. Der Befehl kommt von dem goldenen Altar, auf dem die Gebete der Christusgemeinde niedergelegt wurden.

Es besteht eine unsichtbare Verbindung zwischen diesen letzten Zeiträumen der Weltgeschichte und dem Ausreifen und dem Gebet der Gemeinde Jesu. Wenn die Gemeinde Jesu um das Kommen ihres Herrn betet, spricht sie zugleich aus, daß diese Abschnitte der Weltentwicklung kommen sollen, durch die einerseits das Gericht Gottes vollstreckt und andererseits das Werk Gottes zum Ziel geführt wird. Damit Gott sein letztes Ziel erreicht, ist die Gemeinde des Christus auch zu diesem schweren Weg des letzten Stückes der Weltgeschichte bereit.

**Offb. 9, 14: „Die sprach zu dem sechsten Engel, der die Posaune hatte: ‚Löse die vier Engel, die an dem großen Strom Euphrat gebunden sind.'"**

Das Bild der vier Engel, die an dem großen Wasserstrom Euphrat gebunden waren, will besagen, daß jetzt die dämonischen Geistesmächte zum persönlichen Einsatz kommen, die im Hintergrund der gottfeindlichen Kulturwelt (im Bild: Babel, am Euphrat liegend) stehen, die sich Gott gegenüber selbständig macht.

**Offb. 9, 15: „Und es wurden die vier Engel gelöst, die auf Stunde, Tag, Monat und Jahr gerüstet waren, um den dritten Teil der Menschen zu töten."**

Diese Mächte können sich nicht selbst lösen. Sie sind gebunden an den Befehl Gottes. Nur von ihm erhalten sie Freiheit zum Wirken. So feindselig sie gegen Gott sind, so müssen sie ihm doch dienen. Ohne daß sie es wollen, sind sie ein auf die Stunde bereitetes Werkzeug, um Gottes Gerichte und Bußrufe auszuführen.

Wie tröstlich, daß Jahr, Monat, Tag und Stunde von Gott festgesetzt sind! Wir erleben kein Chaos, sondern Gottes Plan. Das macht seine Kinder so getrost. Sie wissen, daß auch das Ende dieser schweren Zeit von ihm festgesetzt ist.

**Offb. 9, 16: „Und die Zahl der Scharen des Reiterheeres betrug 200 Millionen; ich hörte ihre Zahl."**

Dieser Einsatz eines Heeres von dämonischen Geistespersönlichkeiten wird unter dem Bild einer Reiterschar dargestellt.

Ihre Zahl beträgt 200 Millionen. Es ist ein ungeheurer Angriff, wie ihn die Welt nie erlebt hat. Wie friedlich muß es jetzt in der Welt sein, wo diese Masse des Dämonenheeres noch gebunden ist! Welch eine Verdunkelung muß erst in der Welt eintreten, wenn diese Massen losbrechen! Aber das merken nur die Jünger Jesu. Die andern werden denken, daß es lichter und heller in der Welt wird, je mehr man sich von Christus und Gott löst – bis ihnen die furchtbare innere Aushöhlung und Zersetzung zum Bewußtsein kommt.

Offb. 9, 17: „Und so sah ich in dem Gesicht die Pferde, und die darauf saßen; sie hatten feurige und dunkelrote und schwefelgelbe Panzer; und die Köpfe der Pferde waren wie Löwenköpfe, und aus ihren Mäulern geht Feuer, Rauch und Schwefel."

Diese Mächte und die, die ihnen verfallen sind, sind für jede Beeinflussung und Korrektur unzugänglich in der Glut ihres Hasses (feurige Panzer), in ihrer dämonischen Mordlust (dunkelrote Panzer) und in ihrer verpesteten Sinnlichkeit und Gedankenwelt (schwefelgelbe Panzer). Es ist Verstockungsgericht, zu spät für Ungezählte. Sie geraten so in die Abhängigkeit dieser dämonischen Einflüsse, daß sie reif werden, das Heer des Antichristus zu sein, durch das deutlich werden soll, wie weit der Mensch kommt, wenn er Gott ausschaltet.

Am gewaltigsten ist bei den Rossen der Kopf. Sie vollführen ein Gebrüll wie ein Löwe. Das soll uns sagen, daß sie keine eigentliche Lebenskraft haben, die wirklich Leben vermittelt, sondern nur ein gewaltiges Maul. Diesem Maul entsteigen Gedanken, die eine unheimliche Wirkung haben. „Feuer" bedeutet den teuflischen Haß gegen Jesus und seine Gemeinde. „Rauch" bedeutet die Verdunkelung der ganzen Geistesluft. Alle klare Gedankenbildung über das, was wirklich Leben ausmacht, verschwindet; die Geisteswelt des Menschen wird vollständig vernebelt. Der Schwefelqualm bedeutet eine üble Stickluft der Sinnlichkeit. Die Menschen gehen im Geschlechtlichen unter.

Offb. 9, 18: „Von diesen drei Plagen wurde der dritte Teil der Menschen getötet, von dem Feuer, dem Rauch und dem Schwefel, der aus ihren Mäulern hervorging."

Immer größere Massen der Menschheit sterben innerlich. Sie werden stumpf für alles Leben aus Gott. Wieder fällt ein

Drittel der Menschen diesem dämonischen Angriff zum Opfer. Sie werden geistlich stumpf, unempfänglich für die Botschaft von Christus. Die Armee der geistig Erstorbenen wird immer größer. Der Antichristus findet in ihnen seine willenlosen Werkzeuge und Soldaten.

Diese Verstockung hat bei jedem ihre Vorgeschichte. Daß wii doch Jesus jetzt in unser Leben aufnehmen möchten, da es noch Zeit ist! Wer in jener Zeitspanne nicht klar in Christus gegründet ist, wird von jenen dämonischen Geisteseinflüssen zur Strecke gebracht werden und auch den letzten Rest wirklichen Lebens verlieren.

Offb. 9, 19: „Denn die Macht der Pferde ist in ihrem Maul und in ihren Schwänzen; denn ihre Schwänze sind gleich Schlangen, die Köpfe haben, und durch sie richten sie Schaden an."

Noch einmal wird zum Ausdruck gebracht, daß die Kraft dieser dämonischen Mächte nicht im wirklichen Leben, sondern nur in ihrem Munde besteht, den sie unheimlich zu gebrauchen wissen. Daß in dem Bilde auch die Schwänze dieser Rosse Häupter haben, mit denen sie Unheil anrichten, will verstärkt hervorheben, daß es sich hier um eine dämonische Beeinflussung der Gedanken- und Gefühlswelt handelt. Dabei gehen diese Mächte ganz verschlagen vor, schlängeln sich wie Schlangen an den Menschen heran und berücken ihre Opfer, wie Schlangen es tun. Suggestion und Hypnose sind die Kraft dieser dämonischen Geistespersönlichkeiten. Im Grunde haben sie nichts zu bringen. Im Grunde haben sie auch keine Macht. Aber durch ihre suggestiven Wirkungen beeinflussen sie die Gedanken und Gefühle des Menschen so unheimlich, daß sie ihn völlig von der Lebensquelle, Christus, zu lösen vermögen.

Ähnliche Angriffe erlebt die Gemeinde Jesu seit alten Zeiten. Die gefährlichsten Angriffe der unsichtbaren Mächte vollziehen sich in heimtückischer Weise in der Form von Suggestion und Hypnose, mit der sie geheimnisvoll Gedanken in uns hineintragen, die plötzlich in unserer Seele auftreten und denen wir deutlich anmerken, daß sie gar nicht aus uns selbst stammen können. Alles, was uns von Jesus innerlich lösen und trennen will — und mag es noch so feine Formen haben —, hat seinen Quellort in solchen Einwirkungen.

Offb. 9, 20: „Und die Übrigbleibenden von den Menschen, die nicht durch die Plagen getötet wurden, bekehrten sich trotzdem nicht von den Werken ihrer Hände, daß sie nicht mehr anbeteten die Dämonen und die Götzenbilder von Gold, Silber, Erz, Stein und Holz, die weder sehen noch hören oder gehen können."

Obwohl für die übrigen Menschen sehr deutlich zu sehen ist, wie unglücklich alle die werden, die von den dämonischen Ideen überwältigt wurden und sich von dem Lebensquell in Christus trennten, so können sie sich doch nicht entschließen, fest auf die Seite Gottes zu treten. Ihr eigenes Werk steht ihnen im Wege. Ihr Selbstbewußtsein hindert sie, sich einzugestehen, daß ihre goldenen und silbernen Götzen (Zinsen, Börse, Wertpapiere, Syndikate) ihnen kein Leben zu geben vermögen; ebensowenig ihre Götzen aus Erz, die modernen Maschinen, und ihre Götzen aus Stein und Holz, die glänzenden Bauten moderner Technik.

Der Mensch will etwas sein und ist doch nichts. Die Geistesentwicklung des letzten Jahrhunderts hat Fabelhaftes geleistet und doch manchem Menschen den Tod anstelle des Lebens gereicht, dadurch, daß sie ihn von dem Leben aus Gott trennte. Jene letzte Epoche, von der Vers 20 spricht, wird diesen Vorgang in vervielfältigtem Maße in sich tragen. Ungezählte werden innerlich zugrunde gehen; sie werden keine Kraft zum Leben mehr haben und wagen es doch nicht, sich ihren Bankrott einzugestehen. Sonst müßten sie ja Gott für ihr unverschämtes Selbstbewußtsein um Vergebung bitten. Daß diese Demütigung das Leben bedeuten würde, ahnen sie nicht. Sonst würden sie diesen Weg um jeden Preis gehen, anstatt sich völlig zu zersetzen.

Offb. 9, 21: „Und sie bekehrten sich nicht von ihren Mordtaten, noch von ihren Zaubereien, noch von ihrer Hurerei, noch von ihren Diebereien."

Wo das Leben aus Gott herrscht, ermordet man sich nicht gegenseitig — auch nicht wirtschaftlich. Da mischt man sich nicht gegenseitig Gift und erstickt nicht in den unheimlichen Fluten des Geschlechtlichen. Da ist man nicht darauf aus, den andern zu übergaunern. Wo Leben aus Gott ist, will man liebhaben und dienen und heilen, aber nicht zertrümmern und ermorden. Nun die Menschheit den Ruf Gottes wiederum ablehnt, gewinnen die dämonischen Mächte einen nie dagewesenen, umfassenden Einfluß in der Welt. Die Gewissensbindungen werden vollends zersetzt. Die Welt treibt der Katastrophe zu.

Was in einem weltumspannenden Ausmaß für den letzten Zeitraum der Menschheitsgeschichte gilt, enthält Wahrheiten auch für jede frühere Generation. Wie Gott in der Natur alles sich wachstümlich entfalten läßt, so läßt er auch in der Geistesgeschichte des Menschen die Entwicklungen Schritt für Schritt ausreifen. Nichts ist auf einmal da. Alles hat seine Vorgeschichte. Darum werden alle tragischen und dämonischen Entwicklungslinien, die in der Offenbarung des Johannes für die letzte Zeit aufgezeigt werden, auch in früheren Jahrhunderten im Ansatz sichtbar. Ebenso müssen auch die Entwicklungen, die unter dem Bild der sechs ersten Posaunen geschildert werden, nicht unbedingt scharf gegeneinander abgegrenzte Zeiträume darstellen, sondern können ineinander übergehen oder gleichzeitig auftreten, um gemeinsam auf den Menschen einzustürmen.

Wenn wir diese Wahrheiten der Offenbarung des Johannes schauen, werden sie ein starker Antrieb, unser Leben heute fest in Christus zu verankern, wo wir jetzt noch Möglichkeit und Freiheit dazu haben. Auch für unser Leben bedeutet es die Gefahr der Katastrophe, wenn es von der Bindung an Christus gelöst wird. Zudem wissen wir nie, ob sich nicht einmal überstürzende Geistesentwicklungen vollziehen, die uns mitten in das Erleben der Offenbarung des Johannes hineinführen und uns die Möglichkeit der Hingabe an Christus nehmen.

Wie die dämonischen Entwicklungen ihre Schatten in die früheren Jahrhunderte vorauswerfen, so hat auch die Erprobung der Treue der Christusgemeinde ihre vielfältige Vorgeschichte. Jedes Geschlecht muß auf seine Weise unter Beweis stellen, daß es ihm mit der Hingabe an Christus ernst ist, und daß die Liebe zu Jesus nicht erkaltet, wenn viel Schweres um seinetwillen auf uns einstürmt. Es hat noch nie einen Jünger Jesu gegeben, der von dieser Erprobung seiner Verbundenheit mit Christus befreit worden wäre. Nur wer sich in den kleineren Feuerproben bewährt hat, wird in der letzten Feuerprobe durchkommen.

## F. Das Ende der Zeit

### Offenbarung 10

Vier Gesichte, die dem Johannes in Kapitel 10 und 11 gezeigt werden, sollen der Gemeinde Jesu Mut machen, ehe sie in den letzten, grauenvollen Zeitabschnitt hineingeht, in den des Antichristus. Jesus ist treu in der Fürsorge für seine Leute. Er überfordert uns nie. Für alles, was er seinen Leuten zumutet, gibt er ihnen auch die Kraft. So will er uns durch diese vier Gesichte stärken, daß wir die letzten Enthüllungen ertragen.

Offb. 10, 1: „Und ich sah einen anderen starken Engel vom Himmel herabsteigen, der mit einer Wolke bekleidet war, und der Regenbogen war über seinem Haupte, und sein Angesicht war wie die Sonne, und seine Füße wie Feuersäulen."

Daß dieser Engel mit einer Wolke bekleidet ist, die ihn umhüllt, deutet an, daß wir jetzt noch nicht völlig zu durchschauen vermögen, wie zielbewußt die Herrschergewalt Gottes die Weltgeschichte führt.

Daß als erstes, besonderes Kennzeichen der Regenbogen und die Sonne genannt werden, drückt aus, daß Gnade (Regenbogen) und Freundlichkeit (Sonne) die hervorstechenden Merkmale der Herrschaft Gottes sind. Nur im Unterton schwingt bei Gott das Gericht mit (die Feuersäulen). Wie gern wäre Gott den ganzen Weg der Weltgeschichte nur in Gnade und Freundlichkeit gegangen. Wie ist es ihm schwer, daß der Mensch es ihm unmöglich machte. Keiner trägt schmerzlicher an den notwendigen Gerichten als Gott selbst.

Offb. 10, 2–4: „Und er hielt in seiner Hand ein geöffnetes Büchlein, und er setzte seinen rechten Fuß auf das Meer und den linken auf die Erde. Und er rief mit gewaltiger Stimme, wie wenn ein Löwe brüllt. Und als er gerufen hatte, ließen die sieben Donner ihre Stimmen erschallen. Und als die sieben Donner geredet hatten, wollte ich schreiben; und ich hörte eine Stimme, die vom Himmel her sprach: ‚Versiegle, was die sieben Donner geredet haben, und schreibe es nicht auf!'"

Die gewaltige Schlußbotschaft der Weltgeschichte wird jetzt ausgesprochen, wie Gott mit klaren Schritten den Abschluß herbeiführt.

Offb. 10, 5–7: „Und der Engel, den ich auf dem Meer und auf der Erde stehen sah, erhob seine rechte Hand zum Himmel und schwur bei dem, der in die Ewigkeiten der Ewigkeiten lebt, der den Himmel und alles, was in ihm ist, und die Erde und alles, was auf ihr lebt, und das Meer und alles, was darin ist, geschaffen hat, daß keine Zeit mehr sein soll, sondern in den Tagen der Stimme des siebenten Engels, wenn er sich anschicken wird zu posaunen, dann ist der geheime Ratschluß Gottes vollendet, wie er ihn seinen Knechten, den Propheten, mitgeteilt hat."

Nachdem die sechs ernsten Bußrufe Gottes, wie sie in den Kapiteln 8 und 9 in den ersten sechs Posaunen dargestellt waren, ungehört vorübergegangen sind, ist die Zeit der Gnade abgelaufen. Wer jetzt nicht Buße getan hat, ist verloren. Die Zeit findet ihren Endpunkt. Der Augenblick steht vor der Tür, da die Geschichte der Menschen und der Welt ihren Abschluß findet und die Ewigkeit anhebt.

Daß in Vers 6 und 7 Gott so feierlich beschwört, daß keine Zeit mehr sein soll, sondern der Plan Gottes jetzt vollendet werden soll, will die Gemeinde Jesu in der großen Trübsal stärken und ermutigen. Sie soll wissen, daß ihre Leidenszeit unmittelbar dem Ende zugeht, daß nur eine kurze Spanne sie noch von dem wiederkehrenden Herrn trennt.

Offb. 10, 8–11: „Und die Stimme, die ich aus dem Himmel gehört hatte, redete wiederum mit mir und sprach: ‚Gehe hin, nimm das geöffnete Büchlein in der Hand des Engels, der auf dem Meer und auf der Erde steht!' Und ich ging zu dem Engel und bat ihn, mir das Büchlein zu geben. Und er sprach zu mir: ‚Nimm es und iß es, und es wird dir im Leibe bitter sein; aber in deinem Munde süß wie Honig.' Und ich nahm das Büchlein aus der Hand des Engels und aß es. Und es war in meinem Munde süß wie Honig; und als ich es gegessen hatte, wurde es in meinem Leib bitter. Und man sprach zu mir: ‚Du mußt noch einmal über Völker, Nationen, Sprachen und viele Könige weissagen.'"

Das alles ist eine herrliche Botschaft für die Christusgemeinde. Denn sie erfährt, daß es mit Riesenschritten unmittelbar dem letzten, herrlichen Ziel zugeht. So ist diese Botschaft zunächst süß wie Honig. Aber wenn sie wirklich aufgenommen und verarbeitet wird, bereitet sie viel bittere Schmerzen, weil vor dem Kommen des Christus die unendlich schwere Zeit des Antichristus liegt. Aber diese Zeit ist kurz und knapp und nur der Durchgang zum Sieg Jesu.

## G. Die Treue Jesu gegenüber seiner Gemeinde

### Offenbarung 11, 1–14

Offb. 11, 1: „Und es wurde mir ein Rohr gegeben, gleich einem Meßstab, mit den Worten: ‚Mach dich auf und miß den Tempel Gottes und den Altar und die darin anbeten.'"

Der Tempel Gottes und der Altar und die, die darin anbeten, werden gemessen. Das ist die Gemeinde Gottes, die durch Jesus Wirklichkeit geworden ist und die nun den lebendigen Tempel Gottes bildet. Ehe der letzte Sturm des Antichristus losbricht, wird sie auf das allergenaueste abgemessen. Gott will klar wissen, wer zu ihr gehört. Denn er will sie alle durchbringen. Jedes einzelne seiner Kinder ist ihm genau bekannt. Keins geht ihm verloren. Die Christusgemeinde wird von ihm durch die letzte große Trübsal bis auf den letzten Mann durchgebracht. Welch ein Trost ist es, daß dies das Schicksal der Gemeinde Jesu in der Zeit des Antichristentums ist.

Offb. 11, 2: „Aber den Vorhof, der außerhalb des Tempels ist, laß weg, und miß ihn nicht, denn er ist den Heiden preisgegeben, und sie werden die heilige Stadt 42 Monate lang zertreten."

Die Gemeinde selbst kommt durch. Sie soll nicht darüber erschrecken, daß der Vorhof und die heilige Stadt zertreten werden. Das Bild ist von der Erinnerung an Jerusalem her genommen. Der Vorhof und die heilige Stadt sind die christlichen Einrichtungen, Ordnungen, Kirchen und Missionsgesellschaften. Sie haben in den bisherigen Abschnitten der Weltgeschichte als Vorhof und Baugerüste für den eigentlichen Bau der Christusgemeinde gedient. In dem Zeitpunkt, von dem Kapitel 11 spricht, sind sie nicht mehr nötig, denn der Bau Gottes ist fertig. Die Zeit der Gnade ist vorüber. Es soll nur noch in einer kurzen, letzten Zeitspanne dem Menschen, der sich Gott entzogen hat, und den dämonischen Mächten jede Entschuldigung Gott gegenüber genommen werden. Diese letzte Zeit soll sichtbar machen, daß all ihre Selbständigkeit Einbildung war, daß sie ohne Gott nichts vermochten, sondern die Welt nur in einen Trümmerhaufen verwandelten.

Da in diesem letzten, kurzen Zeitraum des Antichristen nur noch diese eine Aufgabe besteht und es nicht mehr um die Rettung von Menschen geht, sind all die mannigfachen christlichen Gebilde, die Kirchen und Missionsgesellschaften als Baugerüste für die Gemeinde Jesu nicht mehr nötig. Sie werden nicht gemessen, das heißt, sie werden in dem antichristlichen Sturm völlig verwüstet.

Wer nicht zu dem Tempel Gottes selbst, nämlich zur Gemeinde Jesu, gehört, sondern nur in ihrer Umgebung, in der heiligen Stadt, lebt, gehört zu der Schar, die in den Stürmen der letzten Zeitspanne von den widergöttlichen Mächten zur Strecke gebracht wird.

Niemals hat es genügt, in dem Vorhof und in der Umgebung der Gemeinde Jesu zu leben. Es war immer notwendig, selbst ein Eigentum Jesu zu werden. Es hat nie genügt, Glied einer Kirche oder eines christlichen Kreises zu sein. Es war immer nötig, Glied an Christus selber zu werden. Wer nicht zu Christus und seiner Gemeinde selbst gehört, kommt nicht durch. Er gehört zu der Schar, die zertreten wird. Wie sollte er auch dem Ansturm der satanischen Geistesmächte innerlich gewachsen sein! Wer sich aber Jesus zu eigen gab, wird durch die Macht seines Herrn vor den schweren dämonischen Versuchungen der letzten Weltperiode bewahrt. Keine noch so berückende Geistesmacht wird ihn aus der Verbindung mit Jesus lösen. Sein Blick bleibt klar und ungetrübt. Er durchschaut allen Schein und weiß, daß nur Jesus das Leben ist. Die Kraft seines Herrn stärkt ihn auch gegenüber den wirtschaftlichen Versuchungen. Er wird den Verlust der wirtschaftlichen Stellung und des körperlichen Lebens ertragen können, weil sein Herr ihn stärkt. Der Tempel Gottes ist gemessen.

Die Zahl „42 Monate" (in Vers 3: „1260 Tage") = $3^1/_2$ Jahre (Kapitel 13, 5) kehrt so eindeutig immer wieder, daß man den Eindruck nicht los wird, es handle sich hier nicht um eine bildlich gemeinte Zahl, sondern um die wirkliche Zeit, in der der Antichrist seine Gewaltherrschaft ausüben darf. Das wäre sehr tröstlich für die verfolgte Gemeinde Jesu. Auf jeden Fall ist die Zeit der antichristlichen Weltregierung klar abgegrenzt — ein kurzer, knapper Zeitraum.

Offb. 11, 3: „Und ich werde meinen zwei Zeugen geben, daß sie 1260 Tage lang ihre prophetische Botschaft ausrichten werden, angetan mit Säcken."

Wie freundlich vom Herrn, daß er in diesen kurzen, aber so schweren Zeitraum des Antichristus zwei gewaltige Zeugen hineinstellt, so daß die Botschaft von Christus während dieser ganzen Zeit nicht aufhört. In allen Erdteilen wird die Gemeinde Jesu während dieser Zeit verfolgt und gejagt. Wer weiß, ob sie dann noch zusammenkommen und sich gegenseitig stärken kann! Alle ihre äußeren Einrichtungen (Kirchen und Missionen) werden ja zertreten. Welch eine Ermutigung ist es dann für die, die Jesus liebhaben, daß in dieser Zeit an einer Stelle der Welt die Botschaft von Jesus durch geistesmächtige Männer so gewaltig ausgerichtet wird, ohne daß irgend jemand sie antasten darf. Daß es Bußpredigt ist, deuten die Säcke an, mit denen die beiden Zeugen bekleidet sind.

Offb. 11, 4: „Diese sind die zwei Ölbäume und die zwei Leuchter, die vor dem Herrn der Erde stehen."

Sie sind wie zwei Ölbäume. Öl war immer das Bild des Heiligen Geistes. Er ist ihnen in Vollmacht gegeben. Sie wirken mit ihrer Botschaft von Christus wie zwei hell brennende Fackeln. Sie beugen sich vor keinem Menschen. Sie stehen nur vor ihrem Herrn, dem Herrn der Welt, und empfangen von ihm ihre Befehle.

Offb. 11, 5. 6: „Und wenn irgend jemand ihnen Schaden zufügen will, so geht Feuer aus ihrem Munde und verzehrt ihre Feinde; und wenn irgend jemand ihnen Schaden zufügen will, so muß er getötet werden. Diese haben die Vollmacht, den Himmel zu verschließen, daß kein Regen in den Tagen ihres prophetischen Dienstes falle, und sie haben Vollmacht über die Gewässer, sie in Blut zu verwandeln und die Erde mit Plagen jeder Art zu schlagen, so oft sie nur wollen."

Gott gibt seinen beiden Knechten außerordentliche Kräfte, durch die sie ihr Wort bekräftigen und sich selbst schützen können.

Offb. 11, 7: „Und wenn sie ihr Zeugnis vollendet haben werden, so wird das Tier, das aus dem Abgrund steigt, mit ihnen Krieg führen und sie überwinden und töten."

Erst wenn sie ihre Aufgabe erfüllt haben, dürfen sie von dem Antichristen getötet werden. Gott bringt sie durch.

Offb. 11, 8: „Und ihre Leichname werden auf der Straße der großen Stadt liegen, die, geistlich geredet, Sodom und Ägypten genannt wird, wo auch ihr Herr gekreuzigt worden ist."

Sie wirken und sterben in derselben Stadt Jerusalem, da auch ihr Herr gekreuzigt wurde.

Offb. 11, 9: „Und von den Völkern, Stämmen, Sprachen, Nationen werden sie ihre Leichname dreieinhalb Tage sehen und nicht zulassen, daß ihre Leichname in ein Grab gelegt werden."

Ein Jubel geht durch die ganze Welt, daß diese beiden letzten Boten des Christus zur Strecke gebracht sind. Ein früherer Ausleger schrieb, daß diese Kunde natürlich nicht in dreieinhalb Tagen durch die ganze Welt gehen könne. Wie führen die technischen Erfindungen die Verwirklichung von Vers 9 und 10 herbei und machen es allen Völkern möglich, an der Ermordung dieser beiden Boten Jesu unmittelbaren Anteil zu nehmen!

Offb. 11, 10: „Und die Bewohner der Erde freuen sich über sie und jubeln und werden einander Geschenke schicken, weil diese zwei Propheten die Bewohner der Erde gequält haben."

Radio und Fernsehsendung haben die ganze Erde davon verständigt, daß nun die letzten Zeugen Jesu zum Schweigen gebracht sind. Der Jubel ist unendlich. Die ganze Welt feiert das Siegesfest. Wie ist man froh, die letzten, gewaltigen Zeugen los zu sein, die eine ständige Erinnerung an Jesus darstellen.

Offb. 11, 11. 12: „Und nach dreieinhalb Tagen kam der Geist des Lebens aus Gott in sie, und sie standen auf ihre Füße, und eine große Furcht fiel über die, welche sie sahen. Und sie hörten eine gewaltige Stimme aus dem Himmel ihnen zurufen: ‚Steigt hier hinauf!' Und sie stiegen auf in den Himmel in der Wolke, und es sahen sie ihre Feinde."

Um so erschütternder ist die Tatsache, daß Gott diese beiden Männer ebenso zu neuem Leben erweckt wie ihren Herrn selbst und sie in derselben Weise in seine Welt hinübernimmt wie Jesus.

Offb. 11, 13: „Und zur selben Stunde geschah ein gewaltiges Erdbeben, und der zehnte Teil der Stadt stürzte ein und siebentausend Menschen wurden durch das Erdbeben getötet, und die Überlebenden wurden voll Furcht und gaben dem Gott des Himmels die Ehre."

Die Auferstehung der beiden Zeugen ist von einer Naturkatastrophe begleitet, bei der der zehnte Teil der Stadt Jerusalem in Trümmer geht.

Erschüttert von all dem Erdbeben gibt man einen Augenblick dem „Gott des Himmels" die Ehre. Sie bekehren sich also nicht zu Christus, um dadurch Untertanen des lebendigen Gottes zu werden. Der Ausdruck „Gott des Himmels", der auch in den heidnischen Religionen vorkommt, will andeuten, daß über sie ein unheimliches Ahnen von der Macht des unsichtbaren Gottes kommt. Es sind ja nur noch Tage, durch die sie von dem Zeitpunkt getrennt sind, da sie die Majestät Gottes in Urgewalt in ihrem eigenen Gericht erleben werden.

Offb. 11, 14: „Das zweite Wehe ist vorüber; siehe, das dritte Wehe kommt schnell."

Das erste Wehe enthielt die Entfaltung der dämonischen Gedankenbildung in der Welt: Kapitel 9, 1–11.

Das zweite Wehe brachte den Angriff der dämonischen Geistespersönlichkeiten auf die Menschen: Kapitel 9, 13–19.

Das dritte Wehe bringt den hemmungslosen Angriff des Antichristus gegen die Gemeinde Jesu: Kapitel 12–18.

4. Kapitel

# Die letzte Etappe der Weltgeschichte

Offenbarung 11, 15 — 20, 15

## A. Die grundsätzliche Entscheidung Gottes über den Abschluß der Weltgeschichte

Offenbarung 11, 15 — 12, 12

### 1. Der Sieg Gottes und seines Christus

Offenbarung 11, 15—19

Offb. 11, 15: „Und der siebente Engel stieß in die Posaune: Und es wurden gewaltige Stimmen im Himmel laut, die riefen: ‚Die Königsherrschaft über die Welt ist unseres Herrn und seines Christus geworden, und er wird herrschen in die Ewigkeiten der Ewigkeiten.'"

Für die Schau der himmlischen Welt ist Gott mit seinem Plan schon am Ziel. Der Sieg Gottes und seines Christus bringt die Weltgeschichte zum Abschluß. Die Herrschaft Gottes wird durch nichts mehr gestört werden. Alle andern Mächte sind ausgeschaltet. Jesus hat seine Gemeinde vollendet. Der Urplan Gottes, den er mit seiner Schöpfung hatte und den der Mensch so schmerzlich durchkreuzte, wird nun durch Christus verwirklicht. Nichts darf die Harmonie der neuen Welt, die Jesus gestaltet, mehr stören. Er ist ihr unumstrittener Herr für ewig.

Offb. 11, 16. 17: „Und die 24 Ältesten, die vor Gott auf ihren Thronen sitzen, fielen auf ihr Angesicht und beteten Gott an und sprachen: ‚Wir danken dir, Herr, Gott, Allmächtiger, der da ist und der da war, daß du deine große Macht an dich genommen und die Herrschaft angetreten hast.'"

In der vollendeten Gottesgemeinde gibt es jetzt nur noch eine Haltung: Dank und Anbetung. Die schon am Ziel sind, wissen, daß in Wirklichkeit Gott schon den Schlußpunkt der Weltgeschichte gesetzt und die unbeschränkte Herrschaft übernommen hat. Für die vollendete Gemeinde ist die schwere Zeitspanne des Antichristentums nur ein bedeutungsloses Schein-Zwischenspiel; auf den Gang der Weltgeschichte und die endgültige Regierungsübernahme durch Christus hat es keinen Einfluß. Es soll den von Gott gelösten Menschen und die dämonischen Mächte entlarven und überführen, daß ihr Aufruhr gegen Gott unentschuldbar ist, da sie nichts Besseres an die Stelle zu setzen vermögen, sondern ohne die Lebenskräfte aus Gott die Menschheit nur in eine völlige Katastrophe führen können.

Offb. 11, 18: „Und die Völker sind zornig geworden, und es ist dein Zorn gekommen, und die Zeit, die Toten zu richten und den Lohn zu geben deinen Knechten, den Propheten, den Heiligen und denen, die deinen Namen fürchten, den Kleinen und den Großen, und die zu verderben, die die Erde verdorben haben."

Während man in der vollendeten Gemeinde schon weiß, daß Gott unmittelbar am Ziel ist, glaubt die von Gott gelöste Menschheit auf Erden, noch zum letzten, großen Schlag gegen die Gemeinde Jesu ausholen zu können: „Die Heiden sind zornig geworden." Sie ahnen nicht, daß die Stunde da ist, da Gott zum letzten Gericht gegen alle die ausholt, die ihm seine Schöpfung verdorben und aus seinem Paradies eine Hölle gemacht haben. Für die Christusgemeinde aber ist die Stunde des Lohnes da, da ihr Herr sie krönt.

Offb. 11, 19 a: „Und der Tempel Gottes, der im Himmel ist, wurde geöffnet, und sichtbar wurde die Lade seines Bundes in seinem Tempel."

Ein letzter Blick zeigt den ewigen Tempel, nämlich die ewige Gemeinde und den ewigen Bund der Gnade mit ihr: Gott und seine Gemeinde sind am Ziel, Christus hat sein Werk vollendet.

Offb. 11, 19 b: „Und es geschahen Blitze, Stimmen, Donner, ein Erdbeben und gewaltige Hagel."

Nachdem durch diese Zwischengeschichte die Gemeinde Jesu gestärkt worden ist, setzen die letzten Erschütterungen ein, die dem Kommen des Christus vorhergehen und die in den Kapiteln 12–18 ausführlich geschildert werden. So schwer sie für die Gemeinde des Christus sind, an dem wirklichen Ausgang der Geistesschlacht zwischen Gott und Mensch vermögen sie nichts zu ändern: der Sieg Gottes und seines Christus steht fest, und Christus wird seine Gemeinde durch alles hindurch ans Ziel bringen. Er behält das letzte Wort.

## 2. Die Entscheidung Gottes über das Wiederkommen Jesu

Offenbarung 12, 1–6

Mit dem 12. Kapitel der Offenbarung tritt der Weg der Gemeinde Jesu in sein letztes, entscheidendes Stadium.

Offb. 12, 1. 2: „Und ein großes Zeichen erschien am Himmel: ein Weib, mit der Sonne bekleidet, und der Mond war unter ihren Füßen, und auf ihrem Haupte eine Krone von zwölf Sternen. Und sie war schwanger und schrie, da sie sich in Geburtswehen befand und die Qual zu gebären über sie gekommen war."

Oft wird das Verhältnis der Gemeinde Jesu zu ihrem Herrn unter dem Bild der Ehe oder Verlobung dargestellt, um auszusprechen, wie eng das Band ist. So wird auch hier die Gemeinde Jesu dem Johannes unter dem Bild eines Weibes gezeigt, das mit der Sonne bekleidet ist. Die Sonne ist das Gleichnis für das Evangelium von Jesus, der selbst die Sonne seiner Gemeinde ist. Sie ist in das Evangelium eingehüllt. Ohne das Evangelium könnte sie nicht existieren, denn allein Jesu Vergebung verhüllt ihre sündenbefleckte Gestalt. Sie selbst ist nichts. Alles, was sie ist, ist sie durch die Gnade Jesu. Daß die Vergebung Jesu seine Gemeinde einhüllt, macht sie trotz all ihrer tiefen Mängel zur Gemeinde Gottes und gibt ihr die Herrlichkeitsgestalt, die durch das Bild von dem mit der Sonne bekleideten Weib ausgedrückt ist.

Der Mond befindet sich unter den Füßen der Frau. Er ist das Bild für die auf menschlicher Grundlage entstandene Gedankenbildung. Der Mond hat kein eigenes Licht. Er ist nur ein schwacher Abglanz der Sonne. Was an guten Gedanken in der Menschheit lebt, ist immer ein letzter Schimmer von dem Sonnenglanz des Evangeliums. Der Mond ist kalt. Er gibt keine Wärme und kein Leben. So kalt ist die Gedankenbildung des Menschen, die nicht aus dem Evangelium heraus wächst. Sie gibt kein Leben. Bei ihr friert man. Je tiefer der moderne Mensch sich von Christus gelöst hat, desto kälter ist sein Leben geworden, desto mehr droht alles Leben auf Erden zu sterben. Das 20. Jahrhundert gibt uns hiervon einen unheimlichen Anschauungsunterricht. Staatsleute, Politiker und Philosophen sprechen es als ernste Frage aus, ob sich das Leben auf Erden noch retten läßt. Die Gemeinde Jesu weiß, daß die auf dem

Boden des Menschen gewachsenen Lebensanschauungen kein Leben in sich bergen. Sie liegen unter ihren Füßen.

Das Weib trägt eine Krone von zwölf Sternen. So arm jetzt die Gestalt der Gemeinde Jesu ist, so ist sie doch eine heimliche Königin und wird herrlich gekrönt. Ihr Herr bringt sie ans Ziel. Jetzt ist die Gemeinde noch in viel Nöten, ein verachtetes, kümmerliches Häuflein, obwohl viele Menschen aus allen Völkern zu ihr gehören.

Je näher der Endpunkt der Weltgeschichte rückt, desto schwerer wird der Weg der Gemeinde. Wenn die letzte Wegstrecke der Gemeinde beginnt, wird ihr so zumute sein wie einer Frau, die vor der Geburt steht und in großen Qualen schreit. Das Bild spricht aus, daß das Kommen Jesu sozusagen aus seiner Gemeinde auf Erden geboren wird und aus ihrer Geschichte hervorwächst. Es besteht ein Zusammenhang zwischen dem Zeitpunkt des Kommens Jesu und der inneren Verfassung seiner Gemeinde. Das Bild der Geburt drückt diesen inneren Zusammenhang aus.

Wann die Geschichte der Gemeinde den Stand erreicht hat, daß ihr Herr wiederkommen darf, entscheidet Gott allein. Die Gemeinde Jesu freut sich auf das Kommen ihres Herrn, wie eine Mutter sich auf ihr Kindlein freut, dem sie das Leben geben soll. Und doch kann der Mutter sehr bange sein vor dem, was vor ihr liegt und was sie an Not durchleiden muß. Wenn das Kindlein aber da ist, sind alle Schmerzen vergessen. Die Freude an dem Geschenk Gottes überdeckt alle Not, die durchstanden werden mußte. So wird auch die Gemeinde Jesu alle Not und Qual vergessen, wenn Jesus da sein wird und die Gemeinde mit ihm die neue Welt Gottes aufbaut.

Offb. 12, 3: „Und es erschien ein anderes Zeichen am Himmel: Siehe, ein großer, feuerroter Drache, der sieben Köpfe und zehn Hörner hatte und auf seinen Köpfen sieben Kronen."

Unter dem Bild eines feuerroten, gewaltigen Drachen sieht Johannes den Satan, den Gegenspieler der Gemeinde Jesu. Die Einzelzüge des Bildes wollen seine unheimliche Macht zum Ausdruck bringen. Die sieben Häupter sprechen aus, daß ihm eine konzentrierte Intelligenz zu eigen ist, daß er über unheimliche geistige Fähigkeiten verfügt. Unter den zehn Hörnern ist die in seiner Hand zusammengefaßte Macht dargestellt. Die sieben Kronen wollen besagen, daß er ein Herrscher ist, der regiert, der umfassende Pläne gestalten will. Man fragt sich, wie gegenüber dieser zusammengeballten Macht und Intelligenz die waffenlose Gemeinde Jesu durchkommen soll.

Offb. 12, 4 a: „Und sein Schweif fegte den dritten Teil der Sterne des Himmels hinweg und warf sie auf die Erde."

Ein geheimnisvoller Satz, den wir schwer zu deuten vermögen. Ob es sich um einen letzten dämonischen Versuch handelt, die Welt Gottes zu zertrümmern, so daß der dritte Teil der Engelwelt in diesen dämonischen Abfall hineingezogen wird? Wir wissen es nicht. Oder soll dieses Wort bedeuten, daß bei dem letzten Ansturm der dämonischen Welt ein Drittel der Lehrer der Gemeinde auf Erden, die wie Sterne des Himmels ihr den Weg weisen, überwältigt und so ihr Blick verdunkelt wird, so daß sie als Lehrer und Führer der Gemeinde Jesu ausgelöscht werden? Was wir miterlebt haben, könnte zu dieser Deutung berechtigen. Führende Männer der Christenheit in den verschiedensten Ländern wurden von den Zeitströmungen so umnebelt, daß sie keinen klaren Kompaß mehr besaßen und außerstande waren, der Gemeinde Jesu als „Sterne des Himmels" den Weg zu weisen.

Offb. 12, 4 b: „Und der Drache stand vor dem Weib, das im Begriff war, zu gebären, damit er ihr Kind verschlänge, sobald sie es geboren hätte."

Um jeden Preis will Satan verhindern, daß die Christusgemeinde die Entwicklung nimmt, die das Wiederkommen Jesu ermöglicht. Noch in letzter Stunde will er das Kommen Jesu durchkreuzen. Er sieht, daß es im Werden ist und seine eigene Zeit abläuft. Er umlauert die Gemeinde, um diese Geburt zu verhindern, oder, wenn sie geschehen sollte, sofort zunichte zu machen. Mit allen ihm zu Gebote stehenden Mitteln versucht Satan, sein eigenes Reich zu erhalten.

Darum lebt die Gemeinde Jesu kein harmloses Leben. Sie muß wissen, daß sie auf Schritt und Tritt von dämonischen Geistesgewalten beobachtet ist, die ihr Leben um jeden Preis stören möchten. Wer diese Tatsache nicht ins Auge faßt, wird oft überlistet. Das Leben der Gemeinde Jesu ist kein harmloser Spaziergang, sondern ein Kampf auf Leben und Tod. Sie ist umlauert von der Macht, die alles daransetzt, um das

Leben des einzelnen Jüngers Jesu und der Gesamtgemeinde so zu beschädigen, daß das Kommen Jesu hinausgezögert und die Gemeinde für die satanische Welt ungefährlich wird.

Offb. 12, 5: „Und sie gebar einen Sohn, einen männlichen, der bestimmt ist, alle Völker mit eisernem Stabe zu weiden. Und ihr Kind wurde zu Gott und seinem Throne entrückt."

Trotz allen Anstrengungen Satans wird die Stunde des Kommens Jesu reif. Der Zustand der Gemeinde erlaubt es dem Herrn, wiederzukommen. Gott fällt die Entscheidung, daß die Weltgeschichte an ihrem Endpunkt angelangt ist und Christus aus seiner Verborgenheit hervortreten darf. Die Wiederkunft Jesu wird von ihm festgesetzt (Matth. 24, 36). Dieses Geschehen wird dargestellt unter dem Bild der Neugeburt des Sohnes, der diesmal nicht als der Retter der Welt, sondern als ihr Richter kommt. Hieran wird deutlich, daß es sich nicht um die erste Geburt Jesu handelt, sondern um seine „zweite Geburt" als der, der wiederkommt, „zu richten die Lebendigen und die Toten".

Mit der Entscheidung Gottes, daß die Entwicklung seiner Gemeinde das Wiederkommen Jesu rechtfertigt, ist im Grunde die Weltgeschichte an ihrem Ziel angelangt und hat Jesus sein Amt als Richter und Herrscher der Welt angetreten. Aber noch eine kleine Weile ist er zu Gott entrückt und sein Weltregiment verhüllt, damit in der kurzen Periode des Antichristen eindeutig klar wird, daß Satan und Menschheit mit ihrer Lösung von Gott einen unentschuldbaren Weg eingeschlagen haben. Satan und Menschheit müssen ihren Weg bis zum letzten Punkt zu Ende gehen und selbst über sich Gericht halten.

Offb. 12, 6: „Und das Weib entfloh in die Wüste, wo sie eine Stätte hat, die ihr von Gott bereitet ist, damit man sie daselbst ernähre 1260 Tage."

Da Satan Christus selbst nichts anhaben kann, wird er sich mit einem letzten umfassenden Angriff auf die Gemeinde Jesu stürzen. Aber Gott hat ihr einen Bergungsort bereitet. Er weiß für seine Gemeinde immer einen Weg, wie er sie am Leben erhalten kann. Die „Wüste" bedeutet schwerlich einen wirklichen Ort. Die Flugzeuge des antichristlichen Weltreichs würden sie im Nu finden. Die Wüste könnte bedeuten, daß die Gemeinde Jesu scheinbar aus der Welt verschwindet, wie sie einst im alten Rom während der Verfolgung in die Katakomben ging. In der letzten Etappe der Weltgeschichte wird sie in der Öffentlichkeit nicht mehr zu finden sein. Sie ist wirklich in der Wüste – ausgestoßen aus dem normalen Völkerleben, ausgestoßen aus den wirtschaftlichen Lebensbeziehungen. Überall wird über sie der Boykott verhängt. Nirgendswo darf sie mehr hervortreten. Die Leute Jesu müssen sich verbergen und verstecken. Sie sind gehetzt und gejagt, in der Tat ausgestoßen in die Wüste Ihre Existenz ist so unscheinbar geworden, daß sie nicht mehr in der üblichen Weise registriert werden können. Ihr Wüstendasein ist der Weg, auf dem Gott sie durchbringt.

Wenn der Gemeinde Jesu alle Lebensmöglichkeiten abgeschnitten werden, weiß ihr Herr sie doch zu ernähren und sie innerlich und äußerlich am Leben zu halten, soweit er nicht will, daß sie ihre Liebe zu ihm mit dem leiblichen Tode besiegelt. Es wird erstaunlich sein, wen Gott in Bewegung setzt, um für seine Gemeinde zu sorgen. Die Gemeinde lebt in der Wüste von den Wundern ihres Gottes, der Menschenherzen lenken kann wie Wasserbäche.

## 3. Die Entmächtigung Satans in der unsichtbaren Welt

### Offenbarung 12, 7–12

Offb. 12, 7. 8: „Und es entstand Krieg im Himmel. Michael und seine Engel erhoben sich zum Krieg gegen den Drachen. Und der Drache kämpfte und seine Engel, und er konnte nicht die Oberhand gewinnen, und ihre Stätte wurde nicht mehr im Himmel gefunden."

Nach dem dämonischen Generalversuch, den Plan Gottes in letzter Stunde zu durchkreuzen, ist die Stunde reif, daß Satan seine letzten Rechte in der unsichtbaren Welt verliert. Das Gericht über Satan führt Gott nicht selbst aus. Die dämonischen Mächte sind es nicht wert, daß der ewige, lebendige Gott sich selbst mit ihnen befaßt. Wir können uns diesen Kampf in der unsichtbaren Welt nicht vorstellen. Es ist kein Kampf mit menschlichen Waffen, sondern eine letzte Entscheidung zwischen zwei geistigen Welten. Für uns ist es ein Geheimnis, daß diese satanischen Mächte überhaupt in der Schöpfung Gottes existieren und von ihm so lange geduldet werden. Dieses Problem gehört auch zu den Welträtseln, die das menschliche Denken nicht lösen kann. Es ist eine harte Tatsache, die jeder denkende Mensch feststellt, daß unser Denkapparat nur sehr begrenzte Möglichkeiten hat und in die letzten Hintergründe der Welt trotz aller wissenschaftlichen Entdeckungen keinen Einblick zu gewinnen vermag.

Satans Existenz ist seit Golgatha ein Scheindasein. Er ist und bleibt ein Hochstapler. Jahrtausende hat er die Menschheit belogen. Das rätselhafte Chaos, das wir Weltgeschichte nennen, ist anders gar nicht zu erklären. Mancher Staatsmann und Feldherr war ein Werkzeug dieser Macht, ohne daß er es wußte. Er glaubte, frei zu handeln, und war doch der Geschobene, der Unheil auf Unheil anrichten mußte. Im wirtschaftlichen Leben und im persönlichen Bereich ist es nicht anders. Der Mensch, der sich Gott nicht unterordnen will, hat den Lügen und Scheingebilden Satans geglaubt und dadurch Katastrophe über Katastrophe heraufbeschworen. Nichts von den Versprechungen Satans ist in Erfüllung gegangen — weder in dem Leben des einzelnen noch in dem Leben der Völker. Es war alles Lüge. Satans Kampf gegen Gott und seine Gemeinde hat sich selbst gerichtet. Satan hat nichts Besseres an die Stelle setzen können. Er hat nur Fluch und Verderben über die Menschheit gebracht. Nun ist Gottes Geduld zu Ende.

Offb. 12, 9: „Und es wurde gestürzt der große Drache, die alte Schlange, welche der Diabolos (Durcheinanderwerfer, Verleumder, Teufel) genannt wird, und der Satan, der den ganzen Erdkreis verführt; gestürzt wurde er auf die Erde, und seine Engel wurden mit ihm gestürzt."

Der Satan verliert jedes Anrecht vor Gott und wird aus der Welt Gottes ausgewiesen, in der er gegen seinen Willen Gott noch zum Dienst zur Verfügung stehen mußte. Gott hätte längst das Recht gehabt, ihn zu richten. Aber Gott läßt das Gericht reif werden, so daß niemand eine Entschuldigung hat. Alle Empörer gegen Gott müssen noch helfen, die Gemeinde Gottes zu ihrer vollen Gestalt ausreifen zu lassen. Darum dürfen die Kinder Gottes alles Widerwärtige, das ihnen begegnet, unmittelbar aus Gottes Hand nehmen und dafür danken. Auch der schwierigste Mensch, der ihnen das Leben schwer macht, kann nicht frei handeln, sondern ist gegen seinen Willen ein Werkzeug Gottes, um sein Kind zu segnen. Wenn die Gemeinde Jesu vor dem Abschluß ihrer Entwicklung steht, werden die Werkzeuge beiseite gelegt, die längst zum Gericht reif sind und gegen ihren Willen der Gemeinde Jesu in ihrer inneren Geschichte dienen mußten.

Grundsätzlich ist die Geschichte Satans und seiner Welt nun zu Ende. Nur noch eine kurze Spanne Zeit bleibt ihm für sein Wirken auf der sichtbaren Erde. In der unsichtbaren Welt ist ihm jede Möglichkeit genommen. Die kurze, wenn auch todernste Periode des Antichristentums auf der Erde soll erweisen, daß die Revolution Satans und des Menschen gegen Gott zu keinem Ziel führt. Satan hat ebenso wie der Mensch behauptet, die Welt ohne Gott besser gestalten zu können. Für eine kurze Spanne bekommt er Freiheit, selbständig in der Welt zu schalten. Das Ende wird ein absolutes Chaos und die Unentschuldbarkeit Satans und des Menschen vor Gott sein.

Offb. 12, 10: „Und ich hörte eine gewaltige Stimme im Himmel, die sprach: jetzt ist das Heil und die Kraft und die Königsherrschaft unseres Gottes und die Macht seines Gesalbten angebrochen, weil der Ankläger unserer Brüder, der sie vor unserem Gott Tag und Nacht verklagte, gestürzt ist."

Die schweren Ausführungen über den letzten Weg der Gemeinde Jesu auf Erden werden immer wieder von den Lobgesängen und Hymnen der unsichtbaren Welt durchbrochen, die über all die dunklen Ereignisse hinweg den Sieg Jesu sieht. Während die Gemeinde auf Erden durch viel Dunkelheit geht, schaut die unsichtbare Welt, wie die Geschichte im schnellen Tempo ihrem Abschluß entgegengeht. Sie weiß, daß im Grunde alles schon vollendet ist. Sie weiß, daß Gott grundsätzlich den Schlußpunkt gesetzt hat und daß die Macht Satans zu Ende ist, auch wenn er auf Erden noch ein kurzes Zwischenspiel in dem letzten antichristlichen Weltreich geben darf. In Wirklichkeit ist mit dem Zeitpunkt, da Satan aus der Welt Gottes ausgewiesen ist und die Leute Jesu nicht mehr vor Gott verklagen darf, die Weltgeschichte besiegelt und die Macht in der Welt an Christus übergegangen.

Offb. 12, 11: „Und sie haben ihn überwunden wegen des Blutes des Lammes und des Wortes ihres Zeugnisses – und sie haben ihr Leben nicht geliebt bis zum Tod."

Diese gewaltige Weltenwende, daß Satan jedes Anrecht vor Gott verliert, ist das Ergebnis des Kampfes der Gemeinde Jesu auf Erden. Aber sie hat den Kampf ganz anders geführt, als das sonst in der Welt üblich ist. Im Grunde hat sie überhaupt nicht gekämpft, sondern im Glauben mit dem Blut des Lammes und der Wahrheit ihres Zeugnisses von Jesus gerechnet. Ihren Sieg über die Mächte der Hölle hat die Gemeinde Jesu nicht durch Heer und Waffen erkämpft, nicht durch machtvolle Zusammenschlüsse und Protestaktionen, nicht durch gewaltige Gegenaktionen, die durch ihre Zahl imponieren, nicht durch Kampfmethoden, wie sie sonst in der Welt üblich sind. Sie hat im Glauben damit gerechnet, daß Christus auf Golgatha einen völligen Sieg erstritten hat und daß er in der Kraft dieses seines Sieges den Weg seiner Gemeinde gestaltet und die Pläne Gottes zum Ziel führt.

Sie weiß, daß ihr Zeugnis von Jesus wahr ist und alle Kraft in sich birgt, die der Kampf der Gemeinde auf Erden erfordert. Unsere Feigheit, uns zu Jesus zu bekennen, verlängert die Daseinsberechtigung Satans. Unser Zeugnis für Christus nimmt ihm die Lebensmöglichkeit. Das spornt uns zum tapferen Einsatz an. Die Hingabe der Gemeinde ist ein entscheidender Faktor in der Überwindung der satanischen Welt. Jesus hat oft eine besondere Vollmacht in das Leben von Menschen gegeben, die die ersten Schritte in seiner Nachfolge taten und keineswegs gereifte Persönlichkeiten waren, weil in ihnen eine solche Liebe zu Jesus und Hingabe an seinen Dienst lebte. Auch bei der Entscheidung über das Schicksal Satans beteiligt Gott seine Gemeinde, wie er sie in jedem Abschnitt der Geschichte seines Reichs mitwirken läßt. Das ist unser großes Vorrecht und unsere tiefe Verantwortung.

Offb. 12, 12: „Darum frohlocket, ihr Himmel und die ihr darin wohnet! Wehe der Erde und dem Meer! Denn der Teufel ist zu euch hinabgestiegen, und er hat einen gewaltigen Zorn, da er weiß, daß er nur noch eine kleine Zeit hat."

Im Himmel ist unendliche Freude über die Tatsache, daß Gott den Schlußpunkt hinter die Geschichte Satans in der unsichtbaren Welt gesetzt hat und daß hiermit die absolute Macht in der anderen Welt an Christus übergegangen ist. Mit Bangen aber denkt man in der anderen Welt an die schweren Jahre, die jetzt für die Gemeinde des Herrn auf Erden kommen, da man weiß, daß Satan seine ganze Macht einsetzen wird, um das Werk Jesu zu vernichten und in letzter Stunde sein dämonisches Werk dennoch zum Ziel zu führen, obwohl dieses Ziel nur ein negatives ist und ausschließlich Zerstörung bedeutet. Er weiß, wie kurz die Spanne Zeit ist, die Gott ihm noch läßt, bis er Satan für immer aus dem weiteren Gang der Geschichte ausscheidet.

## B. Das Zeitalter des Antichristentums

Offenbarung 12, 13 — 14, 20

### 1. Der Grundriß der antichristlichen Zeit in Bildersprache

Offenbarung 12, 13—17

Offb. 12, 13: „Und als der Drache sah, daß er auf die Erde geworfen war, verfolgte er das Weib, welches den Knaben geboren hatte."

Nachdem Satan jede Wirkungsmöglichkeit in der unsichtbaren Welt verloren hat, richtet sich sein ganzer Kampf gegen die Gemeinde Jesu auf Erden. Es ist ein ohnmächtiger Versuch, das Rad der Geschichte zurückzudrehen. In blinder Wut löst er Verfolgungen gegen die Gemeinde Jesu auf Erden aus, die alles Dagewesene überbieten, und doch sollte er wissen, daß sein Schicksal besiegelt ist und daß er die Vollendung des Werkes Jesu nicht verhindern kann.

Offb. 12, 14: „Und es wurden dem Weibe die zwei Flügel des großen Adlers gegeben, damit sie in die Wüste an ihren Ort fliegen könnte, woselbst sie ernährt wird eine Zeit und zwei Zeiten und eine halbe Zeit, fern von dem Angesicht der Schlange."

Für die Gemeinde Jesu beginnt ihre schwerste Verfolgungszeit. Aber ihr Herr vergißt sie keinen Augenblick. Er weiß um ihre Lage und um die Unmöglichkeit, mit eigener Kraft durchzukommen. Was jetzt auf die Gemeinde Jesu zukommt, geht über jedes Menschen Kraft hinaus. Aber Jesus selbst nimmt sich ihrer an und sorgt für sie in einer überwältigenden Weise. Das Bild von den Flügeln des großen Adlers spricht seine eigene Sprache. Die Gemeinde wird von Gott selbst getragen wie auf

Flügeln. Der stärkste Vogel wird zum Bild herangezogen, um deutlich zu machen, wie geborgen die Gemeinde in ihrer schwersten Zeit ist. Ihr Herr selbst wird sie so bergen und ernähren, daß sie durch die ganze Zeit des antichristlichen Weltreiches versorgt ist.

Drei und eine halbe Zeit währt die Verfolgungszeit. $3^1/_2$ ist eine ungerade Zahl. Sie ist die Hälfte der Zahl sieben, der Zahl Gottes. Sie ist die Zahl Satans. Sie soll das Halbe, Bruchstückhafte, Unvollkommene ausdrücken. Ob diese dreieinhalb Zeiten wirkliche $3^1/_2$ Jahre sind? Ich möchte es annehmen, da diese Zahl immer wiederkehrt, auch mit 42 Monaten und 1260 Tagen umschrieben wird. Auf jeden Fall ist es eine knappe, von Gott klar bestimmte Zeit.

Die Gemeinde wird von ihrem Herrn in die Wüste gebracht und erhält dadurch einen Bergungsort fern von dem Angesicht der Schlange. Es ist schwer, heute schon zu sagen, was dies zu bedeuten hat. Man kann sich vorstellen, daß die Gemeinde so aus dem öffentlichen Leben ausgeschlossen sein wird, daß sie sich wirklich in einem Wüstendasein befindet. Ihre Glieder stehen unter dem wirtschaftlichen und gesellschaftlichen Boykott. Es gibt keine christlichen Organisationen mehr. Jeder öffentliche Zusammenschluß der Jünger Jesu hat aufgehört. Die Gemeinde ist ohne jede Macht. Sie ist ein unscheinbares, zersprengtes Häuflein geworden, ohne Namen und ohne Titel, unscheinbar und unbekannt. So lebt sie in der Tat „in der Wüste".

Menschen gedachten es böse zu machen, Gott aber gedachte es gut zu machen. Die Ausstoßung aus dem öffentlichen Leben ist ihr Schutz. Ihre Niedrigkeit wird ihre Rettung. Sie ist so zerstreut und unbekannt, daß man sie gar nicht mehr entdecken kann. So verbirgt der Herr sie vor dem Angriff Satans. Ohne jede Macht zur Selbsthilfe steht sie da und ist doch in einer einzigartigen Weise geborgen. Wenn auch die staatlichen Organe die Glieder der Gemeinde Jesu in ihrem Wüstendasein nicht mehr zu entdecken vermögen, so weiß ihr Herr um jedes einzelne Glied und bringt es durch. Eigentlich ist gar keine Lebensmöglichkeit für die Gemeinde mehr vorhanden, aber voll Staunen erlebt sie, wie sie von ihrem Herrn wie auf Adlers Flügeln getragen und durchgebracht wird. Wenn diese Dinge akut werden, wird die eigentliche Deutung des Bergungsorts in der Wüste klar sein und die Gemeinde sich mit Freuden an die Zusage ihres Herrn erinnern.

Offb. 12, 15: „Und die Schlange schleuderte aus ihrem Rachen Wasser hinter dem Weibe her wie einen Strom, damit sie von dem Strom fortgerissen würde."

Satan versucht, die Gemeinde Jesu durch einen riesenhaften Generalangriff in dieser letzten Weltpriode zu vernichten. Das Gleichnis hierfür ist der gewaltige Wasserstrom, den die Schlange hinter dem Weibe hersendet, das sich in der Wüste befindet. In diesem Wasserstrom soll das Weib untergehen und ertrinken. In Kapitel 13 wird deutlich, woraus dieser gewaltige Wasserstrom besteht, der die Gemeinde Jesu ersäufen soll. Es sind die Gewaltmaßnahmen, die der letzte Welteinheitsstaat ergreift, um die Christen zu vernichten.

Offb. 12, 16: „Und die Erde eilte dem Weibe zu Hilfe und öffnete ihren Mund und verschlang den Strom, den der Drache aus seinem Mund geschleudert hatte."

Wunderbarerweise versandet der riesige Wasserstrom völlig. In dem Bild ist es der trockene Wüstensand, der ihn einfach aufsaugt, so daß das Weib, die Gemeinde Jesu, am Leben bleibt. Wenn unsere Deutung der Wüste stimmt, scheitert die großangelegte Verfolgung an dem Wüstendasein der Jünger Jesu. Sie sind so namenlose, unbekannte Leute, daß sie völlig aus dem Leben verschwunden sind. Sie sind im öffentlichen Leben, in Handel und Industrie und in den gesellschaftlichen Beziehungen der Menschen so ausgelöscht, daß die Polizeiorgane des Staates der Endzeit gar nicht mehr in der Lage sind, die versprengten, namenlosen Leute Jesu aufzuspüren. Wie in früheren Verfolgungszeiten sind es vielleicht auch dann nicht wenige, die mit dieser gehetzten, boykottierten Schar Mitleid haben. Sie merken, daß es eigentlich prächtige Menschen sind, die wirklich nichts verbrochen haben. Darum kommen sie ihnen zu Hilfe, versorgen sie mit Lebensmitteln und suchen sie zu schützen und zu retten, obwohl Christus ihnen selbst nichts bedeutet und für sie nur ein Phantasiegebilde ist.

Offb. 12, 17: „Und der Drache ergrimmte über das Weib und ging hin, Krieg zu führen mit den übrigen von ihrer Nachkommenschaft, die die Gebote Gottes bewahren und das Zeugnis Jesu haben."

Die Gemeinde Jesu bleibt in einer erstaunlichen Weise während der ganzen Zeit des Antichristen am Leben und ist als Gemeinde unaustilgbar. Das Wort Jesu geht in Erfüllung, daß die Pforten der Hölle seine Gemeinde nicht überwältigen sollen. Wäre sie nicht mehr da, brauchte keine Verfolgung gegen sie gestartet zu werden. Der Warnruf an die Gemeinde Offenbarung 16, 15 wäre unverständlich. Die Gemeinde muß durch die antichristliche Weltperiode hindurchgehen, um ihre Liebe und Treue Jesus gegenüber in ganz großer Weise unter Beweis zu stellen und in dieser schweren Erprobung vollends auszureifen.

Weil es dem Satan nicht gelingt, die Gemeinde Jesu in ihrer Gesamtheit durch die allgemeine staatliche Verfolgung auszulöschen, versucht er, mit den einzelnen, versprengten Kindern Gottes Krieg zu führen und sie zu vernichten. Innerlich wird er in dieser Weltperiode keinen Jünger Jesu mehr von seinem Herrn trennen können. Sie sind alle von Jesus als sein Eigentum versiegelt. Der innerste Tempel, die Gemeinde Jesu, ist bis auf den letzten Zentimeter gemessen (Offb. 11, 1. 2). Aber das leibliche Leben kann Satan manchem nehmen. Viele werden Jesus als ihren Herrn durch den Tod bezeugen. Sie lassen sich lieber ermorden, als daß sie Jesus verleugnen. Die Kraft ihres Herrn trägt sie durchs Martyrium und macht schwache Menschen stark.

## 2. Das antichristliche Zeitalter von der Erde her gesehen

Offenbarung 13

Das charakteristische Merkmal für die letzte Weltperiode ist das Entstehen des Welteinheitsstaates unter einer Welteinheitsregierung. Dieses Zeichen ist so auffallend, daß es nicht übersehen werden kann. Noch am Anfang des 20. Jahrhunderts hätten wir uns von dem Welteinheitsstaat keine Vorstellung machen können. Die beiden Weltkriege haben die Völker in eine bis dahin ungekannte Verbindung gebracht. Die Mächtegruppierungen haben sich so vereinfacht, daß der Welteinheitsstaat sich als letzte logische Folgerung von selbst aufdrängt. Der Welteinheitsstaat wird begeistert begrüßt werden. Endlich wird die Welt von ihrer Kriegsangst befreit. Da es nur noch einen einzigen Staat gibt, fällt die Kriegsgefahr fort. Der Welteinheitsstaat scheint das Weltfriedensreich zu sein, das die Menschheit seit undenklichen Zeiten ersehnt. Die Propaganda dieses Staates wird geltend machen, daß durch ihn das gewonnen sei, was die biblischen Weissagungen von dem Weltfriedensreich sagten. Christus und das Christentum scheinen weit überholt. Für die Christen entsteht eine schwere Anfechtung: sollten sie sich doch geirrt und auf die falsche Karte gesetzt haben? Sollte die Botschaft von Jesus Christus doch nicht die Wahrheit sein, wo nun durch eine ganz andere Macht Frieden auf Erden wurde? Damit die Gemeinde Jesu ihren Weg findet, wird ihr von Gott eine klare Schau des antichristlichen Weltzeitalters gegeben.

## Der Welteinheitsstaat

## Offenbarung 13, 1—10

### *Der Charakter der antichristlichen Weltmacht*

Offb. 13, 1 a: „Und er (der Drache) trat an den Strand des Meeres."

Mit schwerwiegendem, kurzem Satz wird ausgesprochen, wo die letzte Wurzel für das Entstehen des Welteinheitsstaates zu suchen ist. Das Meer bedeutet in der Offenbarung das Völkermeer, der Drache das Bild für Satan und die dämonischen Mächte. Diese Mächte überblicken das Völkermeer und halten Ausschau, um das Werkzeug für ihren letzten großen Kampf gegen Christus und seine Gemeinde zu finden. Die Geschichte des Welteinheitsstaates wird von ihnen inspiriert. Die Scheinblüte, die Satan erzeugt, ist ohne Leben und bedeutet für die Völker nur Unglück. So imponierend der Welteinheitsstaat auftritt, so ist er doch der Todesweg des modernen Menschen.

Offb. 13, 1 b: „Und ich sah aus dem Meer ein Tier aufsteigen, das hatte zehn Hörner und sieben Häupter und auf seinen Hörnern zehn Kronen und auf seinen Häuptern Namen der Lästerung."

Unter dem Bild eines Tieres wird die Weltmacht dargestellt, die den Mächten von unten als Werkzeug dienen soll, um ihren Feldzug gegen Christus und seine Gemeinde zu führen. Diese Weltmacht trägt nicht menschliche, sondern tierische Züge. Sie ist ein grauenerregendes Staatsgebilde. Die zehn Hörner sind Sinnbild der im Welteinheitsstaat vereinigten Machtfülle. Das Horn ist Sinnbild der Kraft. Die sieben Häupter werden zum Gleichnis für die Intelligenz, die in dem Welteinheitsstaat vereinigt ist. Er verfügt über einen Führungsstab ersten Ranges. Die besten Techniker, Chemiker und Ingenieure stehen in seinem Dienst und gestalten erstaunliche Erfindungen. Die wirtschaftlichen und technischen Leistungen dieses Staates sind imponierend. Die ganze Welt ist begeistert. In derselben Weise stehen dieser Weltmacht auf politischem Gebiet eine Fülle von führenden Köpfen zur Verfügung. Es wird wirklich etwas geleistet. Darum macht dieser Staat so starken Eindruck. Mit ihm scheint das Friedensreich gekommen zu sein, das die Menschheit seit Jahrtausenden ersehnt. Was alle früheren Staatsmänner nicht geschafft haben, ist nun erreicht. Die zehn Kronen auf den Hörnern dieser Weltmacht bringen zum Ausdruck, daß dieser Staat wirklich zu herrschen versteht. Er setzt seine Machtfülle konzentriert ein, um seine Ziele durchzusetzen.

Auf den Häuptern des Tieres, das die letzte Weltmacht versinnbildlicht, sind Namen der Lästerung zu lesen. Sie sind das unheimliche Zeichen dafür, daß dieser Staat seine fabelhafte Machtfülle und Intelligenz einsetzt, um Gott und Christus zu lästern und mit allen Mitteln zu bekämpfen. Es lebt in diesem Staatsgebilde ein fanatischer Haß gegen die Welt Gottes. Er ist nicht umsonst eine Schöpfung der Dämonen. Weil der Mensch von Gott und Christus frei sein wollte, ist er in die Hand der Dämonen geraten, ohne es zu ahnen. Er glaubt sich von dem religiösen Spuk der Vergangenheit freimachen zu müssen und ist in Wahrheit in eine unheimliche Abhängigkeit von dunklen, übermenschlichen Kräften gekommen. Diese Mächte zwingen zu Lästerungen gegen Gott und gegen Christus. Man glaubt, im Namen des freien Denkens und der Wissenschaft zu sprechen, und ahnt nicht, daß man nur Werkzeug für diese dämonischen Gewalten ist, deren Wirklichkeit man ebenso leugnet wie die Wirklichkeit der Welt Gottes. So verwendet dieses Riesenreich alle Macht und Intelligenz zur Revolution gegen Gott. Mit einer großangelegten Weltpropaganda soll alles ausgelöscht werden, was an Gott und Christus erinnert.

Offb. 13, 2 a: „Und das Tier, das ich sah, war einem Panther gleich, und seine Füße waren wie die eines Bären, und sein Maul wie das Maul eines Löwen."

Der Welteinheitsstaat hat die schonungslose Art eines Raubtieres. An ihm ist nichts Menschliches. Er ist wie ein Panther. Er erregt überall Furcht und Schrecken. Mit seinen Bärentatzen schlägt er alles nieder, was sich ihm entgegenstellt. Dieser Staat kennt keinen Widerspruch. Er regiert mit eiserner Energie. Mit der absoluten Macht verbindet sich ein gewaltiges Maul. Dieses Staatsgebilde schüchtert mit seinem Wort alles ein, wie der Löwe, wenn er seine Stimme in der Wüste erhebt. Vor ihm bebt und zittert alles. Niemand wagt seine Stimme gegen dieses Staatsgebilde zu erheben. Jeder weiß, daß er verloren ist, wenn er dies tun würde. Die Propaganda dieses Staates ist eine unheimliche Macht.

Offb. 13, 2 b: „Und der Drache gab ihm seine Kraft und seinen Thron und seine Macht."

Diesem Staat stellt Satan seine ganze Kraft zur Verfügung, so daß hier eine riesenhafte Machtfülle sichtbarer und unsichtbarer Art konzentriert wird. Es ist dieselbe Machtfülle, die er einst Jesus in der Stunde der Versuchung angeboten hat, wenn er bereit wäre, die Weltherrschaft im Namen Satans auszuüben. In dem letzten Staat findet Satan die Macht, die sich ihm bereitwillig zur Verfügung stellt und alle Gewalt aus seiner Hand entgegennimmt. Dafür muß dieser Staat ihn anbeten und ihm dienen, ob er es weiß oder nicht.

### *Die wunderbare Auferstehung des antichristlichen Weltherrschers*

Offb. 13, 3: „Und ich sah eins der Häupter wie zum Tode getroffen, und die Wunde, die ihm den Tod brachte, wurde geheilt. Und staunend sah die ganze Welt hinter dem Tier her."

Die übermenschlichen Mächte der unsichtbaren Welt, die hinter diesem Staatsgebilde stehen, wissen, daß die brutale Macht nicht ausreicht, um die Massen auf die Dauer zu beherrschen. Sie wissen um die religiöse Anlage des Menschen, die er von seinem Ursprung aus Gott her hat. Darum inszenieren sie eine Parallele zur Auferstehung Jesu. Einer der führenden Männer der Weltregierung – wohl der Staatspräsident – wird tödlich verwundet. Vielleicht ist es ein Attentat, dem er zum Opfer fällt. Eine Schwertwunde hat ihn getötet. Er sollte offenbar mit Waffengewalt aus dem Wege geräumt werden. Man kann sich die Erschütterung vorstellen, die der Tod dieses Weltherrschers in der ganzen Welt hervorruft. Wird der Welteinheitsstaat nach dem Tode dieses Mannes noch zusammenhalten? Oder wird das neue Staatsgebilde auseinanderbrechen und sich in Mächtegruppierungen auflösen, die einander bekämpfen? Die Schicksalsstunde dieses Staates scheint gekommen zu sein.

Da geschieht das Unerhörte: der Getötete wird wieder lebendig; in alter Kraft kann er die Führung des Staates wieder übernehmen. Was das Ende dieses Staates zu bedeuten schien, wird nun zu einer ungeheuren Propaganda für ihn. Staunend steht die ganze Welt vor der Auferstehung des Weltherrschers. Demgegenüber verblaßt die Auferstehung Jesu. Sie gehört der Vergangenheit an. Kein Mensch der Gegenwart hat sie miterlebt. Gegenüber dem machtvollen Eindruck von der Auferstehung des jetzigen Weltherrschers, die man am Fernsehapparat persönlich miterlebt hat, erscheint die Auferstehung Jesu wie ein Märchen aus alter Zeit, wie eine Legende, die sehr schön ist, die man aber nicht auf ihren Wahrheitsgehalt prüfen kann. Die Christen behaupten freilich, daß Jesus lebe. Aber diese Behauptung kann man nicht nachprüfen und Jesus nicht mit seinen beiden Augen sehen. Ganz anders ist es mit dem Staatsmann, dessen Auferstehung man soeben miterlebte und dessen Wirklichkeit jedermann unmittelbar vor Augen hat. Er scheint der wirkliche Christus zu sein, den Gott durch das Wunder seiner Auferstehung beglaubigt hat.

Die Massen sind immer für Wunder zugänglich. Sie werten Wunder als Zeichen von Gott. Auch vielen frommen Menschen erscheint diese Deutung des Wunders selbstverständlich. Sie können sich gar nicht vorstellen, daß Wunder auch aus anderen, dämonischen Quellen stammen können. Die Bibel spricht diese Tatsache sehr eindeutig aus und weiß, daß auch Satan und die Dämonen Wunder tun. Das Wunder ist kein unbedingtes Zeichen, daß eine Bewegung von Gott stammt. Es muß immer geprüft werden, aus welcher Quelle der betreffende Mensch oder die Bewegung lebt und welchen Wahrheitsgehalt die Botschaft hat. Der moderne Mensch, der sich Gott und seinem wunderbaren Handeln verschließt, ist längst ein Opfer dunkler, dämonischer Geistesmächte geworden und hat sich den okkulten Kräften im Spiritismus, in der schwarzen Magie, im Besprechen von Krankheit, im Pendeln und ähnlichen Erscheinungen verschrieben. Er wird von der Nachahmung der Auferstehung Jesu aufs tiefste beeindruckt werden und hierin die göttliche Beglaubigung des Welteinheitsstaates und seines Oberhauptes erblicken.

Offb. 13, 4: „Und sie beteten den Drachen an, weil er dem Tier die Macht gegeben hatte, und sie beteten das Tier an und sprachen: Wer ist dem Tier gleich, und wer vermag mit ihm Krieg zu führen?"

Sprachlos steht die ganze Menschheit vor dem wunderbaren Geschehen, durch das die führende Persönlichkeit des Staates gerettet wurde, und beugt sich willig vor den geistigen Gewalten, die hinter diesem Staat stehen. Sie ist bereit, diesen okkulten, dunklen Mächten göttliche Verehrung darzubringen. Diese göttliche Verehrung wird auch auf den Staat selbst übertragen. Die militärische und staatliche Macht, die gewaltige, mit Gefängnis und Tod drohende Propaganda, die sichtbaren Wunder zwingen alle in ihren Bann. Alle Bedenken, die man noch hatte, sind zum Schweigen gekommen. Der Welteinheitsstaat und das Wunder der Auferweckung des führenden Mannes fasziniert alle. Die gesamte Menschheit kapituliert vor dieser Weltmacht.

## *Der Kampf des Welteinheitsstaates gegen Gott und seine Gemeinde*

Offb. 13, 5: „Und es wurde ihm ein Maul gegeben, das große Dinge und Lästerungen redete, und es wurde ihm Vollmacht gegeben, sein Wesen 42 Monate zu treiben."

Das Selbstbewußtsein der antichristlichen Macht steigt unheimlich. Ihre Worte lassen jedes Maß und Ziel vermissen. Sie kennen keine Grenzen mehr, wenn es gilt, alles Heilige und Göttliche in den Staub zu ziehen. Da Gott eine Begrenzung der eigenen Größe bedeuten würde, tritt die antichristliche Weltmacht in schärfstem Kampf gegen Gott und setzt sich selbst an seine Stelle.

Aber während dieser Riesenstaat glaubt, absolut frei und selbständig zu sein, ist er nicht nur von den dämonischen Gewalten abhängig, die ihn schufen, sondern auch von dem lebendigen Gott. Wenn dieser Staat ahnte, daß ihm alles, was er tut, von einer höheren Stelle gegeben wird! Er hat nur so viel Spielraum, wie Gott ihm erlaubt. Er weiß nicht, daß Gott ihm diesen Spielraum nur gibt, damit Satan und Mensch ihren vollendeten Bankrott vor aller Welt erweisen und unter Beweis stellen, daß es Schuld war, wenn sie sich von Gott und Christus lösten. Der moderne Mensch und die Dämonen wollten die Welt ohne Christus zu einem Paradies machen. Es muß eindeutig klar werden, daß sie nur eine Katastrophe heraufzuführen vermögen, wenn sie die Kräfte Gottes ausschalten.

Für die Gemeinde Jesu ist es ein großer Trost zu wissen, daß dieser letzte Welteinheitsstaat seine Machtfülle nur in bedingter Weise besitzt und nur so lange, wie Gott sie ihm gibt. „Und es wurde ihm gegeben": in diesem kleinen Satz ist die ganze Gewißheit ausgesprochen, daß Gott in jeder Beziehung das entscheidende Wort in der Weltgeschichte hat. Jede Macht der Welt ist von ihm abhängig. Darum ist seine Gemeinde auch in der schwersten Verfolgung in ihm aufs völligste geborgen. Diese Tatsache stellt sie in einen tiefen Frieden.

Es ist eine von Gott festgesetzte kurze Zeitspanne, die diesem Welteinheitsstaat für seinen Kampf gegen Christus und seine Gemeinde zur Verfügung steht. Der lebendige Gott selbst hat diese Zeit begrenzt.

Offb. 13, 6: „Und es tat seinen Mund auf zu Lästerungen gegen Gott, zu lästern seinen Namen und sein Zelt und die im Himmel wohnen."

Die Presse, das Radio, die Literatur, die Massenversammlungen dienen jetzt zu einem Generalfeldzug, der zum Ziel hat, die Welt Gottes als Phantasie nachzuweisen und die jetzt schon in der unsichtbaren Welt befindliche Gottesgemeinde als ein Produkt überspannter Köpfe hinzustellen. Das letzte, was noch an Verbindung mit der unsichtbaren Welt in Menschenherzen lebt, soll zerstört werden. Der Mensch soll absolut ein Mensch der Diesseitigkeit, der „Wirklichkeit" werden. Alle geistigen Waffen werden eingesetzt, um das Bewußtsein von der Wirklichkeit Gottes radikal auszulöschen. In der nächsten Generation soll sich niemand mehr an den Begriff „Gott" und an den Namen „Jesus" erinnern können. Die Propaganda, die diesen Feldzug durchführt, ahnt nicht, daß hiermit die Grundlagen des Zusammenlebens der Menschheit vernichtet werden, weil die Bindung des Gewissens an Gott aufhört und dieser Kompaß der Menschheit seine Kraft verliert.

Offb. 13, 7 a: „Und es wurde ihm gegeben, Krieg zu führen mit den Heiligen und sie zu besiegen."

Zu der Weltpropaganda gegen Christus gesellt sich die staatliche und militärische Macht, die der Gemeinde Jesu die Existenzmöglichkeit nimmt. Jetzt beginnt für die Gemeinde eine Zeit in der Wüste. Ihre Glieder sind vogelfrei und rechtlos. Sie werden aus ihren Stellungen entlassen. Ihr Privateigentum wird beschlagnahmt. Der Generalangriff gegen die Gemeinde Jesu scheint großartig zu gelingen. Alle offiziellen Einrichtungen der Christenheit werden zerschlagen, Kirchen und Missionshäuser zerstört oder enteignet, die christliche Presse verboten. Offiziell ist die Gemeinde Jesu besiegt. Ihre Gottesdienste sind aus der Öffentlichkeit verschwunden. Was an Bibeln, Bibelteilen und christlicher Literatur existierte, ist eingezogen und vernichtet. Das Christentum hat aufgehört zu existieren. Der antichristliche Staat hat auf der ganzen Linie gesiegt.

Nur die zwei Zeugen Jesu, von denen in Offenbarung 11, 3—12 gesprochen ist, bedeuten eine unerträgliche Beunruhigung für die antichristliche Welt. Sie bilden eine ständige Anklage und Erinnerung an Gott und Christus. Gott hält sie am Leben zur Ermutigung für seine bedrängte Gemeinde. Sie dürfen ihre Botschaft während der ganzen Zeit des antichristlichen Weltreiches ausrichten. Merkwürdigerweise ist die Macht des totalen Staates nicht in der Lage, ihrer Wirksamkeit ein Ende zu setzen, bis daß Gott es erlaubt. Er erhält diese beiden Zeugen am Leben, solange seine Gemeinde ihrer bedarf. Sonst bleibt nichts von öffentlicher Verkündigung des Evangeliums übrig.

Offb. 13, 7 b: „Und es wurde ihm Macht gegeben über alle Stämme und Völker und Sprachen und Nationen."

Der antichristliche Welteinheitsstaat ist auf dem Gipfel seiner Macht angelangt und hat das Ziel der absoluten Weltherrschaft erreicht. Kein Land kann sich seiner Diktatur entziehen. Alle Völker haben sich vor ihm gebeugt. Keine Sprachgrenze bildet mehr ein Hindernis für diese Weltregierung. Alle Rassen der Erde, gelb und braun, weiß und schwarz, sind in dem antichristlichen Weltreich zusammengeschlossen und bilden eine Einheit unter einer zentralen Leitung. Aber die Freiheit des Geistes und Denkens ist dahin. Alle Menschen sind gleichgeschaltet. Ihr Denken ist auf einen Nenner gebracht. Es darf nur noch gedacht werden, was der Welteinheitsstaat befiehlt. Für selbständig denkende Menschen ist kein Raum mehr. Darum ist die Gemeinde Jesu in diesem Staatsgebilde eine Unmöglichkeit, weil sie um eine Instanz weiß, die über diesem Staat steht und in allen Fragen die letzte Entscheidung hat. Diese oberste Bindung an Gott und an Christus hat die Gemeinde Jesu so verhaßt gemacht und den Welteinheitsstaat dazu bewogen, das Christentum radikal auszulöschen. Da die Macht dieses Staates bis in die letzten Winkel der Erde reicht, ist die offizielle Vernichtung des Christentums total.

Offb. 13, 8: „Und es werden ihn alle anbeten, die auf der Erde wohnen, deren Namen nicht seit Grundlegung der Welt im Lebensbuch des geschlachteten Lammes geschrieben sind."

Auf der ganzen Linie hat die antichristliche Macht gesiegt. Alle Mitläufer in den christlichen Gemeinden haben restlos kapituliert. Es gibt keinen Widerstand mehr gegen die antichristliche Welteinheitsregierung. Auch die letzten haben sich gebeugt und ihren Widerstand als zwecklos aufgegeben. Den Massen imponiert dieser Staat so sehr, daß sie ihn und sein Staatsoberhaupt nicht nur anerkennen, sondern anbeten. Die innere Gleichschaltung ist gelungen. Die großen kulturellen Erfolge des Weltfriedensreiches, die fabelhaften technischen Errungenschaften, die eindrucksvolle Propaganda, die Auslöschung des Christentums und die rücksichtslose Anwendung der Macht haben ihr Ziel erreicht. Dieser Staat und sein Oberhaupt sind an die Stelle Gottes getreten. Ihnen wird göttliche Verehrung dargebracht.

Darum ist jetzt eine Notzeit erster Ordnung für die angebrochen, die um den lebendigen Gott wissen und Jesus über alles lieben. Es ist eigentlich unmöglich, daß sie entgegen dem

Anspruch des totalen Staates bei Jesus verharren. Es geht über jedes Menschenvermögen, in dieser Lage Jesus die Treue zu bewahren. Hätte nicht er selbst sie in das Buch des Lebens eingeschrieben, so wären sie verloren. Es ist kein Eintagsgedanke, daß sich Jesus mit ihnen verband. Seit Grundlegung der Welt ist der Gedanke ihres Herrn darauf gerichtet gewesen, sich mit ihnen zu verbinden. Darum hat die Gemeinschaft mit ihm Ewigkeitscharakter, weil er selbst sie herstellte. Sie kann nicht durch Menschenbefehl vernichtet und durch keine noch so starke Staatsmacht aufgehoben werden. Jesus ist für seine Gemeinde am Kreuz als das Lamm Gottes gestorben. Durch diese Tat hat er Satan und die Welt der Dämonen völlig besiegt und ihnen jedes Recht auf die Menschen genommen, die sich an ihn anschließen. Die, die in Jesus verankert sind, werden durch seine Macht in der letzten Verfolgung innerlich bewahrt und bleiben ihm treu, obwohl sie in allen Erdteilen dem Zugriff der antichristlichen Macht ausgesetzt sind.

## *Die Kampfesweise der Gemeinde Jesu*

Offb. 13, 9. 10: „Wer ein Ohr hat, der höre. Wenn einer in Gefangenschaft führt, so kommt er selbst in Gefangenschaft; wenn einer mit dem Schwert tötet, so soll er selbst mit dem Schwert getötet werden. Hier ist die Geduld und der Glaube der Heiligen."

Die Versuchung wird für die Gemeinde der Endzeit sehr groß sein, sich als eine bewaffnete Untergrundbewegung zu organisieren, um ihr Leben zu retten. Familienväter werden das Schicksal ihrer Frauen und Kinder vor Augen haben. Die innere Anfechtung um den rechten Weg wird sehr groß sein. Es liegt so nahe, Widerstand mit Waffengewalt zu versuchen, obwohl er angesichts der Übermacht sinnlos ist. Was versucht aber nicht ein Mensch, um sein Leben zu retten! Darum warnt der erhöhte Herr seine Gemeinde vor dem Weg der Selbsthilfe mit demselben eindrucksvollen Wort, das er auch in den Sendschreiben gebrauchte: Wer ein Ohr hat, der höre!

Es gibt aus innersten Gründen für die Gemeinde Jesu keine Möglichkeit, sich ebenso wie die antichristliche Staatsmacht zu organisieren, um mit denselben Waffen gegen sie zu kämpfen, obwohl die Gemeinde Jesu nach vielen Millionen in der Welt zählt. Aber dieser Weg des organisierten Widerstandes und des Machtkampfes ist nicht der Weg, der dem Haupt der Gemeinde Jesu entspricht. Der Weg Jesu ging über Karfreitag nach Ostern und Pfingsten. Es war der Weg des Lammes, das sich zur Schlachtbank führen ließ und sich für seine Brüder opferte. Nach außen hin schien alles nur Niederlage zu sein. In Wirklichkeit aber wurde Jesus auf diesem Weg der Herr der Welt und der absolute Sieger. Damit ist auch seiner Gemeinde der Weg vorgezeichnet. Durch Geduld und Glauben geht sie zum Sieg, nicht durch Machtanwendung. Ihr Herr wird es ihr möglich machen, auch in diesen furchtbaren Jahren des Antichristen geduldig und standhaft ihren Weg zu gehen und unverrückt im Glauben bei Jesus zu bleiben. Ihr Weg ist der Weg dem Lamme nach. Das macht sie nicht feige, sondern standhaft und tapfer. Das geschlachtete Lamm bringt sie kraft seines Sieges im Leiden der Verfolgung durch. Ihre einzige Waffe ist es, im Glauben auf Jesus zu schauen und mit ihm und seinem Sieg zu rechnen.

## Die Weltreligion des Antichristen

### Offenbarung 13, 11—18

Zu dem Welteinheitsstaat tritt die Welteinheitsreligion. Die dämonischen Geistesmächte halten es für nötig, den Staat des Antichristen trotz seiner einzigartigen Machtfülle durch einen religiösen Unterbau zu sichern. Sie finden auch hierfür die Persönlichkeit, die ihnen als Werkzeug zur Gestaltung der Weltreligion dienen soll. Das antichristliche Weltfriedensreich ist die unechte Vorwegnahme der neuen Welt des Friedens, die Christus nach seinem zweiten Kommen mit seiner Gemeinde bauen wird. Die Tatsache, daß dann ein Hirte und eine Herde sein wird, soll ebenfalls durch die neue Weltreligion in unechter Weise vorweggenommen werden. Darum versuchen die dämonischen Geistesmächte, den Propheten dieser Religion als eine Nachahmung Jesu zu gestalten und durch ihn eine die ganze Welt umspannende Gemeinde ins Leben zu rufen.

Offb. 13, 11: „Und ich sah ein anderes Tier aus der Erde aufsteigen, und es hatte zwei Hörner, ähnlich wie ein Lamm, und es redete wie ein Drache."

Es ist charakteristisch, daß der antichristliche Prophet ebenso wie die antichristliche Staatsmacht unter dem Bild eines Tieres dargestellt wird. Er hat dieselbe brutale Art und geht ebenso unheimlich und schonungslos vor. Während Jesus aus dem Himmel, aus der Welt Gottes stammte, stammt dieser „Prophet" von der Erde. Er trägt keine göttlichen Züge. Alles in ihm atmet den Geist der gefallenen und von den dämonischen Mächten verwüsteten Erde.

Er sucht in jeder Weise Jesus zu kopieren und dessen Lammesnatur vorzutäuschen. Darum wird er in der Zeichensprache der Offenbarung mit zwei Hörnern dargestellt, die so ähnlich wie Lammeshörner sind. So sehr dieser „Prophet" Jesus nachzuahmen sucht, kann er doch nicht darüber hinwegtäuschen, daß in ihm ein ganz anderer Geist lebt. Jedes Wort, das er redet, offenbart, daß in ihm nicht der Geist Gottes, sondern der Geist des Drachen lebt.

Offb. 13, 12: „Und es übt alle Macht des ersten Tieren vor ihm aus und veranlaßt die Erde und alle, die auf ihr wohnen, daß sie das erste Tier anbeten, dessen Todeswunde geheilt wurde."

Dem Propheten der antichristlichen Weltreligion stehen alle Machtmittel des Staates zur Verfügung, um die neue Religion durchzusetzen. Er macht vollen Gebrauch davon. Aber während Jesus alles unter den Augen Gottes tat, tut der antichristliche Prophet alles unter den Augen des Drachen. Er ist ganz von den dämonischen Einflüssen abhängig. Der „Prophet" hat einen gewaltigen propagandistischen Erfolg. Die Macht des Staates macht jeden Einspruch unmöglich. Die ganze Erde wird religiös gleichgeschaltet. Die Massen nehmen ohne Widerspruch die Weltreligion an, in der jede Erinnerung an Gott ausgelöscht ist und in deren Mittelpunkt der Staatsmann steht, der von den Toten auferstanden ist und dadurch in den Augen der Menge als der wirkliche Heiland und Retter der Welt beglaubigt zu sein scheint. Ihm wird nun göttliche Verehrung dargebracht. Damit soll der Welteinheitsstaat religiös unterbaut werden und eine innere Klammer erhalten.

Offb. 13, 13: „Und es tut große Zeichen, daß es sogar Feuer vom Himmel auf die Erde herabfallen läßt vor den Augen der Menschen."

Die dämonischen Geistesmächte trauen dem Bestand der

neuen Weltreligion noch nicht. Die staatliche Macht und die polizeilichen Druckmittel scheinen ihnen für die Sicherung der Weltreligion nicht auszureichen. Sie wissen, daß die Massen von Wundern immer stark beeindruckt werden und sie für das Zeichen göttlicher Sendung halten. Darum verleihen sie dem Propheten magische, übernatürliche Kräfte, um durch außerordentliche Wunder dem Menschen zu imponieren.

Offb. 13, 14: „Und es verführt die Bewohner der Erde durch die Zeichen, die ihm gegeben wurden, vor dem Tier zu tun, und es sagte den Bewohnern der Erde, daß sie ein Bild machen sollen dem Tier, welches die Schwertwunde hatte und wieder lebendig geworden war."

Die Zeichen und Wunder haben vollen Erfolg. Satanische Kräfte können ebenso wunderbar wirken wie göttliche Kräfte und vermögen gewaltigen Eindruck zu machen. Wunder sind noch nie ein Beweis gewesen, daß eine Bewegung von Gott stammt. Man muß immer den Geist und die Zielsetzung einer Bewegung prüfen, um klarwerden zu können, ob die Wunder von Gott oder aus der Welt der Dämonen stammen. Die letzte Weltreligion und ihr Prophet sind unterwürfige Diener der antichristlichen Weltmacht. Sie tun alles, was sie können, um das Wohlgefallen dieser Macht zu gewinnen. Sie tun alles unter ihren Augen. Sie haben kein anderes Ziel, als daß die Leitung dieses Staates mit ihnen einverstanden ist. Es wird eine großangelegte Propaganda eingeleitet, um dem vom Tode auferstandenen Weltherrscher ein außerordentliches Standbild zu errichten.

Offb. 13, 15: „Und es wurde ihm gegeben, dem Bild des Tieres Geist zu verleihen, daß das Bild des Tieres sogar redete und bewirkte, daß alle getötet wurden, die das Bild des Tieres nicht anbeteten."

Die dämonische Magie feiert ihre letzten Triumphe. Das Bild des antichristlichen Weltherrschers aus Stein oder Erz ist nicht stumm, sondern redet und hält begeisternde Ansprachen an das Volk. Die primitive Art der einstigen heidnischen Religionen mit ihren stummen Götterbildern scheint weit überwunden zu sein. Dieses geistvolle, redende Bild des antichristlichen Führers ist ein überzeugender Beweis seiner göttlichen Sendung. Darum müssen alle sterben, die dieses göttliche Bild nicht anbeten. Sie sind offenbar Staatsfeinde, auch wenn sie im übrigen treu ihre Pflicht tun. Massendemonstrationen werden zu diesem Standbild hingeleitet. Der Anblick des Standbildes und seine gewaltigen Reden werden bis in den letzten Winkel der Welt übertragen, um auch dort seine Anbetung zu ermöglichen und jeden Menschen auf seine Staatstreue zu prüfen. Der Druck der neuen Religion scheint seinen Höhepunkt erreicht zu haben und wird doch noch durch das überboten, was nun kommt.

Offb. 13, 16. 17: „Und es bewirkt, daß alle, die Kleinen und die Großen, die Reichen und die Armen, die Freien und die Knechte, sich ein Malzeichen auf ihre rechte Hand oder auf ihre Stirn geben, und daß niemand kaufen oder verkaufen kann als nur der, der das Malzeichen, den Namen des Tieres oder die Zahl seines Namens hat."

Die dämonischen Geistesmächte wissen, daß die neue Religion trotz des enormen Zwanges oder vielmehr *wegen* des enormen Zwanges auf schwachen Füßen steht. Darum veranlassen sie ihren Propheten, daß er den wirtschaftlichen Druck noch hinzunimmt. Wer sich der antichristlichen Macht nicht völlig unterwirft, verliert jede Existenzmöglichkeit. Er verfällt dem wirtschaftlichen Boykott und muß verhungern, wenn Gott ihn nicht auf wunderbare Weise durchbringt.

Während frühere politische Systeme sich mit einem Abzeichen begnügten, das angesteckt wurde, verlangt dieser dämonische Kultus, daß sich jeder als Zeichen der Staatstreue ein besonderes Mal auf der rechten Hand oder auf der Stirn anbringen läßt. Offenbar wird der Name des Weltherrschers oder eine entsprechende sinnbildliche Zahl eintätowiert. Das Zeichen soll nicht mehr entfernt werden können. Wer es annimmt, soll sich für ewig dem Antichristen und seiner dämonischen Religion verschrieben haben. Dies ist die Nachahmung der Versiegelung, die Jesus an seinen Kindern durch den Geist vornimmt. Geist hat diese Weltreligion nicht. Darum muß sie Jesus in dieser kümmerlichen, mechanischen Art nachahmen. Das ist typisch für dies letzte Weltzeitalter, das den Geist durch Technik ersetzen will.

Es gibt niemand außerhalb der Gemeinde Jesu mehr, der sich dieser Vergewaltigung zu entziehen wagt. Alle Altersstufen, alle Stände und Schichten der Bevölkerung kapitulieren. Jeder will sein Leben retten. Er weiß, daß er keine Arbeit, keine Wohnung, keine Lebensmittel mehr bekommt, wenn er dieses Malzeichen nicht trägt. Sie wollen alle leben. Darum verkaufen sie ihre Seele. Es ist kaum denkbar, daß noch irgendeiner in dieser Lage innerlich unbeschädigt durchkommt. In raffinierter Weise sind alle religiösen, wirtschaftlichen und staatlichen Zwangsmittel vereinigt, um denen, die Jesus liebhaben, die Möglichkeit zum Leben zu nehmen. Man fragt sich, wie Jesus seine Gemeinde durch diese Jahre durchbringen will. Aber er hat es versprochen und in dem letzten Buch der Bibel aufs gewisseste zugesagt. Er besitzt auch die Macht, sein Wort zu halten. Mancher wird seine Liebe zu Jesus mit dem Tode besiegeln, aber die Gemeinde Jesu wird während der ganzen antichristlichen Zeit nicht ausgelöscht werden können. Sie bleibt, bis ihr Herr kommt. Innerlich wird nicht ein einziger dem Herrn entrissen werden. Er bewahrt sie alle fest in seiner Gemeinschaft.

**Offb. 13, 18: „Hier ist die Weisheit. Wer Verstand hat, der berechnet die Zahl des Tieres, denn es ist eines Menschen Zahl. Und seine Zahl ist 666."**

Eine zuverlässige Deutung dieser Zahl ist bisher nicht möglich gewesen. Wenn sie aktuell wird, wird die Deutung da sein. Im Altertum bedeutete jeder Buchstabe zugleich eine Zahl. So konnte man die Buchstaben eines Mannes nach ihrem Zahlenwert zusammenrechnen. Professor Hadorn deutet die Zahl 666 auf Kaiser Nero, indem er das hebräische Alphabet zugrunde legt. Dann wäre Nero, der die berüchtigte Christenverfolgung in Rom im Jahre 64 inszenierte, der Typus des antichristlichen Weltherrschers, der die letzte Verfolgung der Gemeinde Jesu in die Wege leitet. Er wird ebenso hemmungslos in der Wahl seiner Mittel sein wie Nero, um die Christen zu vernichten, obwohl er damit Menschen trifft, die nichts weiter verbrochen haben, als daß sie Jesus über alles lieben. Unheimlich sieht das antichristliche Zeitalter von der Erde her gesehen aus. Es scheint unmöglich zu sein, daß die Gemeinde Jesu ihrem Herrn treu bleibt. Darum wird uns im nächsten Kapitel dasselbe antichristliche Zeitalter in einer neuen Schau gezeigt, wie es von Gott und der Ewigkeit her aussieht.

## 3. Das antichristliche Zeitalter von Gott her gesehen

Offenbarung 14

### Das Wort der Ermutigung an die Gemeinde Jesu

Offenbarung 14, 1–5

Auf Erden schien die Gemeinde Jesu zum Tode verurteilt zu sein. Es sah so aus, als würde sie völlig ausgelöscht. Von der Ewigkeit her ergibt sich ein ganz anderes Bild.

Offb. 14, 1: „Und ich sah, und siehe, das Lamm stand auf dem Berg Zion, und bei ihm waren 144 000, die seinen Namen und den Namen seines Vaters auf ihren Stirnen geschrieben hatten."

Der Berg Zion im östlichen Teil der Stadt Jerusalem war einst der Sitz des Herrschers und zugleich die Stätte des Tempels, die Stätte der Offenbarung Gottes. Der ersten Christenheit war der Berg Zion zum Gleichnis für das himmlische Jerusalem, für die neue Gottesgemeinde geworden: „Ihr seid gekommen zum Berg Zion und zur Stadt des lebendigen Gottes, dem himmlischen Jerusalem" (Hebr. 12, 22). Johannes sieht Jesus inmitten der vollendeten Gemeinde, inmitten des neuen Jerusalem. Er stellt ihn in dem Bild des Lammes dar, weil der Weg des Lammes für Jesus und seine Gemeinde der Weg zum Sieg und zur Vollendung ist. Als das Lamm Gottes hat Jesus auf Golgatha den Sieg errungen. Als die sterbende, leidende, verfolgte Gemeinde überwinden seine Kinder den letzten, antichristlichen Welteinheitsstaat. Dessen Sieg ist ein scheinbarer. Der wirkliche Sieg gehört Jesus und seiner Gemeinde.

Die 144 000 tragen den Namen Jesu und den Namen Gottes auf ihren Stirnen. Es ist kein äußeres Abzeichen, wie es die Leute des Antichristen tragen. Das Wesen Jesu als des Lammes Gottes hat in ihnen Gestalt gewonnen. Er hat sie von Klarheit zu Klarheit in sein Bild umgewandelt. Nur wer bereit ist, den Weg des Lammes zu gehen, wird zu den Siegern gehören. Die Zahl 144 000 ist das Zeichen für die Vollzahl der Gemeinde Jesu (vgl. Offb. 7). Jesus hat seine Kinder vollzählig durch die letzte Verfolgung hindurchgebracht.

Offb. 14, 2. 3: „Und ich hörte eine Stimme vom Himmel her wie ein Rauschen vieler Wasser und wie die Stimme eines gewaltigen Donners, und die Stimme,

**die ich hörte, war die Stimme von Harfenspielern, die auf ihren Harfen spielten. Und sie sangen ein neues Lied vor dem Thron und den vier lebendigen Wesen und vor den Ältesten, und niemand konnte das Lied lernen außer den 144 000, die von der Erde erkauft sind."**

Es wird eine große Stunde sein, wenn alles Leid und alle Verfolgung hinter der Gemeinde Jesu liegt und sie voll Staunen sieht, wie ihr Herr sie durchgebracht hat. Sie haben während der Verfolgung auf Erden wohl um die Treue ihres Herrn gewußt und daran festgehalten, daß er den Sieg behält, aber sie haben alle nicht geahnt, daß es solch eine unzählbare Schar ist, die Jesus in allen Erdteilen, Rassen und Völkern durchbringt und in seiner Gemeinschaft bewahrt. Nun hören sie von den tausend Wegen, auf denen ihr Herr dies fertiggebracht hat. Sie können über seiner Liebe und Treue nur anbeten und staunen. Die Freude an ihrem Herrn, der so Großes vermag, bricht in ihnen in nie gekannter Stärke durch. Jetzt wissen sie erst vollends, was ihnen mit Jesus gegeben ist und wie groß seine Liebe zu ihnen war – auch in den dunkelsten Wegstrecken. Die Freude an ihrem Herrn und die Anbetung über sein Handeln drückt sich in einem neuen Lied aus, das als ein machtvoller Gesang durch die ganze Himmelswelt schallt. Der Gesang ist so urgewaltig wie das Rauschen vieler Wasser und wie das Tönen eines gewaltigen Donners. Etwas Majestätisches, Sieghaftes, Kraftvolles wohnt diesem Liede inne. Und zugleich ist es so lieblich wie das Spiel von vielen Harfenspielern. Es atmet den ganzen Frieden Gottes und die stille Freude der Anbetung. Dieses Lied ist früher noch nie gesungen worden, weil die Gemeinde Gottes noch nie durch so schwere Schicksale ging. Nur die Märtyrergemeinde der letzten Weltepoche kann dieses Lied singen, weil sie die Größe des Sieges Jesu und die Größe seiner Treue wie keine andere Generation erfahren hat. Nun preist sie ihren Herrn vor dem Angesicht Gottes, vor der himmlischen Welt und der schon in der Ewigkeit befindlichen Gemeinde Gottes aus den früheren Zeiten. Weder die himmlische Welt noch die schon in der Ewigkeit befindliche Gemeinde kann aus eigener Erfahrung das aussagen, was die Märtyrergemeinde der letzten Weltperiode von ihrem Herrn zu sagen hat.

Er hat sie durch sein Opfer auf Golgatha von der Erde erkauft und sie dadurch zu seinem Eigentum gemacht. Darum wirkte sie wie ein Fremdkörper, obwohl sie das Leben in sich trug, das die Welt brauchte, um existieren zu können. Weil die Menschheit unter dem Einfluß dämonischer Kräfte zu diesem Leben so weitgehend nein sagte, darum kam die Gemeinde in die schweren Konflikte in der Zeit des Antichristentums. Daß Jesus sie zu seinem Eigentum erkaufte, bedeutete das große Geschenk ihres Lebens und zugleich tiefe Not.

**Offb. 14, 4 a: „Diese sind die, welche sich mit Weibern nicht befleckt haben, denn sie sind Jungfrauen."**

Ein merkwürdiges Wort. Man könnte denken, daß die Gemeinde aus lauter Ehelosen bestünde. Aber nirgends ist in der Bibel die Ehe als etwas gedeutet, das Sünde sei. Im Gegenteil ist die Ehe als Vergleich gebraucht, um die Tiefe des Verhältnisses zwischen Christus und seiner Gemeinde auszusprechen. In der neutestamentlichen Gemeinde hat die Ehe erst ihren vollen Adel empfangen. Alle hohen und idealen Auffassungen von der Ehe haben hier ihre Wurzel. Nirgends ist im Neuen Testament ausgesprochen, daß die Ehelosigkeit zur Nachfolge Jesu gehöre. Dieses Mißverständnis ist erst in späteren Zeiten aufgekommen, als man nicht mehr wußte, was Evangelium war und die Nachfolge Jesu in asketischen Leistungen suchte, durch die man sich versagte, was dem normalen Menschen vergönnt war. Das Wesen der Nachfolge Jesu besteht darin, daß wir in der Lebenslage, in der wir stehen, mit ungeteiltem Herzen an Jesus hängen und unsere ganze Liebe ihm zuwenden. Diese ungeteilte jungfräuliche Liebe, wie sie eine Braut zu ihrem Bräutigam hat, ist das charakteristische Merkmal, das mit Vers 4 als Kennzeichen der Gemeinde Jesu ausgesprochen wird.

Bei einem buchstäblichen Verständnis dieses Satzes müßte es heißen: „Die sich mit Männern nicht befleckt haben." Aber es ist etwas ganz anderers gemeint: die Liebe, die jeder Jünger Jesu seinem Herrn entgegenbringt. Es wird das Merkmal der Gemeinde der Endzeit sein, daß sie ihrem Herrn mit ungeteiltem Herzen inmitten der Verfolgung gehört. Wer nicht mit ungeteiltem Herzen Jesus anhängt, kann nicht durchhalten, sondern wird zur Verleugnung gedrängt. Die Schwere der antichristlichen Verfolgung muß dazu dienen, das Verhältnis zu

Jesus zu stärken und zu vertiefen. Alle anderen Stützen brechen weg. Es bleibt nur Jesus selbst. So drängt die Jünger Jesu in dieser letzten Periode alles zu einem ungebrochenen Lebensverhältnis mit Christus. Es gibt für sie keine andere Möglichkeit, um als seine Kinder existieren zu können. Die Märtyrergemeinde der 144 000 steht in einer so tiefen Liebe zu ihrem Herrn wie keine Generation vor ihr. Sie befleckt dieses Band, das die Brautgemeinde zu Christus als zu ihrem Bräutigam hat, nicht dadurch, daß sie an ihrem Herrn „Ehebruch" begeht und Mächten huldigt, die sich mit ihm nicht vertragen und ihm die Ehre streitig machen. Sie sind „Jungfrauen", die nur eine Liebe haben: Christus.

**Offb. 14, 4 b: „Diese sind die, die dem Lamme nachfolgen, wohin es auch geht."**

Die Liebe der Gemeinde Jesu zu ihrem Herrn ist keine gefühlvolle Stimmung, sondern eine Haltung, die den Charakter des Menschen und sein ganzes Leben bestimmt. Ihre Liebe zu Jesus drückt sich in der Bereitschaft aus, ihm in allen Stücken zu folgen. Sie sind grundsätzlich damit einverstanden, daß er sie führen kann, wie er will. Die nun am Ziel befindliche Märtyrergemeinde war bereit, die Liebe zu ihrem Herrn mit dem Tod zu besiegeln. Sie wußte, daß er sich als das Lamm Gottes für sie geopfert hatte. Seine Liebe und Hingabe wollten sie ihm mit derselben Bereitschaft zum völligen Gehorsam danken. Er sollte über sie absolutes Verfügungsrecht haben und ihren Lebensweg so gestalten dürfen, wie er es um seiner Sache willen für notwendig befand.

**Offb. 14, 4 c: „Diese sind erkauft worden aus den Menschen als Erstlingsgabe für Gott und das Lamm."**

Die Märtyrergemeinde der letzten Zeit geht den schwersten Weg der Gemeinde Jesu. Keine Generation vor ihr mußte so tief hindurch. Sie muß in einer unerhörten Weise ihre Treue zu Jesus bekunden und mit dem Einsatz ihrer ganzen Existenz bezeugen, daß er ihr lieber ist als alles. Darum hat sie das Vorrecht, die Erstlingsgabe für Gott und das Lamm in der Vollendung zu sein. Sie ist die Schar, die die erste Auferstehung erlebt und mit ihrem Herrn im Tausendjährigen Reich die Regierung der Welt gestalten darf (vgl. Kap. 20,

4—6). Es hat sich gelohnt, daß sie ihrem Herrn die Treue hielt. Nun sind sie die, die das Erdreich innehaben, obwohl sie den Weg der Sanftmut dem Lamme nach gingen und nie nach Macht trachteten. Sie teilen mit ihrem Herrn die großen Aufgaben der Gestaltung einer neuen Welt als die ersten, die er dafür brauchbar findet.

Offb. 14, 5: „Und in ihrem Munde wurde keine Lüge erfunden. Makellos sind sie."

In der Gemeinde Jesu der Endzeit ist alles echt und wahr. Die Botschaft ist unverfälscht. Sie nennt den Menschen nicht Gott. Jesus ist und bleibt für sie die einzige Wahrheit. Sie bekennt sich zu ihm von ganzem Herzen. Ihr Verhältnis zu Christus ist ein ganzes und unbeflecktes. Sie will lieber sterben, als dem Menschen die Ehre geben, die nur ihrem Herrn gebührt.

## Die letzte Warnung an die Menschheit

### Offenbarung 14, 6. 7

Offb. 14, 6. 7: „Und ich sah einen anderen Engel in der Mitte des Himmelsgewölbes fliegen, der hatte ein ewiges Evangelium, das er denen verkündigen sollte, die auf Erden wohnen, allen Nationen und Stämmen und Sprachen und Völkern. Der sprach mit gewaltiger Stimme: Fürchtet Gott und gebet ihm die Ehre, denn die Stunde seines Gerichts ist gekommen; und betet den an, der den Himmel und die Erde und das Meer und die Wasserquellen gemacht hat."

Der gigantische Welteinheitsstaat beansprucht für sich Ewigkeitscharakter und glaubt, für die Ewigkeit zu bauen. Seine Leistungen sind gewaltig, seine Macht ist überwältigend. Die gesamten Völker der Erde sind in ihm zusammengefaßt. Es ist auf Erden Friede geworden. Es gibt keine Macht mehr, die mit diesem Weltstaat Krieg führen könnte. Alle Völker atmen auf und sind dankbar, daß durch diese Weltregierung Friede auf Erden herrscht. Es scheint das Ziel der Menschheitsentwicklung gewonnen zu sein. Offenbar ist dieser Welteinheitsstaat das letzte Wort der Weltgeschichte. Was sollte nach ihm noch kommen! Er scheint wirklich das letzte Staatsgebilde der Menschheit zu sein, das nun für die Ewigkeit gebaut wird. Es ist allen Menschen tief eindrücklich, daß dieser Staat solchen Ewigkeitscharakter für sich in Anspruch nehmen darf.

Auch die Gemeinde Jesu ist von diesem gewaltigen Staatsgebilde und seinen Erfolgen beeindruckt. Es will ihr der Mut entfallen. Sollte sie sich doch getäuscht haben, als sie ihr ganzes Leben auf Jesus gründete? Es ist für die Gemeinde eine Stunde schwerster Anfechtung und Versuchung. Aus Liebe zu Jesus hat sie alles auf sich genommen. Die Glieder seiner Gemeinde haben den Verlust der Existenz ertragen und auf jede wirtschaftliche Sicherung verzichtet. Sie sind die Gemeinde in der Wüste, in der Verfolgung. So tapfer sie ihren Weg gehen, so mag doch manchmal die bange Frage kommen: Hat unser Herr uns vergessen? Unter dem Eindruck der machtvollen Entwicklung des Welteinheitsstaates geht die Gemeinde durch schwere Anfechtung: ob je noch die Rettung für sie kommt? Ob dieser Staat sie nicht doch endgültig auslöschen wird? Die Sprache der Propaganda dieses Staates ist sehr eindrucksvoll. Er scheint wirklich ewige Bedeutung zu haben.

Um seine Gemeinde zu stärken und ihr Mut zu machen, läßt Gott den Johannes in einer neuen Schau die wirkliche Lage sehen. Er schaut einen Gottesboten mitten im Himmelsgewölbe fliegen. Er hat einen Standort, von dem aus die ganze Welt erreicht werden kann. Damit wird eindrücklich gemacht, daß die Botschaft, die er ausrichtet, für die ganze Welt Bedeutung hat und für alle Völker der Erde lebensentscheidend ist. Es ist keine Winkelbotschaft und keine Winkelangelegenheit, sondern die Botschaft, an der das Leben eines jeden Menschen in der ganzen Welt hängt. Diese Tatsache bringt der Gemeinde neu zum Bewußtsein, was ihr anvertraut ist. Es ist das ewige Evangelium von Jesus Christus. Die Botschaft von Jesus wird nie ausgelöscht werden, weil er selbst ewig ist. Er wird noch da sein, wenn die Kultur des modernen Menschen längst versunken ist und das letzte Weltzeitalter des Menschen sein Ende gefunden hat. Die Zeit Jesu geht nie zu Ende. Er ist der ewige Herr. Nichts in der Welt ist ewig als Jesus allein. Alles andere ist zeitbedingt und versinkt. Darum gibt es nur eine Botschaft, die Ewigkeitscharakter hat und nie untergeht. Das ist die Botschaft von Jesus Christus. Sie ist Gottes ewiges Wort, das nie veraltet. Diese Tatsache soll der Gemeinde Jesu durch diese Schau des Johannes neu eindrücklich gemacht werden, damit sie angesichts ihrer Lage im antichristlichen Zeitalter nicht den Mut verliert, sondern weiß, daß sie von einem ewigen Fundament getragen wird.

Zugleich soll der ganzen Welt gesagt werden, daß niemand für seine Botschaft Ewigkeitscharakter in Anspruch nehmen darf als allein der lebendige Gott. Zum letztenmal wird diese Tatsache der Welt verkündet. Es ist der letzte Versuch Gottes, zu retten und aus der dämonischen Verstrickung des letzten Weltzeitalters zu lösen. Nach diesem Ruf folgt kein weiterer Ruf Gottes mehr. Darum wird der Menschheit noch einmal gesagt, daß sie nur ein zeitbedingtes Wort hat, während Gottes Botschaft ewig ist. Diese Tatsache ruft zur Entscheidung. Es ist die letzte Entscheidungsmöglichkeit. Nach diesem Ruf Gottes gibt es keine Rettung mehr.

Das Evangelium von Jesus ist in allen Jahrhunderten durch Menschen ausgerichtet worden, die seine Zeugen wurden. Nie wurde es durch Engel verkündigt. Es war das hohe Vorrecht seiner Gemeinde, das Zeugnis von ihrem Herrn selbst weitersagen zu dürfen. Der letzte Ruf Gottes zur Entscheidung wird nicht mehr durch Menschen gesagt werden. In der Schau des Johannes richtet ein Engel die Botschaft aus. Übermenschliche Kräfte sind jetzt nötig, um die Botschaft Gottes der Welt zu Gehör zu bringen. Die Gemeinde Jesu auf Erden ist mundtot gemacht. Sie ist aus Liebe zu ihrem Herrn in den Tod gegangen. Sie sitzt in den Gefängnissen. Sie fristet ihr Leben in einem Wüstendasein. Sie hat keine Möglichkeit mehr, das Wort von Jesus Christus in der Öffentlichkeit auszusprechen. Darum muß Gott übermenschliche Kräfte in Anspruch nehmen, um noch ein letztes Mal zu warnen und zu rufen. Die Gerichte, die in Offenbarung 16 geschildert werden, sind die eindrückliche Sprache Gottes, mit der er den Menschen des antichristlichen Zeitalters vor der Endkatastrophe und dem ewigen Gericht bewahren will. Der Ruf Gottes erfolgt mit gewaltiger Stimme. Ihm eignet die ganze Majestät der Ewigkeit. Die Gerichte sprechen eine erschütternde Sprache. Sie machen die Nichtigkeit des Menschen und seines Werkes kund und offenbaren die ewige Majestät Gottes.

## Der Einsturz der Weltkultur des Menschen

### Offenbarung 14, 8

Offb. 14, 8: „Und ein anderer, zweiter Engel folgte ihm und sprach: Gefallen, gefallen ist Babylon, die Gewaltige, die mit dem Zorneswein ihrer Hurerei alle Völker getränkt hat."

Babylon ist nicht eine Stadt, sondern seit Urzeiten das Sinnbild für die von Gott gelöste, allein auf den Kräften des Menschen aufgebaute Weltkultur. Sie steht im antichristlichen Zeitalter imponierender da als je. Sie ist auf dem Höhepunkt ihrer Entwicklung. Nie hat es etwas Ähnliches gegeben. Endlich können die Milliarden, die früher für die wahnsinnigen Kriegsrüstungen ausgegeben wurden, für die kulturelle Entwicklung der Menschheit verwendet werden. Ungeheure Geldmittel stehen zur Verfügung, um die Arbeit in den chemischen und physikalischen Laboratorien zu fördern. Es wird von den tüchtigsten Gelehrten und Forschern intensiv gearbeitet, um jeden nur möglichen Fortschritt zu gewinnen. Die technische Organisation der ganzen Welt ist fabelhaft. Alle Menschen genießen diese Fortschritte der Technik und berauschen sich an ihr. Es gibt keinen Winkel der Welt mehr, der nicht von diesem kulturellen Fortschritt erfaßt wird und ihn mit Freuden genießt. Es gibt kein Gebiet der modernen Zivilisation, auf dem nicht enorme Fortschritte gemacht werden. Die Kultur des modernen Menschen hat eine bis dahin ungeahnte Höhenlage erreicht.

Demgegenüber nehmen sich die versprengten kleinen Häuflein der Jünger Jesu sehr kümmerlich aus. Offiziell ist das Christentum ausgelöscht. Die christlichen Organisationen und Kirchen sind nicht mehr vorhanden. Gottesdienste und christliche Versammlungen bestehen nicht mehr. Die Christenheit scheint vom Erdboden verschwunden zu sein. Dennoch lebt die Gemeinde Jesu in vielen unbekannten Gliedern verstreut über die ganze Erde. Nach den Größenmaßstäben dieses Zeitalters ist die Gemeinde Jesu ein Nichts, machtlos, bedeutungslos. Die Menschheitsgeschichte wird von anderen Kräften gestaltet. Die großen kulturellen Erfolge beruhen nicht auf dem Evangelium von Jesus, sondern auf der enormen geistigen Arbeit und Willensanstrengung des modernen Menschen. Die Lage der

Gemeinde Jesu scheint verzweifelt zu sein. Es sieht so aus, als wenn ihr Leben zu Ende ginge.

In diese Lage hinein kommt die Botschaft Gottes: „Gefallen, gefallen ist Babylon, die Gewaltige." So imponierend die Kultur des modernen Menschen ist, für Gott ist sie nur eine Eintagserscheinung. Er sieht schon ihr Ende. Für ihn ist sie überholt und erledigt. Er blickt über die kurze letzte Spanne ihrer Existenz hinaus und sieht ihren Einsturz. Für ihn ist diese letzte, so imponierende Etappe der Weltkultur des Menschen nur ein kleiner Augenblick. Er weiß, daß ihr kein Ewigkeitscharakter innewohnt, sondern daß die Kultur des modernen Menschen in der Wurzel krank ist und aus inneren Gründen zerbrechen muß. Das soll die Gemeinde auf Erden in ihrer furchtbaren Lage wissen, damit sie mit tapferen Schritten ihren Weg weitergeht. So lang und schwer dieser Weg zu sein scheint, so ist er in Wirklichkeit eine verschwindend kleine Spanne Zeit im Angesicht der Ewigkeit. Mit Nachdruck wird zweimal ausgesprochen: „Gefallen, gefallen ist Babylon." So klar sieht Gott den Einsturz der Kultur des Menschen vor Augen. Er sieht sie als erledigt an. Die Gemeinde Jesu soll in ihrer schweren Lage wissen, daß dieses imponierende technische Gebilde, das die ganze Welt umspannt, keinen Bestand hat.

Mit eigenartiger Formulierung wird ausgesprochen, daß diese gewaltige technische Kultur mit dem Zorneswein ihrer Hurerei alle Völker getränkt hat. Der Trank, den sie dem Menschen gereicht hat, ist wie starker Wein, der berauscht und die wirkliche Lage nicht mehr klar sehen läßt. In der Tat ist über den modernen Menschen ein Rausch gekommen. Er glaubt, der Herr der Schöpfung zu sein. Die Hohlheit seiner Kultur nimmt er nicht wahr. Er sieht nicht, daß der Mensch von Technik allein nicht zu leben vermag und daß eine nur auf dem Intellekt des Menschen aufgebaute Kultur den innersten Durst der Seele nicht löschen kann. Alle Völker der Erde sind mit diesem berauschenden Wein der modernen Kultur getränkt worden. Es ist eine erschütternde Tatsache, daß diese Kultur von demselben Europa ausgegangen ist, von dem auch die Kunde von Jesus in die Welt hinausging. Wo die Botschaft von Jesus in der Völkerwelt aufgenommen wurde, entstand Leben. Wo die europäische Kultur zur Herrschaft kam, entstand der Tod. Wir Europäer haben eine tiefe Schuld gegenüber den anderen Völkern der Welt. Die technische Zivilisation Europas war für sie Gift. Wir haben die Völker Afrikas aus ihren uralten Ordnungen gelöst und sie in den Industriezentren zu Opfern der Technik gemacht. Unheimliche Probleme sind daraus erwachsen. Niemand weiß, wie sie gelöst werden sollen. Es wird eine Lösung nur durch Christus geben können, wenn der europäische Mensch seine Schuld eingesteht und seinen schwarzen Bruder um Verzeihung bittet. Nicht anders liegt die Schuld des Europäers gegenüber den asiatischen Völkern. Er hat sie in eine tragische Entwicklung gestürzt. Er nahm ihnen den Mutterboden ihrer heimatlichen Kultur und gab ihnen das Gift der europäischen Zivilisation. Ganz zu schweigen von der Schuld an der Urbevölkerung Amerikas. Hier ist ein ganzer Erdteil fast restlos seiner alten Bewohner durch den Europäer beraubt worden. Es gibt kein Volk der Erde, das nicht unter uns Europäern gelitten hat und durch die europäische Zivilisation vergiftet wurde.

Die europäische Kultur des modernen Zeitalters ist in der Tat ein Zorneswein. Sie hat Zorn und Haß unter den Völkern erregt und die Menschen gegeneinander gehetzt. Die Weltkriege des 20. Jahrhunderts mit ihrem dämonischen Charakter sind eine bittere Frucht der von Gott gelösten modernen Kultur. Das Verhältnis der Völker und Menschen ist aufs tiefste gestört. Es ist ein Kampf aller gegen alle. Der Friede ist von der Erde gewichen. Zugleich aber ist der Taumeltrank, den die moderne Kultur dem Menschen gereicht hat, ein Zorneswein, weil die Menschheit hierdurch von Gott gelöst und reif für sein Gericht wurde. Für die moderne Weltkultur ist Gott tot. Sie baut sich allein aus den Kräften des Menschen auf. Darum kommt der Zorn Gottes im letzten Gericht über sie. Die technische Zivilisation, die den Menschen vom ewigen Gott löste, baute nicht das Paradies, sondern beraubte den Menschen der echten Lebensgrundlage in Gott und machte ihn reif für den Zorn Gottes und das ewige Gericht.

Es ist ein Zorneswein der Hurerei. Hierbei ist nicht nur daran zu denken, daß die moderne Kultur mit Sexualität geladen ist, sondern auch an die Tatsache, daß sie die Menschheit bewogen hat, die Ehe mit Gott zu brechen, in der sie allein echtes Leben gewinnen konnte. Die Welt des modernen Menschen war eindrucksvoller als der unsichtbare Gott. Der mächtige Aufbau der technischen Kultur löste von dem Wissen um die unsichtbare Welt Gottes und lieferte den Menschen an die Materie aus. Er verlor das Organ für die wirklichen Werte, die unsichtbar sind und doch das Leben ausmachen. Die moderne Entwicklung wurde zu einem unheimlichen Sog, der die gesamte Menschheit verschlang und von Gott löste. Aber Gott läßt sich nicht spotten. Er behält das letzte Wort, wenn er auch Jahrhunderte in großer Geduld warten kann. An dem Ehebruch Gott gegenüber stirbt die moderne Kultur. Sie hat in der Tat mit dem Zorneswein ihrer Hurerei den Weg der gesamten Menschheit verdorben und weiß kein Heilmittel, um die Welt einer Genesung entgegenzuführen.

Diese Botschaft Gottes von dem unaufhaltbaren Einsturz des modernen Weltzeitalters mit seiner gigantischen technischen Kultur soll den Blick seiner Gemeinde klären, daß sie sich von der fabelhaften Entwicklung im antichristlichen Zeitalter nicht imponieren läßt, sondern weiß, daß diese Kultur ein Scheingebilde ist und in Gottes Augen ihren Einsturz schon erlebt hat. Gott will dadurch seine Gemeinde stärken, daß sie ihren schwersten Weg getrost und tapfer geht und weiß, daß Gott das letzte Wort behält.

## Das Gericht über die antichristliche Welt

### Offenbarung 14, 9—12

**Offb. 14, 9—11: „Und ein anderer, dritter Engel folgte ihnen und sprach mit gewaltiger Stimme: Wenn jemand das Tier und sein Bild anbetet und das Malzeichen auf seine Stirn oder auf seine Hand nimmt, so wird auch er von dem Zorneswein Gottes trinken, der unvermischt in dem Kelch seines Zornes zubereitet ist, und er wird mit Feuer und Schwefel gepeinigt werden vor den heiligen Engeln und dem Lamm. Und der Rauch ihrer Qual steigt empor in die Ewigkeiten der Ewigkeiten, und es werden keine Ruhe haben Tag und Nacht, die das Tier und sein Bild anbeten, und wer nur immer das Malzeichen seines Namens annimmt."**

Mit gewaltiger Stimme wird diese dritte Botschaft an seine Gemeinde ausgerichtet. Man merkt, wie Gott um jeden bangt, der diese schwere Zeit miterleben muß, und wie ihm am Herzen liegt, jedes Glied seiner Gemeinde unbeschädigt durchzubringen. Die Gefahr ist unendlich groß, daß man sich der antichristlichen Macht beugt, um sein Leben zu retten. Die Versuchung ist groß, äußerlich das Malzeichen dieses Staates anzunehmen, aber innerlich bei Jesus bleiben zu wollen. Die Versuchung ist groß, äußerlich die neue Staatsreligion mitzumachen und doch innerlich Jesus treu bleiben zu wollen. Sehr eindrücklich läßt Gott seiner Gemeinde sagen, daß dies unmöglich ist und daß jeder, der den Antichristen anbetet und sein Zeichen annimmt, damit aus der Gemeinde des Herrn Jesu ausscheidet und keine Hoffnung hat, dem letzten Gottesgericht zu entgehen.

Es ist die Frage aufgeworfen worden, was aus denen wird, die aus Schwachheit verleugnet haben. Diese Frage ist in allen Verfolgungen der Christenheit aufgetreten. Manche haben geglaubt, denen die Bruderhand fortan versagen zu müssen, die in der Verfolgung schwach wurden und verleugneten. Aber das entspricht nicht der Art Jesu, der am Kreuz selbst für seine Mörder betete und der den Petrus nach der Verleugnung ebenso wieder annahm wie die anderen Jünger, die ihn alle im Stich gelassen hatten. Nie wäre eine Gemeinde Jesu auf Erden geworden, gäbe es nicht Vergebung für die Verleugnung, denn die ersten Jünger haben ihren Herrn am Gründonnerstag alle verraten. Für den, der über seine Verleugnung Buße tut, ist die Gnade Jesu da. Über manchen, der in früheren Verfolgungen verleugnete, kam nach der Verleugnung ein schreckliches Aufwachen. Er schämte sich, Jesus verraten zu haben, und drängte förmlich zum Martyrium, obwohl Jesus das auch nicht will. Aber es stand dahinter die ehrliche Buße, die die Verleugnung wiedergutmachen wollte. Wer über seine Verleugnung sich beugte, ist dadurch oft erst recht ein Bekenner seines Herrn geworden.

Noch stehen wir nicht in der Zeit der umfassenden Verfolgung durch die ganze Welt. Wir leben nicht in einem Staat, der göttliche Verehrung verlangt und mit allen Kräften gegen die Gemeinde Jesu kämpft. Jeder kann seines Glaubens leben. Diese Zeit heißt es auszunutzen, um in Jesus fest zu werden. Zu allen Zeiten gibt es je und dann eine Lage in Familie, Geschäft und Volksleben, in der ein echtes, freies Bekenntnis zu Jesus notwendig ist und in der man in Gefahr steht, ihn zu verleugnen. Diese Stunden sind die Vorschule für die große Erprobung, die das antichristliche Zeitalter bringt.

Die Warnung Gottes an seine Gemeinde macht deutlich, daß es im letzten Gericht keine Gnade mehr gibt. Wer in das letzte Gericht kommt, findet aus ihm keinen Ausweg. Die Zeit der vergebenden Gnade ist dann vorbei. Es ist von Zeit zu Zeit notwendig, sich klarzumachen, daß es wirklich ein letztes Gericht gibt und daß wir ihm unweigerlich entgegengehen. Wer zu Jesus gehört, kommt nicht ins Gericht. Jesus hat seinen Namen in das Buch des Lebens geschrieben und ihn dem Gericht entnommen. Wer den Wein der Kultur des Menschen trank und darauf sein Leben aufbaute und das Malzeichen des Antichristen annahm, der wird den bitteren Trank trinken müssen, den ihm das Gericht Gottes bereitet. Dieser Gerichtstrank wird unvermischt, ungemildert eingeschenkt. Das Gericht Gottes ist absolut, endgültig. Ob man die Tatsache des Gerichts ästhetisch schön findet oder nicht, entscheidet nicht über seine Wirklichkeit. Auch manche Christen haben gemeint, daß ein radikales Endgericht nicht im Sinne Gottes sein könne, der die Liebe ist. Das ist menschliche Logik, die im Wort Gottes keine Begründung findet. Wir dürfen die Grenze des Denkens nicht überschreiten, die das Wort Gottes uns setzt. Das letzte Gottesgericht über die Menschheit vollzieht sich unabhängig von unserer Beurteilung. Die Schrift spricht sehr eindeutig von dem Zorn des lebendigen Gottes. Hiervon dürfen wir nichts abziehen.

Feuer und Schwefel sind seit Sodom und Gomorra die Bilder eines unheimlichen Gerichts. Daß sich das letzte Gericht vor den heiligen Engeln und unter den Augen Jesu vollzieht, bedeutet niemals, daß Jesus und die Engelwelt an diesem Gericht Freude hätten. Es wird ihnen vielmehr der tiefste Schmerz sein. Nicht ohne Absicht wird Jesus an dieser Stelle das Lamm genannt. Er ist für die gesamte Menschheit gestorben und muß erleben, daß viele ihn ablehnen und in Ewigkeit verlorengehen, obwohl Jesus auch für sie den Weg der Rettung bereitet hatte. Der Ausdruck „vor den heiligen Engeln und vor dem Lamm“ bringt zum Ausdruck, daß die Verlorenen Jesus und die Welt Gottes unmittelbar vor Augen haben und mit Erschütterung sehen, daß Jesus als das Lamm Gottes auch für sie gestorben ist und für jeden die Rettung hätte bedeuten können. Aber nun ist es zu spät. Sie haben in voller Freiheit ihre Entscheidung gegen Jesus getroffen. Wir können nicht sagen, was aus denen wird, die in das letzte Gericht Gottes hinein müssen. Nur eins ist von dem Inhalt dieses Endgerichtes bekannt, daß alle die, die dieses Gericht ereilt, bei Tag und Nacht keine Ruhe finden. Eine unheimliche innere Unruhe und Friedlosigkeit wird sie beherrschen.

**Offb. 14, 12: „Hier ist die Standhaftigkeit der Heiligen, welche die Gebote Gottes und den Glauben an Jesus bewahren."**

Die Gemeinde Jesu kämpft nicht mit Waffengewalt und brutaler Macht. Sie geht den Weg dem Lamme nach, das sich kreuzigen ließ und auf diesem Wege siegte. Es ist der Weg der geduldigen Leidensbereitschaft, den die Gemeinde Jesu aus Liebe zu ihrem Herrn geht. Es ist ein sehr tapferer Weg, zu dem eine große Standhaftigkeit gehört. Daß Jesus seinen Kindern alle Gnade gibt, die sie brauchen, um diesen Weg zu gehen, ist der Sinn der ganzen Offenbarung des Johannes. Er wird sie stärken, daß sie die Gebote Gottes bewahren und keine Menschengebote an ihre Stelle setzen. Gott bleibt für sie die letzte Instanz, der sie folgen. Sie gehören Jesus.

## Die neue Bewertung des Todes im antichristlichen Zeitalter

### Offenbarung 14, 13

**Offb. 14, 13: „Und ich hörte eine Stimme aus dem Himmel, die sprach: Schreibe! Selig sind die Toten, die in dem Herrn sterben, von jetzt ab. Ja, wahrhaftig, spricht der Geist, daß sie ruhen dürfen von ihren Mühsalen, denn ihre Werke folgen ihnen nach."**

Die Urgemeinde war geneigt, die zu beklagen, die vor der Wiederkunft Jesu sterben müssen. Sie sollten sie vielmehr glücklich preisen, weil sie die kommende Notzeit nicht zu erleben brauchen. Vollends die, die in der letzten Verfolgung sterben dürfen, sollte man nicht betrauern, sondern seligpreisen, weil sie aus dem schwersten Weg der Gemeinde Jesu unmittelbar zu ihrem Herrn gehen. Für die Kinder Gottes jener Zeit wird der Umschwung noch viel gewaltiger sein, wenn sie zu Jesus heimgehen, als für ein Kind Gottes in der Gegenwart. Nach dem schweren Erleben in der Verfolgungszeit, in der sie wie ein gehetztes Wild waren, kommen sie nun zu der wunderbaren Ruhe bei Jesus. Nun dürfen sie von all dem Schweren ruhen, das sie um Jesu willen durchlitten haben. Es waren wirkliche Mühsale, die sie durchstehen mußten, um Jesu treu zu bleiben. Sie werden über die herrliche Ernte staunen, die aus ihrem Lebenswerk für Gott erwächst. Nichts von dem, was sie für Jesus gelebt und gelitten haben, geht verloren. Alles folgt ihnen in die Ewigkeit nach.

## Die Ernte Jesu

### Offenbarung 14, 14–16

Auf Erden triumphiert das antichristliche Zeitalter auf der ganzen Linie. Die Gemeinde Jesu ist fast ausgelöscht. Die Kultur des Menschen scheint ihren Höhepunkt erreicht zu haben. Christen sind unmögliche Leute geworden. Wer existieren will, muß sich dem Antichristentum verschreiben. Ganz anders sieht dasselbe antichristliche Zeitalter von der Ewigkeit her aus. Gott sieht seine Gemeinde schon am Ziel. Die imponierende Menschheitskultur ist in seinen Augen schon eingestürzt. Von der Ewigkeit her gesehen ist es letzte Weisheit, sich nicht dem Antichristen zu verschreiben, sondern Jesus bis ans Ende treu zu bleiben. Während auf Erden die Erinnerung an Jesus ausgelöscht zu sein scheint, steht er in Wahrheit unmittelbar vor der Tür als der Sieger der Weltgeschichte.

**Offb. 14, 14: „Und ich sah, und siehe, eine weiße Wolke, und auf der Wolke sah ich einen thronen gleich einem Menschensohn; auf seinem Haupte hatte er eine goldene Krone und in seiner Hand eine scharfe Sichel."**

In einem großartigen Gemälde sieht Johannes Jesus als den Sieger der Weltgeschichte, der seine Gemeinde als reife Ernte einbringt. Eine leuchtende Wolke ist in diesem Gemälde sein Thron. Damit wird ausgedrückt, daß Jesus der Herr der Herrlichkeit ist. Die Menschheit auf Erden würde erschrecken, wenn sie ahnte, wer auch im antichristlichen Weltzeitalter der eigentliche Herr der Welt ist. Für die Gemeinde Jesu bringt die Schau des Johannes die Gewißheit, daß Jesus auch in der Periode des Antichristen der Herr der Welt geblieben ist. Sie soll darüber hinaus wissen, daß er unmittelbar im Kommen begriffen ist. Er kommt nicht wieder in Knechtsgestalt, sondern als der majestätische Herr in der ganzen Herrlichkeit Gottes.

Der letzte Welteinheitsstaat und sein Herrscher waren unter dem Bild des Tieres dargestellt. Alles trug unheimlichen, tierischen Charakter. Die menschlichen Züge waren aus diesem Staatsgebilde verschwunden. Jesus ist ganz anders. Er sieht gleich einem Menschensohn aus. Alles an ihm trägt echt menschliche Züge. Er ist der einzige, der im Vollsinn ein Mensch auf dieser Erde war. Er ist es auch im Vollsinn des Wortes, wenn er wiederkommt. Er ist das Urbild des Menschen und verkörpert die Idee des Menschen, wie er von Gott in der ersten Schöpfung geschaffen wurde. Darum war es auf Erden eine Freude, ihm zu begegnen. Darum wird es am Ende der Weltgeschichte eine Freude sein, Jesus zu begegnen. Vor ihm brauchen wir uns nicht zu fürchten. Ihm fehlt jeder tierische Charakter. Der Mensch in seiner ganzen göttlichen Würde tritt in ihm uns entgegen. So menschlich wird er mit all denen umgehen, die sich ihm erschlossen haben. Die neue Welt, die er bringt, wird im Vollsinn eine menschenwürdige Welt sein, voll Harmonie, voll Frieden, voll innerer Schönheit. Jesus und seine Welt in ihrer Menschlichkeit sind der volle Kontrast zu dem letzten Weltreich mit seinem unheimlichen, tierischen Charakter. Seine Gemeinde darf sich auf ihn und sein Reich freuen.

Jesus ist der absolute Sieger. Das will in dem Bild, das Johannes gezeigt wird, die goldene Krone, der goldene Siegeskranz besagen. Jesus siegt auf der ganzen Linie. Auf der Erde sieht es so aus, als wäre er völlig unterlegen. Im Himmel weiß man, daß ihm der totale Sieg gehört. Dies ist ein Wort der Ermutigung für seine Gemeinde auf Erden, die ihren Sterbensweg geht. Sie soll wissen, daß all die Mächte, die ihr das Leben so schwer machen und die so imponierend zu sein scheinen, im Grunde nur zeitbedingte Erscheinungen sind. Sie soll wissen, daß ihr Herr das letzte Wort behält. Ihr Herr ist stärker als all die gewaltigen Zeiterscheinungen, die so bedrückend auf seine Gemeinde wirken. Er ist und bleibt der Sieger der Weltgeschichte.

Das erste Mal kam Jesus auf Erden, um den Samen seines Wortes auszustreuen. Das zweite Mal kommt Jesus, um die Ernte einzubringen, die aus diesem Samen erwachsen ist. Jahrhunderte hindurch ist er der große, unsichtbare Sämann gewesen. In vielfältiger Weise ist seine Saat aufgegangen. Große Bewegungen in der Menschheitsgeschichte haben ihn zum Brennpunkt gehabt und zielten auf ihn hin. Es hat manchen Frühling des Geistes Gottes auf der Erde gegeben. Millionen von Menschen haben den Samen seines Wortes in sich aufgenommen. Aber immer wieder gab es schwere Hagelwetter, die über die Gemeinde herniedergingen und vieles zu vernichten schienen. Das größte Hagelwetter trifft die Gemeinde in der letzten Periode der Weltgeschichte. Es scheint jede Hoffnung zu schwinden, als könnte noch eine Ernte für Jesus bleiben. Die Ernte scheint völlig vernichtet zu sein. So sieht es von der Erde her aus.

Ganz anders ist die Schau vom Himmel her. Während auf Erden alles vernichtet zu sein scheint, weiß man im Himmel, daß die Ernte Jesu vor der Tür steht. Darum sieht Johannes in der Hand Jesu eine scharfe Sichel. Die Ernte Jesu besteht aus der gewaltigen Schar, die sich ihm im Laufe der Jahrhunderte erschloß. Auch die schwere Verfolgung der antichristlichen Zeit kann die Ernte Jesu nicht vernichten. Er bringt sein Werk zum vollen Abschluß. Es wird eine große Freude sein, wenn er seine Gemeinde als reife Ernte einbringt.

**Offb. 14, 15: „Und ein anderer Engel kam aus dem Tempel hervor und rief dem, der auf der Wolke thronte, mit gewaltiger Stimme zu: Sende deine Sichel und ernte, denn die Stunde zu ernten ist gekommen, denn die Ernte der Erde ist überreif geworden."**

Auf Erden scheint die Gemeinde völlig erledigt zu sein. In Gottes Augen steht sie unmittelbar vor ihrer Vollendung und ist überreif zur Ernte. Darum gibt er Jesus den Befehl zum Abschluß seines Christuswerkes an seiner Gemeinde. Die schweren Zeiten der Verfolgung, die die Gemeinde auszulöschen schienen, haben sie in Wirklichkeit ausreifen lassen. Es wurde ihr alles genommen. Es blieb ihr nichts von ihrem irdischen Besitz. Die Jünger Jesu wurden bettelarm. Ihr einziger

Reichtum blieb Jesus. Alles, was sonst ihre Liebe von ihm abgezogen hatte, war fortgefallen. Ihre ganze Liebe konnte jetzt ungeteilt ihrem Herrn gehören. So ließ sie die Verfolgung zur Brautgemeinde ausreifen, deren einziger Besitz Jesus selbst ist.

Alle christlichen Kirchen, Bekenntnisse und Organisationen waren durch die Verfolgung ausgelöscht worden. Die verschiedenen Ausprägungen der Gemeinde Jesu hatten ihre Bedeutung verloren. Keiner fragte nach dem, was früher die verschiedenen Teile der Gemeinde Jesu voneinander getrennt hatte. Es kam nur noch auf das Bekenntnis zu Jesus selbst an. Wo man einen traf, der zu ihm gehörte, wußte man, daß man in ihm den Bruder gefunden hatte. In dieser radikalen Verfolgung war klargeworden, daß im Evangelium nur der eine Name Jesus steht. Seine Gemeinde war sich ihrer Einheit unter ihm bewußt geworden. Sie war reif zur Ernte. Die antichristlichen Mächte mußten wider ihren Willen die Werkzeuge sein, durch die die Gemeinde in voller Einheit zueinander fand.

**Offb. 14, 16: „Und der auf der Wolke thronte, warf seine Sichel auf die Erde, und die Erde wurde geerntet."**

Nun ist die Stunde der Ernte Jesu da. Mit königlicher Vollmacht wirft er die Sichel auf die Erde, und die Ernte ist eingebracht. Ein Befehl genügt, um seine Leute aus allen Völkern zu ihm zu rufen und bei ihm zu vereinigen. Ein großes Erschrecken wird durch die Völker gehen, wenn Jesus seine Leute aus ihrer Mitte herausnimmt. Die diese Tat an seiner Gemeinde auf Erden erleben, werden nicht durchs Sterben gehen müssen, sondern in der Stunde, da Jesus sie zu sich ruft, mit der Auferstehungsgestalt ihres Herrn überkleidet werden. Was 2. Korinther 5, 1—5 als Sehnsucht der ersten Gemeinde ausgesprochen war, wird nun Wirklichkeit (vgl. Schnepel, 2. Korintherbrief). Daß die letzte Gemeinde Jesu auf Erden nicht durch das Sterben hindurchgehen muß, sondern unmittelbar zu Jesus hingerückt wird, ist der große Ausgleich für all die Leiden, die sie wie keine andere Generation der Christenheit in der letzten Verfolgung durchlitten hat (vgl. Auslegung Kap. 20, 4—6).

## Das Endgericht über die Welt

### Offenbarung 14, 17—20

Auch die übrige Menschheit ist reif zur Ernte. Aber es ist keine frohmachende Ernte, die Leben bringt, sondern die bittere Ernte des Gerichts. Die Gemeinde Jesu und die übrige Welt werden gleichzeitig reif zur Ernte. Die letzte Entwicklung hat deutlich gemacht, daß der Aufbau der modernen Welt nur Fassade war, hinter der kein Leben stand. Die Schuld der Lösung von Gott und Christus ist eindeutig erwiesen. Damit ist die Welt zur Ernte des Gerichts reif geworden.

Offb. 14, 17: „Und ein anderer Engel kam aus dem Tempel, der im Himmel ist, und auch er hatte eine scharfe Sichel."

Die Ernte seiner Gemeinde bringt Jesus selbst ein. Die Ernte des Gerichts über die übrige Welt wird durch andere Werkzeuge Gottes vollzogen. Wohl entscheidet Jesu Urteil, wer dem Gericht entnommen ist, aber zur Vollstreckung des Gerichtes ist er selbst nicht nötig. Dazu ist er zu groß und zu erhaben. Daß der Engel aus dem Tempel im Himmel kommt, den Johannes in seiner Schau sieht, will besagen, daß auch die Stunde des Gerichts allein von dem lebendigen Gott festgesetzt wird. Auf seinen Befehl wird das Gericht an der übrigen Menschheit vollzogen. Er hat sie mit großer Geduld ertragen, und ihr weiten Raum gegeben, um zu ihm zurückzukehren. Die Lösung von Gott ist so eindeutig in der Menschheit ausgereift, daß die Zeit der Gnade abläuft und die Stunde des Gerichts da ist. Auf Erden glaubt sich der Mensch im vollen Sieg der technischen Kultur zu befinden. Er ahnt nicht, daß sein Gericht unmittelbar vor der Tür steht.

Offb. 14, 18: „Und ein anderer Engel ging aus von dem Brandopferaltar, welcher Vollmacht über das Feuer hatte, und rief mit gewaltiger Stimme dem, der die scharfe Sichel hatte, zu und sprach: Sende deine Sichel, die scharfe, und schneide die Trauben des Weinstocks der Erde, denn seine Trauben sind reif geworden."

Der neue Engel, den Johannes sieht, kommt ebenfalls unmittelbar aus dem Heiligtum Gottes vom Brandopferaltar. Damit wird ausgesprochen, daß niemand anders als der lebendige Gott selbst den Befehl zum Abschluß der Menschheitsgeschichte und zum letzten Gericht über die moderne Kulturwelt gibt. Gott hat lange warten können. Nun ist seine Geduld zu Ende. In übergroßer Gerechtigkeit hat er der Menschheit so viel Spielraum gegeben, bis das Gericht unvermeidbar geworden ist.

Der Bote Gottes hat Vollmacht über das Feuer. Es ist kein natürliches Feuer zum Vollzug des Gerichts notwendig. Ein Wort Gottes genügt, um das Gericht über die Menschheit Wirklichkeit werden zu lassen. Feuer ist von jeher das Bild des Gerichts. Es ist Gottes Gericht. Darum ist es endgültig und absolut. Aus diesem Gericht gibt es keine Rettung mehr. Es wird betont, wie scharf die Sichel dieses Gerichts ist und wie reif die Erde zum Gericht wurde.

Offb. 14, 19: „Und der Engel warf seine Sichel auf die Erde und schnitt den Weinstock der Erde und warf die Trauben in die große Kelter des Zornes Gottes."

Die Menschheit wird mit einem Weinstock verglichen, der reif geworden ist. Niemand kann sich entschuldigen. Gott hat viel Zeit gelassen. Nun wird abgeschnitten, was abgeschnitten werden muß. Die Menschen, die jetzt abgeschnitten werden, sind überreif zum Gericht. Keinem geschieht ein Unrecht. An jeden ist der Ruf Gottes so oft und so deutlich ergangen, daß er hätte zu Jesus kommen können. Nun ist es zu spät. Das Gericht wird unter dem Bild einer gewaltigen Kelter dargestellt. Wer gesehen hat, wie Weintrauben in der Kelter zerquetscht werden, kann die Unheimlichkeit des Bildes ermessen. Wer in diese Kelter hineingetan wird, ist unrettbar verloren. Es gibt einen heiligen Zorn und ein heiliges Gericht über die Menschheit.

Wir wissen nicht, was mit den Menschen geschieht, die der Kelter des Zornes Gottes überantwortet werden. Es wird immer nur die Tatsache dieses letzten Gerichtes ausgesprochen, aber nirgends ausgeführt, was das Schicksal der Menschen sein wird, über die dieses letzte Gericht ergeht. Wir dürfen über den Inhalt des letzten Gerichtes nicht mehr sagen, als Gott uns erschlossen hat. Alles, was wir darüber hinaus sagen, ist Grenzüberschreitung und Ehrfurchtslosigkeit vor Gott. Wir dürfen nicht unsere Phantasie walten lassen. Erst recht dürfen wir nicht sagen, daß irgend jemand aus diesem letzten Gericht noch gerettet werden kann. Es ist nirgends ausgesprochen, was nach diesem Gericht kommt. Es besteht nirgends eine Andeutung, daß dieses Gericht nur ein Durchgangsstadium ist. Nach der Heiligen Schrift ist dieses unheimliche Gericht das letzte Wort Gottes an die Menschheit, die seinen Ruf ablehnte und zu Christus nein sagte.

Offb. 14, 20: „Und die Kelter wurde außerhalb der Stadt getreten, und es floß Blut aus der Kelter bis an die Zügel der Pferde, tausendsechshundert Stadien weit."

Das gewaltige Ausmaß des Gerichts wird dadurch angedeutet, daß das Blut, das aus der Kelter herausströmt, eine unheimlich große Länderstrecke bedeckt und bis an die Zügel der Pferde geht. Es steht als Gleichnis vor Augen, daß eine feindliche Armee eine Stadt erobert und ihre Einwohnerschaft tötet. Dabei fließen Ströme von Blut. Niemals könnte solch ein Blutbad entstehen, wie es hier geschildert wird. Die Länderstrecke, über die der Blutstrom sich ergießt, geht über jedes normale Maß hinaus und würde vom Nordende Palästinas bis zur Grenze Ägyptens gereicht habe. Mit diesem Bild, das jedes normale Maß überschreitet, wird eindrücklich gemacht, daß das letzte Gottesgericht über die Menschheit mit normalen Maßstäben nicht mehr zu fassen ist. Das Blutbad in der eroberten Stadt ist so umfassend, daß das Blut bis an die Zügel der Pferde der erobernden Armee geht. Ein Bild, das alles weit hinter sich läßt, was in der Wirklichkeit vorkommen kann. Die ganze Unheimlichkeit des Gottesgerichtes über die Menschheit, die sich von ihm löste, kommt hierdurch zum Ausdruck. Das Gericht ist von unvorstellbarer Größe und Gewalt. Alles geht in ihm unter, was nicht durch Jesus gerettet wurde und in der Lebensgemeinschaft mit ihm stand. Das ist das letzte Wort, das über den modernen Menschen gesagt wird, dessen Wesenslinie die Revolution gegen Gott war. Über das Schicksal der Menschen, die in dieses Gericht hineingehen müssen, fällt kein Wort. Ihr Schicksal bleibt Gottes Geheimnis (vgl. Kap. 20, 15).

Die Gemeinde Jesu aber ist dem Gericht entnommen. Wer zu Christus gehört, kommt nicht ins Gericht. Das wird in dem Bild dadurch deutlich gemacht, daß die Kelter außerhalb der Stadt getreten wird. Die Stadt ist Jerusalem, die Stadt Gottes, die Gemeinde Jesu Christi. Wer sich zu Jesus Christus rufen ließ und in seine Schar eingegliedert wurde, ist für Zeit und

Ewigkeit ein geborgener Mensch. Er ist vom Tode zum Leben für immer hindurchgedrungen.

## C. Das letzte Wort Gottes an die moderne Welt

Offenbarung 15 und 16

Die Verkündigung des Evangeliums auf Erden durch Menschenmund ist zu Ende. Die Gemeinde Jesu ist mundtot gemacht. Aber Gott selbst spricht noch einmal zu den Menschen des antichristlichen Zeitalters durch eine Kette von erschütternden Ereignissen. Diese werden unter dem Bild von sieben goldenen Schalen dargestellt, die den Zorn Gottes in sich bergen und von sieben Engeln auf die Erde ausgeschüttet werden. Damit begibt sich das, was in Kapitel 14, 6. 7 angekündigt war. Es ist Gottes Güte und Ernst zugleich, der noch einmal in schwerwiegender Weise zum Menschen des Zeitalters spricht, das ihn so grundsätzlich ausgeschaltet hat.

**Offb. 15, 1: „Und ich sah ein anderes Zeichen am Himmel, groß und wunderbar: Sieben Engel, die die sieben letzten Plagen hatten, denn mit ihnen ist der Zorn Gottes vollendet."**

Die Botschaft der sieben Posaunen entfaltete den Inhalt des siebenten Siegels. Was in der siebenten Posaune kurz angedeutet wurde, wird nun durch die Botschaft der sieben Zornesschalen ausführlich dargestellt. Die Enthüllungen Gottes schreiten von Klarheit zu Klarheit weiter. Je schwerer der Weg der Gemeinde Jesu auf Erden wird, desto mehr Klarheit wird ihr von Gott gegeben, damit seine Kinder als wissende und geborgene Leute diesen schwersten Abschnitt der Menschheitsgeschichte bestehen können.

Daß die sieben Schalen des Zornes Gottes von den sieben Engeln über die Erde ausgegossen werden, macht deutlich, daß es sich hier nicht um Schicksalsschläge oder blind wütende Gewalten handelt, sondern daß niemand anders als der lebendige Gott selbst dieses Gericht an der modernen Kulturwelt vollzieht. Der Zorn Gottes ist das Furchtbarste, was es gibt. Alle Katastrophen des Atomzeitalters sind dagegen eine geringe Sache. Weil uns im Herrn Jesus die Güte Gottes so überwältigend entgegentritt, ist uns das Bewußtsein um den Zorn Gottes weithin abhanden gekommen. Wir müssen es neu lernen, daß es nicht nur eine Vollendung der Gemeinde Jesu in Herrlichkeit gibt, sondern eine Vollendung des Zornes Gottes, von dessen Furchtbarkeit wir uns schwerlich die rechte Vorstellung machen. Gegenüber dem Offenbarwerden der Fülle des Zornes Gottes kann seine Gemeinde nur im Staub anbeten. Darum ist es kaum zu fassen, daß Gott Wert darauf legt, die Zustimmung der Gemeinde zu dieser Offenbarung seines Zornes zu haben. Es ist Gott schwer, daß seine Kinder die Katastrophen der Erde miterleben müssen. Aber er kann es ihnen nicht ersparen. Er braucht sie mitten darin als seine Zeugen. In dieser letzten Gerichtsepoche werden sie mit keinem tröstlichen Wort zu denen mehr sprechen können, die im Gericht Gottes verzweifeln. Aber das, was von Christus in seiner Gemeinde lebt, wird mit starker Leuchtkraft zu den Menschen der Endzeit reden. Die Gemeinde selbst aber reift durch all das Schwere zu ihrer Vollendung heran.

## *Das „Ja" der Märtyrergemeinde zu den Wegen ihres Gottes*

Offb. 15, 2: „Und ich sah etwas wie ein kristallenes Meer, mit Feuer vermischt, und die Überwinder über das Tier und über sein Bild und über die Zahl seines Namens am kristallenen Meer stehen, und sie hatten Harfen Gottes."

Die Überwinder stehen in dem Gemälde, das Gott den Johannes schauen läßt, an einer Art kristallenem Meer. Ohne Bild will dies besagen, daß die Überwinder einen kristallklaren Durchblick durch das Völkermeer und seine Geschichte haben. So verworren die Weltgeschichte für jeden anderen ist, so klar liegt der Sinn vor denen ausgebreitet, die diese schwerste Strecke der Menschheitsgeschichte als Glieder der Gemeinde Jesu auf Erden durchleben. Ihnen ist von Gott enthüllt worden, warum dies alles so sein muß. Das ist ihr Vorrecht gegenüber früheren Generationen.

Feuer ist das Bild des Gerichts. Furchtbares wird sich begeben. Die ganze Fülle des Zornes Gottes entlädt sich über den modernen Kulturmenschen, der ihn für tot erklärt hat, um sich ihm entziehen zu können. Trotz diesen furchtbaren Ereignissen bleibt die Völkergeschichte für die Gemeinde Jesu kristallklar, während sie für die übrige Menschheit verwirrend, unheimlich, erdrückend wirkt. Es wird in jener Zeit ein großes Vorrecht sein, zur Gemeinde Jesu gehören zu dürfen und diesen Durchblick zu haben, während die übrige Welt von einem Grauen befallen wird und in voller Verzweiflung ihre Katastrophe vor sich sieht. Die Gemeinde Jesu behält trotz allem das volle „Ja" zu dem Weg ihres Gottes. Sie hat sogar Harfen in ihren Händen; sie kann noch singen im schwersten Leid. Es sind freilich die Harfen *Gottes.* Natürlicherweise kann kein Mensch in solcher Lage singen. Das ist ein Lied, wie es nur der Geist Gottes darreichen kann.

Im Urtext steht nicht „die überwunden haben", sondern „die, die gegenwärtig überwinden". Das will doch wohl besagen, daß nicht erst die Märtyrergemeinde, die sich in der Ewigkeit befindet, das „Ja" zu den Plänen Gottes ausspricht, sondern daß die Märtyrergemeinde auf Erden, die im schwersten Erleben steht, ein volles „Ja" zu diesen Gerichtszeiten Gottes hat, die sie noch auf Erden miterlebt. Während die Gerichte über die Menschheit ergehen, ist die Märtyrergemeinde, so arm sie äußerlich ist, innerlich reich und in ihrem Herrn geborgen. Sie kann noch singen und ihr „Ja" zu den Plänen Gottes aussprechen. Mitten im schwersten Leid sind sie die Sieger.

Offb. 15, 3. 4: „Und sie singen das Lied des Moses, des Knechtes Gottes, und das Lied des Lammes und sprechen: Groß und wunderbar sind deine Werke, Herr, Gott, Allmächtiger! Gerecht und wahrhaftig sind deine Wege, du König der Völker! Wer sollte dich nicht fürchten, Herr, und deinen Namen preisen! Denn du allein bist heilig, denn alle Völker werden kommen und vor dir anbeten; denn deine gerechten Taten sind offenbar geworden."

Nun ist aufs neue Wahrheit geworden, was einst Mose und die Kinder Israel nach dem Durchzug durch das Rote Meer gesungen haben. Eigentlich mußten sie zugrunde gehen. Der Übermacht des Pharao waren sie nicht gewachsen. Dasselbe erlebt die Gemeinde Jesu in der Endzeit. Das alte Siegeslied aus 2. Mose 15 drückt auch ihre Erfahrung aus und wird zugleich das Lied des Lammes. Wäre Jesus nicht das Lamm Gottes, das auf Golgatha gesiegt hat, wäre seine Gemeinde von der Übermacht der dämonischen Gewalten der Endzeit überwältigt worden. Aber das Lamm Gottes ist stärker als alles. Darum kann es seine Gemeinde unbeschädigt durchbringen und ihr in der schwersten Notzeit noch ein Siegeslied ins Herz geben.

Die bedrängte, verfolgte, sterbende Gemeinde weiß nicht nur um ihre eigene Rettung, sondern schaut über die ganze Völkerwelt und erwartet einen umfassenden Sieg ihres Herrn. So universal das Gericht Gottes ist, so universal ist auch der Sieg Jesu. Es wird kein kümmerliches Häuflein sein, das die neue Welt Gottes aufbaut, sondern eine unzählbare Schar aus allen Völkern. Sie alle werden bestätigen, daß Gott den rechten Weg mit der Menschheit und seiner Gemeinde gegangen ist.

### *Der untadelige Charakter der letzten Gerichte Gottes*

**Offb. 15, 5. 6: „Und darnach sah ich, und siehe, der Tempel des Zeugnisses im Himmel wurde geöffnet, und die sieben Engel, die die sieben Plagen hatten, kamen aus dem Tempel heraus, angetan mit reiner, glänzender Leinwand, und über die Brust gegürtet mit goldenen Gürteln."**

Nachdem die Märtyrergemeinde zugestimmt hat, öffnet sich das Allerheiligste im Himmel. Gott beginnt seine Gerichte durchzuführen. Die Boten Gottes sind mit weißer, leuchtender Leinwand bekleidet. Obwohl sie Gerichtsboten sind, ist kein unreiner Beweggrund in ihrem Handeln. Die Pläne Gottes sind auch dann ohne jeden Flecken, wenn sie Gericht bedeuten. An ihnen ist alles lauter und rein. Nichts ist geboren aus leidenschaftlicher Aufwallung. Gott schreitet erst zum Gericht, wenn jeder andere Weg abgeschnitten ist. Darum tragen in unserem Bild die Gerichtsboten goldene Gürtel. Der Gürtel macht das freie Ausschreiten im Dienst möglich. Das Gold deutet darauf hin, daß die Pläne Gottes innerlich geläutert sind. Sie sind so lauter wie reines Gold. Darum sind auch die Schalen aus Gold, die die Gerichte Gottes in sich bergen. So bitter der Inhalt ist, so wird kein Mensch Gott eines Unrechtes zeihen können. Seine Pläne sind in Gericht und Gnade wie lauteres Gold.

**Offb. 15, 7. 8: „Und eins der vier lebendigen Wesen gab den sieben Engeln sieben goldene Schalen voll vom Zorn Gottes, der in die Ewigkeiten der Ewigkeiten lebt. Und der Tempel wurde voll Rauch von der Herrlichkeit Gottes und von seiner Macht, und niemand konnte in den Tempel hineingehen, bis die sieben Plagen der sieben Engel vollendet würden."**

Die vier lebendigen Wesen sind Sinnbilder für das verschiedenartige Wirken Gottes (Offb. 4). Wenn eins dieser Wesen den Gerichtsboten die Schalen des Gerichts übergibt, so bedeutet dies, daß auch in diesem Abschnitt der Weltgeschichte niemand anders als Gott handelt. Als der allmächtige Herr greift er in die Geschichte der Menschheit ein. Jahrtausende hat er die Revolution des Menschen gegen Gott getragen und mit großer Liebe ihn immer wieder gerufen. Er konnte diese großzügige Art sich leisten, weil er in die Ewigkeiten der Ewigkeiten lebt. Darum sind seine Pläne nicht Eintagspläne. Nun steht er vor dem Abschluß seiner Pläne mit der Menschheit. Er erreicht sein Ziel über alle Widerstände hinweg. Es ist lächerlich, daß der Mensch glaubte, zu Gott nein sagen zu können. Er hat die Geduld Gottes unglaublich mißbraucht. Jetzt wird er erleben, daß der Zorn Gottes in seiner ganzen Fülle über ihn ausgeschüttet wird.

In dem gewaltigen Gemälde, das vor den Augen des Johannes im Himmel ersteht, wird der Tempel Gottes von dem Rauch der Herrlichkeit und Macht Gottes erfüllt. Für den, der ein Auge hat, zu sehen, wird auch in den schwersten Gerichten Gottes seine Herrlichkeit offenbar. Der moderne Mensch wird bis ins Innerste erbeben, wenn die Majestät Gottes in seinen Gerichten sich kundtut. In den schauerlichen Ereignissen des 20. Jahrhunderts hat Gott uns einen Anschauungsunterricht gegeben, durch den wir ahnen, wie es einmal sein wird, wenn Gott in voller Weise seine Majestät enthüllt.

Da Gott jetzt seinen Weltenplan zu Ende führt, ist niemand mehr in der Lage, in das Heiligtum zu gehen, um durch sein Gebet die Durchführung der Pläne Gottes aufzuhalten. In dieser Etappe der Menschheitsgeschichte vermag das Gebet der Gemeinde Jesu nicht mehr in die Weltregierung Gottes einzugreifen. Es wird deutlich, welch ein Vorrecht der Christusgemeinde heute anvertraut ist, daß sie durch ihr Gebet den Arm Gottes aufhalten und in Bewegung setzen darf. Gott erlaubt ihr, mit ihm wie mit einem Freund zu reden und für das Schicksal des eigenen Volkes und der Völkerwelt einzutreten. Es ist unheimlich, daß einmal ein Zeitpunkt kommen wird, an dem die Fürbitte ihre Bedeutung verliert, weil die Gerichtspläne Gottes durchgeführt werden müssen.

## 1. Gericht: Das Malzeichen des antichristlichen Menschen

Offb. 16, 1: „Und ich hörte eine gewaltige Stimme aus dem Tempel, die sprach zu den sieben Engeln: Gehet hin und gießet die sieben Schalen des Zornes Gottes auf die Erde."

Die Stunde Gottes ist da. Die letzten Minuten der Weltgeschichte laufen ab. Auf Erden ist Gott für tot erklärt und abgesetzt. Der Mensch scheint allmächtig. Niemand ahnt, daß das Ende vor der Tür steht. Aus dem Heiligtum kommt eine machtvolle Stimme und befiehlt den Beginn der letzten Gerichte. Die Zügel der Weltregierung bleiben bis zum letzten Augenblick in der Hand Gottes. Schien es bisher manchmal so, als hätte Gott die Weltregierung aus der Hand gegeben und sie den Dämonen überlassen, so wird nun deutlich, wer der Herr der Welt ist. Ausdrücklich wird noch einmal festgestellt, daß die kommenden, furchtbaren Ereignisse dem Willen Gottes entspringen und sich nach seinem Befehl vollziehen. Welch ein Trost für seine Kinder, die diese schwere Zeit miterleben müssen! Die kommenden schweren Entwicklungen entstammen einem Plane Gottes und müssen die Menschheitsgeschichte zum Abschluß führen.

Offb. 16, 2: „Und der erste ging hin und schüttete seine Schale auf die Erde aus, und es trat ein böses und schmerzhaftes Geschwür auf bei den Menschen, die das Malzeichen des Tieres hatten und sein Bild anbeteten."

Der Mensch hat Gott abgeschworen und das Malzeichen des antichristlichen Staates angenommen. Er wollte dadurch sein Leben retten. Nun zeichnet Gott alle Menschen, die das Malzeichen des Antichristen angenommen haben, auf seine Weise. Ein Geschwür tritt auf, das offenbar nicht geheilt werden kann. Ein tiefes Erschrecken wird durch die Welt gehen, wenn sich dies begibt. Man wird vielleicht versuchen, die Nachrichten über dieses unheimliche Zeichen zu unterdrücken. Aber von Mund zu Mund geht die Nachricht weiter und ist nicht totzuschweigen, daß alle, die das antichristliche Staatszeichen tragen, von dem unheimlichen Geschwür befallen werden.

Es wäre aber auch denkbar, daß es sich nicht um ein körperliches Geschwür handelt, sondern um einen schmerzlichen geistigen Vorgang im atheistischen Menschen. Wie ein böses Geschwür bricht die quälende Erkenntnis durch, daß die gesamte Entwicklung des modernen Zeitalters ein Fehlweg war. Es ist ein unheimliches Ahnen, daß man auf die falsche Karte gesetzt hat, als man die Kräfte Gottes und seines Christus ausschalten wollte. Man kann es sich nicht verhehlen, daß all die gigantischen Versuche, die Welt mit der Technik zu meistern, den eigentlichen Menschen unbefriedigt ließen und im Innersten aushöhlten. Mit schmerzlicher Bitterkeit zeichnet sich der Todesweg des von Gott gelösten modernen Menschen ab. Diese Erkenntnis frißt an ihm wie ein schmerzhaftes Geschwür. Auch diese Deutung wäre in der Zeichensprache der Offenbarung denkbar, obwohl das buchstäbliche Verständnis in diesem Fall näherliegen dürfte.

### 2. Gericht: Das seelische Sterben des modernen Menschen

Offb. 16, 3: „Und der zweite schüttete seine Schale in das Meer, und es wurde zu Blut wie von einem Toten, und jede lebendige Seele starb, die in dem Meer ist."

An eine buchstäbliche Deutung ist nicht zu denken. Wenn die Ozeane sich in wirkliches Blut verwandelten, das wie das Blut von Toten wäre, würde die Atmosphäre in wenigen Stunden von dem Verwesungsgeruch des Blutes derartig verändert sein, daß kein Mensch mehr leben könnte und auch die Gemeinde Jesu untergehen müßte. Da aber das Leben auf der Erde weitergeht, muß es sich um ein Bild handeln. Es ist wohl kein Zufall, daß ausdrücklich von lebendigen Seelen gesprochen wird, die von dem Sterben erfaßt werden.

Die Völkerwelt (das Meer) schien unter der Führung des Antichristen die Spitzenleistung menschlicher Kultur erreicht zu haben. Die Welt schien ein Paradies zu werden und sich einem ewigen Friedens- und Idealzustand entgegenzuentwickeln — und das alles unter Ausschluß Gottes, nur mit der Kraft des Menschen. Und nun wird die Täuschung offenbar. Im Grunde haben verborgene Einflüsse Gottes das Zusammenleben der Menschen aufrechterhalten. Jetzt zieht Gott die letzten Kräfte zurück. Es wird erschreckend deutlich, daß alle Zivilisation ohne Gott nur Firnis ist. Die Raubtiernatur des Menschen bricht durch. Der ungebändigte Egoismus des einzelnen und der Völker triumphiert. Alle festen inneren Fundamente und Ziele fehlen. Ein völliges Chaos bricht herein. Wenn der Mensch und die Dämonen allein am Werke sind, geht die Menschheit in Fäulnis über. Es beginnt ein Kampf aller gegen alle, in dem auch tatsächlich Ströme von Blut fließen. Ein Todesverhängnis ist über die Welt hereingebrochen. Das Leben der sich auflösenden atheistischen Menschheit ist eher Sterben als Leben zu nennen. Es verwandelt sich tatsächlich die Völkerwelt in eine Welt des Todes.

Ein seelisches Sterben tritt auf der ganzen Linie ein. Man hat keine Ideale mehr. Sie sind unter dem Einfluß der antichristlichen Propaganda erloschen. Nichts Besseres ist an die Stelle getreten. Das Leben ist hohl und leer geworden. Von Maschinen und technischen Erfolgen kann kein Mensch leben. Das Leben ist sinnlos. Man weiß nicht mehr, wofür man da ist. Die Menschen vegetieren nur noch, aber sie leben nicht wirklich. Ein unheimliches Sterben der Seele hat eingesetzt. Der moderne Mensch hat sich selbst alles zersetzt. Als er Gott und Christus leugnete und die Gemeinde Jesu auslöschte, hat er die Lebenskräfte vernichtet, die allein das Leben tragen können. Nun ist das Leben nicht mehr auszuhalten. Es ist nicht mehr Leben, sondern Sterben. Ein Verwesungsgeruch wie von dem Blut eines Toten hängt der modernen Kultur an. Sie kann kein Leben zeugen, sondern nur Leben zerstören. Von dieser Tatsache ahnen wir jetzt schon etwas. Aber in dem Zeitpunkt, von dem die Offenbarung hier spricht, wird das Todesverhängnis radikal geworden sein. Eine geistige Katastrophe von unvorstellbarem Ausmaß zeichnet sich ab. Jede lebendige Seele, die sich in dem Völkermeer befindet, ist gestorben; dieser Satz gewinnt nun unheimliche Realität. Das Leben auf Erden ist nicht mehr zu ertragen. Die Leichenstarre der modernen Kultur tritt ein.

### *3. Gericht: Die Zerstörung der geistigen Lebensgrundlagen*

**Offb. 16, 4: „Und der dritte goß seine Schale aus in die Flüsse und in die Wasserquellen, und sie wurden zu Blut."**

Bei einer buchstäblichen Deutung dieses Wortes würde sofort alles Leben auf Erden aufhören. Die Flüsse bezeichnen die geistigen Strömungen in der Völkerwelt und die Quellen die Ideen, aus denen die Geistesbewegungen entspringen. Diese Geistesströmungen und Ideen sind nur gesund, wenn sie sich in Übereinstimmung mit dem sittlichen Grundgesetz Gottes und in Kontakt mit ihm selbst befinden. Eine Weltanschauung, die z. B. die Ehe auflöst, ermordet Menschen und Völker. Eine Geistesströmung, die die absolute Bindung an die Wahrhaftigkeit vernichtet, zersetzt das Leben des Menschen. In jenem Zeitpunkt wird diese Auflösung auf der ganzen Linie erfolgen. Da die Bindung an Christus mit Gewalt gelöst ist, verliert auch das Gewissen seine bisherige Bindung. Die sittlichen Grundlagen des Zusammenlebens der Menschen hören auf. Das gesamte Geistesleben nimmt einen Zersetzungs- und Verwesungsgeruch an.

## *Die Zustimmung der unsichtbaren Welt zu dem Gericht Gottes über die moderne Menschheit*

Offb. 16, 5–7: „Und ich hörte den Engel der Gewässer sagen: Gerecht bist du, der da ist und der da war, du Heiliger, daß du so gerichtet hast. Denn das Blut von Heiligen und Propheten haben sie vergossen, und Blut hast du ihnen zu trinken gegeben; sie verdienen es. Und ich hörte den Altar sprechen: Ja, Herr, Gott, du Allmächtiger, wahrhaftig und gerecht sind deine Gerichte."

Der Weg der Gemeinde Jesu birgt schwere Rätsel in sich. Es scheint oft so, als wenn Gott im Kampf um die Welt unterliege. Im Geistes- und Kulturleben der Menschheit ist Gott weithin ausgeschaltet. Die Presse aller Völker bestätigt dies. Im Verhältnis zur Gesamtheit sind es nur kleine Kreise, die wirklich mit Gott etwas zu tun haben wollen. Gott mutet seinen Kindern viel zu. Er erwartet, daß sie die Welt, die ihnen so schwer zusetzt, mit ebensolcher Liebe und Vergebung tragen wie er selbst. Aber einmal werden alle Rätsel gelöst und wird der Plan Gottes durchsichtig. Der unsichtbaren Welt wird der Durchblick zuerst zuteil. Johannes vernimmt das Jawort der Engelwelt und der vollendeten Märtyrer zu dem Weg Gottes mit seiner Gemeinde. Er mußte ihr diesen schweren Weg zumuten. Er wollte Zeit gewinnen, um die übrige Menschheit zu rufen. Er wollte aber auch das Gericht so reif werden lassen, daß ihn niemand einer Ungerechtigkeit zeihen könne. Wenn nun seine Gerichte über den modernen Menschen ergehen, sind sie absolut wahrhaftig und gerecht.

Der Ausdruck „der Engel der Wasser" könnte besagen, daß auch die Ströme des Lebens aus Gott nach klaren Grundsätzen in die Menschenwelt geleitet werden, wie wenn ein unsichtbarer Schleusenmeister sie nach den Befehlen Gottes reguliert. Die Engelwelt spricht zuerst ihr Ja zu dem Weg Gottes mit seiner Gemeinde aus. Die Schar der vollendeten Märtyrer schließt sich an. Der Altar bezeichnet die Stätte der Gegenwart des Herrn. Im Himmel stehen keine Altäre aus Stein und Erz. Weil die Märtyrer ihre Liebe zu Jesus mit dem Tode besiegelt haben, leben sie nun in seiner nächsten Gemeinschaft. Dies wird durch das Bild des Altars ausgedrückt. Nun verstehen die vollendeten Märtyrer, daß die Wege Gottes mit seiner Gemeinde und der übrigen Menschheit lauter und heilig sind und keiner Ungerechtigkeit geziehen werden können. (Vgl. Offb. 6, 9—11.)

Zwei Grundgesetze im Handeln Gottes werden hier sichtbar. Das erste lautet: „Was der Mensch sät, das wird er ernten." Lange hat Gott gewartet — durch Jahrhunderte und Jahrtausende. Aber einmal ist alles reif zur Ernte und zum Gericht. Die von Gott gelöste Völkerwelt wollte die Gemeinde Jesu auslöschen und die letzte Erinnerung an Gott loswerden. Sie wollte der Gemeinde Jesu den Sterbensweg bereiten. Nun muß sie selbst einen Sterbensweg gehen, der durch bitteres Herzeleid und durch unendliches Blutvergießen bezeichnet ist. Statt Kultur völlige Auflösung. Statt eines idealen Friedenszustandes der Kampf aller gegen alle bis zur Selbstzerfleischung. Statt Emporentwicklung des Menschen zum idealen Übermenschen die Bestie. Statt des aus eigener Kraft gestalteten Paradieses auf Erden Ströme von Blut, in denen das Leben der Menschheit untergeht.

Jedoch ist ein tiefer Unterschied zwischen dem Weg der Gemeinde Jesu und dem Weg des modernen Menschen. Die Gemeinde Jesu geht ihren Sterbensweg mit Frieden im Herzen. Der Sterbensweg der von Gott gelösten Völkerwelt aber ist durch innerste Verzweiflung gekennzeichnet. Sie wird in ihrem Gewissen den quälenden Vorwurf nicht los, daß ihr Weg so anders hätte gehen können, wenn sie Christus nicht abgelehnt hätte, daß sie selbst dieses Ende heraufbeschworen hat. Ein bitterer Weg ist schwer, selbst wenn man den Frieden Gottes im Herzen hat. Er ist zum Verzweifeln, wenn Anklagen des Gewissens und peinigende Selbstvorwürfe ihn begleiten.

Noch ein zweiter Grundsatz im Handeln Gottes wird sichtbar: an unserer Stellung zur Gemeinde Jesu entscheidet sich unser eigenes Geschick. Die antichristliche Menschheit hat die Gemeinde Gottes in Tod und Verderben hetzen und ihr das Leben unmöglich machen wollen. Damit hat sie ihr eigenes Schicksal besiegelt. Wer sich von der Gemeinde Jesu ausschließt, schließt sich von Jesus selbst und seinem Leben aus. Die Ablehnung der Gemeinde Jesu muß sich immer bitter rächen. Wer sich an der Gemeinde Jesu vergreift, vergreift sich an Jesus selbst. Jesus steht zu seiner Gemeinde und setzt sich mit ihr geradezu gleich, obwohl sie seiner in keiner Weise wert ist. Wer sie antastet, tastet ihn an. Wer ihr wohltut, tut ihm wohl. Wer sie aufnimmt, nimmt ihn auf. Das hat Jesus Markus 9, 41. 42 und Matthäus 10, 40–42 ausgesprochen. Diese Grundlinie beschämt uns aufs tiefste, aber sie bleibt Wahrheit durch die ganze Weltgeschichte, bis Jesus seine Gemeinde vollendet. Darum gibt es immer einen bitteren Rückschlag, wenn ein einzelner oder ein Volk sich zur Gemeinde Jesu unfreundlich stellt und sie vernichten will. Dies ist aus der Weltgeschichte deutlich zu belegen und wird vollends in dem letzten Todesweg des modernen Menschen sichtbar. Umgekehrt hat auf dem Leben einzelner Menschen und ganzer Völker ein geheimer Segen Gottes gelegen, wenn sie sich zur Gemeinde Jesu freundlich stellten und ihr wohltaten.

### *4. Gericht: Die unerträgliche Leuchtkraft des Evangeliums von Jesus in der antichristlichen Weltperiode*

Offb. 16, 8. 9: „Und der vierte schüttete seine Schale auf die Sonne aus; und es wurde ihr gegeben, die Menschen mit Feuerglut zu versengen. Und die Menschen wurden von großer Hitze versengt, und sie lästerten den Namen Gottes, der die Macht über diese Plagen hat, und taten nicht Buße, ihm die Ehre zu geben."

Immer wieder hat sich in der Offenbarung gezeigt, daß es

einen guten Sinn ergab, wenn unter dem Bild der Sonne die Botschaft von Jesus verstanden wurde. Darum liegt es nahe, auch an unserer Stelle von dieser Deutung nicht abzuweichen, obwohl sie schwierig bleibt. Es kann unmöglich mit der Sonne das Gestirn am Himmel gemeint sein. Sonst würde auch die Gemeinde Jesu von dieser unheimlichen Hitze betroffen und so versengt, daß eine Lebensmöglichkeit nicht mehr besteht. Jede Änderung der Temperatur der Sonne muß das Leben auf der Erde gefährden. Wird die Temperatursteigerung so stark, wie sie an unserer Stelle geschildert wird, kann das Leben der Menschheit nicht weiterbestehen. Es geht aber das Leben weiter, nur daß es zu einer unheimlichen Qual wird. So ist es wohl kaum anders möglich, als daß auch an dieser Stelle mit der Sonne Jesus selbst gemeint ist. Da er sich in dieser letzten Christenverfolgung seinen Kindern besonders kraftvoll mitteilt, um sie nicht zerbrechen zu lassen, ist es begreiflich, daß die Leuchtkraft des Evangeliums von Jesus in seinen Kindern stärker denn je ist und daß das Leben Jesu in seinen Jüngern so hell aufleuchtet, daß niemand diese Tatsache übersehen kann. Diese strahlende Kraft der Botschaft von Jesus muß für die übrige Menschheit, die sich in seelischer Verzweiflung befindet, eine unheimliche Anklage sein. Während ihr eigenes Leben zusammenbricht und sie eine erschütternde Katastrophe erlebt, sehen sie in den Christen etwas aufleuchten, was unglaublich erscheint. Der moderne Mensch ist am Ende, während er über alle Machtmittel verfügt. Die Christen aber stehen im tiefen Frieden und in einer großen Freude an ihrem Herrn, obwohl sie ihre gesamte Existenz verloren haben und vogelfrei sind. Ihnen scheint die Sonne Jesus Christus in einer Stärke wie keiner Generation vorher. Ihr Herr weiß, daß sie eine solche Offenbarung seiner Person jetzt brauchen. Diese Leuchtkraft, die von Jesus selbst in seinen Kindern ausgeht, ist so stark, daß die übrige Menschheit davon schier versengt wird. Die Leuchtkraft der Botschaft von Christus weckt nur Opposition. Die in Zersetzung befindliche atheistische Welt antwortet auf das Leben Jesu, das sich in seinen Kindern offenbart, mit um so stärkerem, fanatischem Haß.

Diese Deutung gebe ich nur mit Vorbehalt und bin für jede andere Auslegung dankbar, die sachlich zutreffender ist.

### *5. Gericht: Der Einbruch tiefster, geistiger Finsternis in dem Zentrum der atheistischen Welt*

**Offb. 16, 10. 11: „Und der fünfte goß eine Schale auf den Thron des Tieres aus, und dessen Reich wurde verfinstert, und sie zerbissen ihre Zungen vor Schmerz und lästerten den Gott des Himmels wegen ihrer Schmerzen und ihrer Geschwüre und taten nicht Buße von ihren Werken."**

Bei jedem dieser Gerichte erhebt sich die Frage, ob es sich um einen Naturvorgang oder ein geistiges Ereignis handelt. Professor Hadorn schreibt in seinem Kommentar im Blick auf die fünfte Schale, daß es naheliege, die mit Qualen verbundene Verfinsterung am Thronsitz des Reiches geistig zu deuten. Wenn die Verfinsterung, die am Thronsitz des Antichristen beginnt und sich über das ganze Weltreich verbreitet, als physikalischer Vorgang verstanden wird, müßte auch die bei der vierten Schale auftretende enorme Steigerung der Sonnentemperatur als physikalisches Ereignis verstanden werden. Es ist aber nicht möglich, daß eine Steigerung der Sonnenglut und tiefste Verfinsterung der Welt gleichzeitig existieren. Eins hebt das andere auf. Daraus ergibt sich, daß es sich nicht um naturhafte Vorgänge handeln kann, sondern um geistige Ereignisse. Auch würde bei einer naturhaften totalen Verfinsterung der Welt das Weiterleben der Menschheit in kurzer Zeit unmöglich werden.

Die unheimliche Verfinsterung des geistigen Lebens tritt am Regierungssitz des Antichristen auf und breitet sich über die ganze Welt aus. Geistige Zielsetzungen gibt es nicht mehr. Die großen Ideale sind erloschen. Niemand hat mehr einen Blick für Höheres. Das geistige Leben der Menschheit hört auf. An seine Stelle tritt tiefe Finsternis. Es ist eine Qual, dieses Leben weiterleben zu müssen. Die Verdunklung der Gewissen ist derart vorgeschritten, daß niemand mehr Hemmungen kennt und alle Beziehungen der Menschen von Lüge und Mißtrauen erfüllt sind. Es bleibt keine Möglichkeit des Zusammenlebens mehr. Keiner traut dem anderen. Das ganze Leben ist verfinstert.

Die Welt weiß, woher dies kommt, aber der von Gott gelöste Mensch beißt sich lieber vor Wut auf die Zunge, als daß er sagt: Herr, vergib mir! Nichts als Lästerung wird laut. In Presse und Literatur tritt eine neue Flut bittersten Hasses gegen

Gott auf. Man hat behauptet, Gott existiere nicht, und doch ist man mit ihm immer noch nicht fertig. Wenn Gott tot ist, braucht man doch kein Wort mehr über ihn zu verlieren. Man erklärt mit stärkster Propaganda, daß Jesus absolut der Vergangenheit angehöre und niemals der heutige, lebendige Herr sei. Und doch kommt man über ihn nicht zur Ruhe. Der moderne Mensch steht im vollen geistigen Zusammenbruch seiner Welt. Er hat die Katastrophe deutlich vor Augen. Gott will ihn ohne menschliche Verkündigung durch die Macht der Ereignisse zu sich zurückrufen. Aber der moderne Mensch lehnt es ab, sich zu beugen und Buße zu tun. Er geht lieber unter, als daß er seinen Irrtum zugibt und zu Gott und Christus zurückkehrt.

## *6. Gericht: Die Zusammenballung der Völkerwelt zum letzten Kampf gegen die Gemeinde Jesu*

### Offenbarung 16, 12–16

**Offb. 16, 12: „Und der sechste goß seine Schale auf den großen Strom Euphrat aus, und es vertrocknete sein Wasser, damit den Herrschern vom Aufgang der Sonne der Weg bereitet wird."**

Euphrat und Babel gehören zusammen. Babel ist der Inbegriff der Kulturwelt des Menschen, die sich von Gott gelöst hat und eine gigantische Welt ohne die Kräfte Gottes aufbauen will. So wenig wie es sich um die in Trümmern liegende einstige Großstadt Babel handelt, so wenig handelt es sich bei dem Namen Euphrat um den geographischen Strom, an dem jene Stadt einst lag. Ein wirklicher Strom wäre für ein modernes Heer in keiner Weise ein Hindernis. Er brauchte nicht auszutrocknen, damit für die antichristlichen Heeresmassen der Weg frei würde. Wenn aber unter dem Bild des Euphrat ein geistiger Strom dargestellt wird, an dem die moderne Kulturwelt liegt und der für ihre Versorgung Bedeutung hat, so könnte hiermit der Strom des Lebens aus Gott gemeint sein, von dem die atheistische Kulturwelt immer noch lebt, ohne es zu wissen.

Die atheistische Menschheit ist sich nie bewußt gewesen, wie stark sie von den verborgenen Einflüssen Gottes lebt. Wären diese nicht vorhanden, so könnte sie keine Zucht und Ordnung, keine Sitte und Moral aufrechterhalten. Ohne Gott läßt sich kein Gewissen begründen. Ist Gott ausgelöscht, so ist das Gewissen ungebunden. Ist Gott tot, so ist der Mensch frei und braucht auf keine Hemmungen mehr Rücksicht zu nehmen. Solange überhaupt noch die Vorstellungen von Recht und Unrecht existieren und der Mensch sittliche Bindungen hat, offenbart sich hierin der verborgene Einfluß Gottes.

In dem Zeitpunkt, den Offenbarung 16, 12 beschreibt, trocknet dieser verborgene Strom aus. Nun erlöschen die letzten sittlichen Ideale. Gedanken wie Menschlichkeit, Nächstenliebe, soziale Gesinnung werden unmöglich. Damit geht die einstige Kulturhöhe in Trümmer. Sie wird abgelöst durch das nackte Heidentum und die vollendete Barbarei.

Nun das Gewissen tot ist, wird der Weg frei, die dämonisierten, zuchtlosen Völkermassen für einen letzten Schlag gegen die Gemeinde Jesu zu gewinnen. Bisher gab es da und dort noch ein Mitleid mit den Leuten Jesu. Mancher wußte, daß es sich bei ihnen um treffliche Menschen handelte und daß ihnen bitteres Unrecht geschah. Aus Menschlichkeit erbarmte er sich ihrer. Ideen wie Religionsfreiheit und Humanität verwehrten dem antichristlichen Weltstaat, zum letzten Schlag gegen die Christen auszuholen. Es war ihm peinlich, sich offen gegen die höheren Ideen der Menschlichkeit zu stellen. Das fällt nun alles weg. Sittliche Hemmungen gibt es nicht mehr. Die Völkermassen sind zum mitleidlosen Vorgehen gegen die Gemeinde Jesu bereit.

Es scheint nach unserer Stelle so, als wenn der entscheidende Anstoß hierzu von östlichen Völkern ausgehen sollte und als wenn sie die eigentlichen Träger des letzten, radikalen Vorgehens gegen die Leute Jesu sein würden. Aber die ehemaligen Kulturvölker des Westens befinden sich in derselben Auflösung des Gewissens und einer dadurch bedingten Hemmungslosigkeit, daß sie ohne Bedenken mittun. Die gesamte Menschheit ist von ethischen Bindungen so gelöst, daß sie zu jedem Vorgehen gegen die Christen bereit ist.

**Offb. 16, 13. 14: „Und ich sah aus dem Munde des Drachen und aus dem Munde des Tieres und aus dem Munde des falschen Propheten drei unreine Geister hervorgehen wie Frösche. Es sind nämlich Geister von Dämonen,**

welche Zeichen tun und zu den Herrschern der gesamten bewohnten Welt ausziehen, um sie zu versammeln zum Kampfe des großen Tages des allmächtigen Gottes."

Diesen Zeitpunkt, in dem die letzten, von der atheistischen Menschheit nicht geahnten Einflüsse Gottes versiegen, glauben die Geistesmächte von unten benützen zu können, um die gesamte Welt zu einer Einheitsfront gegen Christus zusammenzuschließen. Ein Generalangriff dämonischer Geistesgewalten ergeht über die von jeder Hemmung des Gewissens gelöste Menschheit. Es bricht die dunkelste Zeit für die Gemeinde Jesu auf Erden an. Die Völkermassen und ihre Regierungen sind so von dämonischen Gewalten beherrscht, daß sie von einem fanatischen Haß gegen alles beseelt sind, was an Christus erinnert. Nun scheint es wirklich keine Möglichkeit mehr zu geben, daß irgend etwas von der Gemeinde Jesu auf Erden am Leben bleibt. Ihre Lage ist völlig hoffnungslos.

Offb. 16, 15: „Siehe, ich komme wie ein Dieb. Selig, wer wacht und seine Kleider bewahrt, damit er nicht nackt einhergeht und man seine Schande sehe."

Jesus begleitet den schweren Weg seiner Gemeinde in seiner ganzen Treue. Er läßt sie keinen Augenblick aus den Augen. Er weiß genau, was sie bedarf. Er unterrichtet sie im voraus über die einzelnen Etappen ihres Weges und spricht eindeutig aus, daß sein Kommen unmittelbar vor der Tür steht, wenn diese Einheitsfront der dämonisierten Welt gegen ihn Wirklichkeit geworden ist. Es ist ein trostreiches Wort, wenn Jesus an dieser Stelle seiner Gemeinde sagt: „Siehe, ich komme wie ein Dieb." Der Dieb kommt, wenn die Nacht am dunkelsten ist. Wenn die schwärzeste Nacht über die Gemeinde Jesu auf Erden hereinbricht, soll sie wissen, daß ihr Herr in einem Augenblick kommen kann und sich damit ihre ganze Lage schlagartig verändert.

Zugleich birgt dieses treue Trostwort Jesu eine feine Mahnung in sich. Es kommt nur der durch, der wach bleibt und sich fest in die Kleider des Heils einhüllt. Wachbleiben heißt, einen offenen Sinn für die Zeichen der Zeit haben und den Blick unverwandt auf Jesus gerichtet halten. Ohne die Kleider des Heils sind wir nackt und aller Schande und Niederlage preisgegeben. Nur die Kräfte der Glaubensgerechtigkeit, die

Kräfte des Blutes und Lebens Jesu reichen für diese letzte Stunde seiner Gemeinde aus. Unsere eigenen Kräfte können uns nicht durchbringen. Aber die Kräfte Jesu sind mächtig genug, um seine Gemeinde auch in diesem Ansturm dämonischer Geistesmächte und dämonisierter Menschenmassen zu erhalten.

**Offb. 16, 16: „Und er versammelte sie an dem Ort, der auf hebräisch Harmagedon (Berg Megiddo) heißt."**

Er selbst, der allmächtige Gott, der nun Abrechnung halten will, läßt die Völker der Erde sich zu dieser Einheitsfront gegen Christus zusammenschließen. Die dämonischen Geistesmächte glauben, ihre eigenen Pläne durchzuführen. In Wirklichkeit können sie auch in dieser letzten Stunde nur tun, was Gottes Plan ihnen erlaubt. Zum erstenmal wird die Menschheit absolut eins in einer einmütigen Geisteshaltung. Was Gott in seinem Urplan mit der Menschheit wollte und was Christus nach seinem Kommen verwirklichen wird, ist hier in dämonischer Weise in das Gegenteil verkehrt. Die Welt wird eins in einer Einheitsfront gegen Christus und seine Gemeinde. Es ist keine positive Einheit, sondern eine negative, ausgelöst durch den Gegensatz gegen die Gemeinde Gottes. Die ganze Welt ist mobil, um das Leben der Gemeinde Jesu radikal auszulöschen.

Dazu ist nicht nötig, alle Menschen an einen geographischen Punkt zu sammeln. Denn die Gemeinde Jesu ist durch die ganze Welt zerstreut. Auch hätte es keinen Sinn, gegen die Gemeinde Jesu, die waffenlos und still ihren Kreuzesweg geht, eine moderne Armee aufzubieten. Es fragt sich, was mit dem Ausdruck „Harmagedon" gemeint ist. Er heißt Berg (hebräisch: Har) Megiddo. Hiermit wird in der Zeichensprache der Offenbarung die Lage der Gemeinde Jesu eindeutig gezeichnet. Der Berg Megiddo ist jener Ort, an dem nach Richter 5 eine Schlacht stattfand, in der das alte Volk Gottes eigentlich unterliegen mußte, die aber wunderbarerweise doch zu seiner Rettung führte. Eine kleine, militärisch nicht bedeutungsvolle Schar des alten Gottesvolkes stand einer für die damalige Zeit modernen, schwer bewaffneten Armee gegenüber. Es bestand für die kleine Schar überhaupt keine Aussicht durchzukommen. Ihre Lage war hoffnungslos. Es war allein Gottes Hand, die die wunderbare Rettung schuf.

So wird es auch sein, wenn die Front des Antichristentums zum letzten Schlag gegen die Gemeinde Jesu ausholt. Dann wird es ein zweites Megiddo geben. Die Rettung des Volkes Gottes wird ebenso unmöglich erscheinen wie damals. Aber die Hand des allmächtigen Gottes wird auch in diesem neuen Megiddo stärker sein als alle entgegenstehenden Gewalten. Die waffenlose Gemeinde Jesu, die den fanatisierten Völkermassen ausgeliefert zu sein scheint, wird von Gott in wunderbarster Weise errettet. Er kommt keine Stunde zu spät.

Jene Rettung des alten Gottesvolkes in Richter 5 schließt mit den Worten: „Also müssen umkommen, Herr, alle deine Feinde. Die aber den Herrn liebhaben, müssen sein wie die Sonne, wenn sie aufgeht in ihrer Macht.“ Dies Wort wird auch für die Endentscheidung in der Welt charakteristisch sein.

## *7. Gericht: Der Schlußakt der Menschheitsgeschichte*

### Offenbarung 16, 17–21

Dämonische Geistesmächte haben die Massen mit einem wilden Fanatismus erfüllt und gegen die Gemeinde Jesu mobilisiert. Die Vernichtung der Gottesgemeinde auf Erden scheint nicht mehr aufzuhalten zu sein. Ihre dunkelste Stunde ist gekommen. Sie steuert offenbar einer Endkatastrophe zu. Der dämonische, antichristliche Zug der modernen Kulturwelt ist in einer unheimlichen Weise ausgereift und hat seinen Höhepunkt erreicht. Damit ist der Zeitpunkt heraufgekommen, an dem der allmächtige Gott eingreift. Die dämonisierte Menschheit glaubt, der Gemeinde Jesu die Endkatastrophe bereiten zu können. Sie ahnt nicht, daß ihre eigene Endkatastrophe unmittelbar bevorsteht. Mit wenigen Strichen wird der Untergang der atheistischen Menschheitskultur gezeichnet. Die beiden nächsten Kapitel geben diese Tragödie der modernen Kulturwelt ausführlich wieder, die in unserem Abschnitt programmatisch dargestellt ist.

Offb. 16, 17: „Und der siebente goß seine Schale in die Luft aus; und es kam eine gewaltige Stimme aus dem Tempel vom Throne her, die sprach: Es ist geschehen!“

Die siebente Zornesschale wird in die Luft ausgegossen: die gesamte Atmosphäre der Erde wird von den nun folgenden Ereignissen betroffen. Es handelt sich um keine Teilkatastrophe mehr. Der letzte Akt der gesamten Menschheitsgeschichte hat begonnen. Kein anderer als der ewige Gott hat ihn befohlen. Es ist eine gewaltige Stimme, die aus dem Allerheiligsten unmittelbar vom Thron Gottes her ertönt. Weil der allmächtige Gott den Schlußakt befiehlt, ist er nicht mehr aufzuhalten. Auf Erden scheinen die dämonischen Gewalten zu triumphieren. Von Gott her gesehen, ist der Schlußakt der Weltgeschichte schon vorüber. Gott spricht mit majestätischem Wort: „Es ist geschehen — es ist vollbracht!"

Es ist das zweite große „Vollbracht" Gottes in der Weltgeschichte. Das erste geschah auf Golgatha, als alles aus zu sein schien und die dunkelste Stunde der Menschheitsgeschichte da war, als der Christus Gottes am Kreuze starb. In Wirklichkeit vollzog sich der größte Geisteskampf der Weltgeschichte, der mit dem völligen Sieg Jesu endete (Kol. 2, 14. 15). Der Sieg Jesu, der durch das erste „Vollbracht" gekennzeichnet wurde, blieb der Welt verborgen und wurde nur seiner Gemeinde bewußt. Das zweite „Vollbracht" in Offenbarung 16, 17 wird für die ganze Welt eindeutig und unwidersprechlich sein. In diesem Wort ist alles eingeschlossen, was in Offenbarung 17—19 dargestellt wird. Der Sieg Jesu wird nun für die ganze Welt offenkundig. Seine Gemeinde aber, die dem Untergang geweiht zu sein schien, erreicht ihr Ziel und lebt von Ewigkeit zu Ewigkeit wie ihr Herr.

Offb. 16, 18: „Und es geschahen Blitze und Stimmen und Donner, und es erfolgte ein starkes Erdbeben, wie ein solches nicht gewesen ist, seit es Menschen auf Erden gab. Ein so großes, so starkes Erdbeben."

In gewaltigen Erschütterungen setzt Gott den Schlußpunkt der Menschheitsgeschichte. Es handelt sich um keine Naturkatastrophe. Sie wären nach Vers 20 und 21 von einem solchen Ausmaß, daß das Leben der Menschheit zu Ende wäre, auch das Leben der Gemeinde Jesu auf Erden. Aber die Menschheit bleibt am Leben und lästert auch jetzt noch den lebendigen Gott. Wie an den übrigen Stellen der Offenbarung bedeuten die Blitze, Donner und Erdbeben ungeheure Erschütterungen der Menschheit. Professor Hadorn schreibt hierzu in seinem

Kommentar Seite 167: „Erdbeben sind Völkerstürme, durch welche die Fundamente der alten Ordnungen erschüttert werden und Einstürze des Bestehenden erfolgen. Das gilt auch von dem Hagelwetter, das diesem Erdbeben folgt."

Auf allen Lebensgebieten erfolgen Erschütterungen, wie sie nie dagewesen sind: völlige Auflösung jedes sittlichen Haltes, totale Zersetzung des Gewissens, Anarchie und Revolution in jeder Hinsicht, Auflösung der menschlichen Gesellschaftsordnung, Vernichtung alles normalen, geordneten Lebens, Zertrümmerung der Staaten und Familien, Gewalttat an allen Ecken und Enden. Das sind die Donner, Blitze und Erdbeben, die nun über die Welt ergehen und den Einsturz der von Gott gelösten Menschheitskultur herbeiführen. Der moderne Mensch muß selbst das Gericht über sich halten.

Offb. 16, 19: „Und die große Stadt zerfiel in drei Teile, und die Städte der Heiden fielen, und Babylon, der großen, wurde vor Gott gedacht, ihr den Becher des Glutweines seines Zornes zu geben."

Unter dem Einfluß dieser Katastrophen bricht der scheinbare Idealfriedensstaat des Antichristen zusammen. Es zeigt sich, daß die Welt in Wahrheit nie eins geworden war — außer im Gegensatz zu Gott. Negative Einheit hält nicht lange und verträgt keine Belastungsproben. Der Mensch ist im Grunde derselbe geblieben. Seine neue Staatsreligion hatte nur ihn selbst zum Mittelpunkt. Nun kommt der unheimliche Untergrund des menschlichen Wesens in den dämonisierten Massen zum Ausdruck.

Der Welteinheitsstaat zerbricht. Die Welthauptstadt und das Regierungszentrum zerfallen in verschiedene Teile, die sich wohl gegenseitig bekämpfen. Waren bis dahin die Städte als Kulturzentren von Bedeutung, so werden sie nun Stätten des Todes und des Zerfalls. Bei der Zerstörung der ganzen menschlichen Beziehungen und dem Zurücksinken in einstmalige Barbarei bekommen die großen Städte die Folgen zuerst zu spüren. Sie werden von der Zufuhr der Lebensmittel abgeschnitten, von der die Kulturzentren abhängig sind. Hier bricht die Dämonie des ungebändigten Menschen im Kampf ums nackte Dasein zuerst durch. Alles flüchtet aus der Stadt, um sein Leben zu retten. Was eben noch glanzvolle Wirklichkeit zu sein schien, ist nun ein Trümmerhaufen. Über die gesamte Kulturwelt des

Menschen, dargestellt unter dem Bild Babylons, bricht das Gericht Gottes herein. Der antichristliche Mensch hatte sich grundsätzlich von dem Einfluß Gottes gelöst und seine Welt radikal atheistisch aufgebaut. Gott hatte in großer Barmherzigkeit aufhaltende Kräfte in die moderne Kulturwelt hineingegeben. Nun er sie zurückzieht, ist der Einsturz nicht aufzuhalten.

Offb. 16, 20: „Und alle Inseln flohen, und Berge wurden nicht mehr gefunden."

Da die naturhafte Katastrophe der Erde und die Ablösung der alten physikalischen Ordnung des Weltalls erst Offenbarung 21, 1 nach dem Tausendjährigen Reich erfolgt, ist an unserer Stelle nicht von einer Naturkatastrophe die Rede, wenn von dem Untergang aller Inseln und aller Berge gesprochen wird. In der Bildersprache der Offenbarung bedeuten die Inseln Zufluchtsstätten des Menschen inmitten der Katastrophen, an denen er sich bergen kann wie der Schiffbrüchige auf einer Insel im Meer. In dem totalen Zusammenbruch der antichristlichen Kulturwelt gibt es derartige Bergungsorte nicht mehr. Unter den Bergen scheinen in der Offenbarung Großmächte der Völkerwelt dargestellt zu sein (vgl. Offb. 8, 8 und 17, 9. 10). Inmitten der völligen Auflösung der Gesellschaftsordnung bestehen keine Großmächte mehr, die dem Zerfall Einhalt gebieten können. Es wird offenbar, daß der von Christus gelöste Mensch nicht imstande ist, die Welt zu meistern.

Offb. 16, 21: „Und ein großer, zentnerschwerer Hagel kam vom Himmel auf die Menschen herab, und die Menschen lästerten Gott wegen der Plage des Hagels, weil seine Plage sehr groß war."

Es ist ein ungeheures Hagelwetter, das in Gestalt dieser Erschütterungen über die Kulturwelt des Menschen niedergeht. Im Grunde wissen Millionen von Menschen, daß sie sich selbst das Grab gegraben haben, indem sie alle Beziehungen zu Gott lösten. Sie sehen, daß alles, was der moderne Mensch unternahm, zur vollen Katastrophe geführt hat und daß die Lösung des Menschen von Gott unentschuldbar ist. Aber es wird uns immer sehr schwer, eine Schuld einzugestehen, selbst wenn wir eindeutig davon überführt sind. So lehnt der Mensch jede Schuld ab und wehrt sich gegen sein anklagendes Gewissen durch um so tieferen Haß gegen den lebendigen Gott. Die letzte Möglichkeit zur Buße hat der Mensch des antichristlichen Zeitalters vorübergehen lassen. Er ist nun gerichtsreif. Zum letztenmal hat Gott ohne Menschenwort durch den Zusammenbruch der modernen Kulturwelt zu dem antichristlichen Menschen gesprochen, um ihn von seiner Schuld zu überführen und mit letztem Ernst zu sich zu rufen.

## D. Der Zusammenbruch der antichristlichen Kultur

Offenbarung 17 und 18

*Die antichristliche Kultur und die sie tragenden staatlichen Mächte*

Offenbarung 17, 1–15

Offb. 17, 1: „Und es kam einer von den sieben Engeln, die die sieben Schalen hatten, und er redete mit mir und sprach: Komm, ich will dir das Gericht über die große Dirne zeigen, die an vielen Wassern sitzt."

Es gibt ein wirkliches Gericht. Gott sieht lange zu, aber einmal geht seine Geduld zu Ende, und es ist schrecklich, in die Hände des lebendigen Gottes zu fallen.

Die antichristliche moderne Kultur wird hier unter dem Bild der Dirne dargestellt. Die Dirne verführt zum Ehebruch. Die moderne Kultur verführt zum Ehebruch Gott gegenüber. Der Mensch ist von der Urschöpfung her zur Ehe mit Gott bestimmt. Durch Christus hat er ihn noch einmal in seine Gemeinschaft gerufen. Die antichristliche Kultur löst diese Verbundenheit mit Gott durch ihren Einfluß auf. Es sind dämonische Gewalten, die hinter dieser Kulturwelt stehen. Zutiefst ist sie von Satan, dem Gegenspieler Gottes, inspiriert.

Die vielen Wasser, an denen die Dirne sitzt, werden in Vers 15 als die Völker der Erde gedeutet. In den vergangenen Jahrhunderten waren die Kulturen Nationalkulturen, die auf ein bestimmtes Volk oder eine bestimmte Völkergruppe begrenzt blieben. Die Kultur der Endzeit ist übernational und international. Sie ist nicht auf ein Volk oder ein Teilgebiet der Erde begrenzt, sondern umfaßt die ganze Welt. Dieser Entwicklungsprozeß spielt sich vor unseren Augen ab. Vor hundert Jahren gab es noch keine Kultur, die die ganze Welt umspannte. Aber in unserer Generation hat unter dem Einfluß der beiden Weltkriege die europäische technische Kultur ihren Weg zu allen Völkern gefunden. So verschieden die Völker und politischen Systeme sind, so einig sind sie in der Anbetung dieser sogenannten Kultur, die mit der europäischen Technik zu ihnen gekommen ist. Es gibt kein Volk der Erde, das sich von dieser technischen Kultur ausschließen will. Es wäre so naheliegend gewesen, daß alte Kulturvölker gegen diese Überflutung mit europäischer Kultur sich gewehrt hätten. Aber sämtliche Völker der Erde greifen mit beiden Händen nach dem, was die moderne Technik ihnen bietet. So wird die gesamte Völkerwelt der Herrschaftsbereich dieser mammonistischen, technischen Kultur. Die Endzeit zeichnet sich deutlich ab. Nie hat es eine solche kulturelle Einheit der ganzen Völkerwelt gegeben. Es gehört zu den Zeichen der Zeit, daß die moderne Kultur international geworden ist und kein Volk der Erde sich von ihr ausschließt.

**Offb. 17, 2: „Mit ihr haben die Könige der Erde Ehebruch getrieben, und die Bewohner der Erde sind von dem Wein ihrer Hurerei trunken geworden."**

Die staatlichen Mächte der ganzen Welt haben sich mit dieser Kultur verbündet und dadurch dem Anspruch Gottes entzogen. Sie haben das selbst oft gar nicht gemerkt. Sie bekannten sich mit ihrem Wort zu Gott und stellten sich schützend vor die Religion. Praktisch aber wurde Gott von einem Lebensgebiet nach dem anderen im politischen und wirtschaftlichen Leben ausgeschaltet. Die moderne Fabrik gehorchte anderen Gesetzen als den Lebenslinien Jesu Christi. Der gepriesene wirtschaftliche Aufschwung der letzten hundert Jahre war in Wahrheit eine große Revolution gegen Gottes Herrschaftsanspruch. Gott hatte im Wirtschaftsleben nichts zu sagen. Die Maschine ging über ihn zur Tagesordnung über. Ein unheimlicher anderer Geist band die Staatsmächte an sich. Kein Staat hat sich dieser Entwicklung entziehen können, durch die Gottes Herrschaft im täglichen Leben ausgeschaltet und der Ehebruch ihm gegenüber verwirklicht wurde. Die moderne Technik hat ihre eigenen Gesetze. In dieser technischen Kultur gewinnen andere Mächte die Führung als Gott. Es ist eine

Mammonskultur. Es geht alles ums Geld. Weil Gott abgesetzt ist, verliert der Mensch seinen Adel und wird zu einem Rädchen im großen Maschinensaal der modernen Technik.

Aber nicht nur die führenden Schichten der Völker begeistern sich für diese Kultur, sondern alle Bewohner der Erde werden trunken von dem Rauschtrank des modernen Lebens, der sie zum Ehebruch Gott gegenüber verführt. Der Kulturrausch ergreift alle Schichten der Völker. Keiner will zu den bescheidenen, natürlichen Lebensformen vergangener Zeit zurück. Die Annehmlichkeiten des technischen Fortschritts schlagen alle in ihren Bann. Keiner kann sich der Maschine und ihrer Herrschaftsgewalt entziehen. Er wird sonst unmöglich und im Wirtschaftsleben konkurrenzunfähig. Es hat die moderne Kultur in der Tat etwas Faszinierendes. Wir möchten alle nicht mehr so primitiv wie unsere Väter leben. In unaufhaltsamer Arbeit wird die technische Kultur verfeinert. Niemand möchte mehr einen Eisenbahnwagen von 1900 besteigen. Es muß der gepolsterte, gut gefederte Wagen von heute sein. Niemand möchte mehr zur Postkutsche zurück, wo das Flugzeug die Kontinente verbindet. Wir sind alle dankbar für das elektrische Licht, den Fernsprecher, die Postverbindung durch die ganze Welt. Merkwürdigerweise ist durch all diese Fortschritte nichts gewonnen worden. Eigentlich müßten wir jetzt Zeitmillionäre sein. In Wirklichkeit wird die Zeit immer knapper, und wir sind alle gehetzte Leute. Wir sind an die Maschine angeschmiedet und müssen ihr Tempo mitleben. Auch wo man das Gift der modernen Kultur merkt, kann man doch nicht davon lassen. Alle Völker der Erde sind von dieser Kultur berauscht. Es stört sie nicht, daß sie in Europa und Amerika ihren Ausgangspunkt hat. Die verschiedensten Rassen, Völker und politischen Systeme sind in diesem Kulturrausch einig. Er erzeugt eine einheitliche Front Gott gegenüber und gestaltet ein Leben, das nach anderen Lebensgesetzen sich vollzieht. In dem modernen Kulturleben hat Gott nichts mehr zu sagen. Dieser Kulturrausch wird als ein Wein bezeichnet, der zur Hurerei verführt. Mit Hurerei ist hier eine Geisteshaltung gemeint, die mit Gott gebrochen hat und den Menschen als oberstes Prinzip an die Stelle Gottes setzt. Der Mensch ist von seiner technischen Erfindungsgabe und seinem kulturellen

Fortschritt so berauscht, daß er es nicht mehr nötig hat, sich von Gott helfen zu lassen. Er ist selbständig geworden und glaubt, die Welt ohne Gott wunderbar gestalten zu können. Die Zahl, die Masse, das Geld, die Macht sind die beherrschenden Faktoren anstelle der Gebote und Lebenslinien Gottes.

Auch die Gemeinde Jesu lebt im Bannkreis der modernen Kultur und kann sich ihr nicht ohne weiteres entziehen. Sie lebt auf dieser Erde und nicht auf einem anderen Planeten. Es ist völlig unmöglich, daß die Christenheit jenseits der modernen Kulturentwicklung lebt. Sie ist in diesen ganzen Lebensprozeß eingeschlossen und lebt selber von ihm. Die Gemeinde Jesu kann den elektrischen Strom, die moderne Bauweise, die heutigen Verkehrsmittel nicht aus ihrem Leben ausschalten. Sie muß notgedrungen all das gebrauchen, was ihr die technische Kultur darreicht. Es ist die große Frage, ob sie die Ergebnisse des modernen Erfindungsgeistes gebraucht, als besäße sie sie nicht, oder ob sie von diesen technischen Errungenschaften und von ihrem Geist besessen wird. Es ist die große Lebensmöglichkeit, die uns Jesus gibt, daß wir mitten in dem modernen Leben und seinen Erscheinungsformen stehen können, ohne dort unseren Lebensgrund und unsere Lebenserfüllung zu haben. Es gibt ein Verbundensein mit Christus, das unser eigentliches Leben ausmacht und uns in die Freiheit der modernen Kultur gegenüber stellt. Es ist die Frage, wo wir die letzte Erfüllung unseres Lebens finden, ob in Jesus oder in dem, was die moderne Kultur uns bietet.

Auch in den Reichgottesarbeiten, christlichen Kirchen und gläubigen Kreisen sind wir gegen den Einbruch des Geistes der modernen Kultur nicht ohne weiteres gesichert. Auch dort kann die Zahl, die Masse, das Geld, die Macht, der Betrieb eine unheimliche Gewalt gewinnen. Auch die Gemeinde Jesu kann sich an diese Linien so verlieren, daß sie von ganz falschen Zielsetzungen beherrscht wird und nicht mehr in dem stillen, verborgenen Lebenszusammenhang mit Jesus das Eigentliche und Wesentliche sieht. Sie kann von der Zahl so beeindruckt werden, daß der eine Sünder, der Buße tut und zu Jesus heimkehrt, ihr so geringfügig erscheint, daß sie ihn gar nicht mehr achtet. Es ist eine Katastrophe in der Christengemeinde, wenn sie nicht mehr die unscheinbare kleine Herde sein will, sondern Machtpositionen beziehen möchte und in der Statistik etwas bedeuten will. Das heißt trunken werden von dem Wein der Hurerei der modernen Kultur und ihren Gesichtspunkten. Es geht darum, daß die Gemeinde des Christus in der Welt und doch nicht von der Welt ist, daß sie notwendigerweise an den Errungenschaften der technischen Kultur teilhat und doch ihr Leben aus ganz anderen Quellen, aus der verborgenen Lebensbeziehung mit Jesus selbst gestaltet, daß sie intensiv an der Arbeit ist und den technischen Fortschritt verwendet, aber weder auf die Technik noch auf die Organisation, noch auf den Betrieb, noch auf die Zahl ihre Hoffnung setzt, sondern allein auf Jesus Christus und den Geist, den er gibt. Sie weiß, daß alles andere nur Schein erzeugt und nur das, was aus dem Lebenszusammenhang mit Jesus erwächst, Wirklichkeit ist. Sie weiß auch, daß die Zahl und das Geld im Reich Gottes kein Gesichtspunkt ist, sondern daß vor Gott nur die von Christus gewirkte Geburt von oben Wert hat.

**Offb. 17, 3 a: „Und er brachte mich im Geist in eine Wüste."**

Die vollendete Gemeinde sah Johannes in Kapitel 14 auf dem Berg Zion: sie ist eine Stadt auf dem Berge. Die mit Gott zerfallene Welt sieht er in der Wüste: im Grunde ist sie trotz aller Kultur und Technik zur Wüste geworden, öde, leer, ohne Frucht. In der Wüste kann man nicht leben. In der Wüste muß man verdursten und zugrunde gehen. Es ist kein Zufall, daß die antichristliche moderne Kulturwelt im Rahmen der Wüste gesehen wird. Sie scheint das Leben der Menschheit auf den Höhepunkt zu führen. In Wirklichkeit aber wird unter ihrem Einfluß das Leben zur Wüste.

**Offb. 17, 3 b: „Und ich sah ein Weib auf einem scharlachroten Tier sitzen, das voll Namen der Lästerung war und sieben Köpfe und zehn Hörner hatte."**

Das Weib, die Dirne, sitzt auf einem Tier, das sie trägt. Das Tier ist uns aus Kapitel 13 bekannt. Es ist der Welteinheitsstaat, der unter einer fabelhaften geistigen Führung (sieben Köpfe) steht und in dem eine ungeheure Macht zusammengeballt ist (zehn Hörner). Die scharlachrote Farbe ist die Farbe des Drachen, die Farbe Satans. Von dort ist dieser Staat inspiriert und in seinem Wesen geprägt. Daher ist er voll Namen der Lästerung. Alles in ihm steht im Gegensatz zu Gott. Er zieht alles, was an Gott und Christus erinnert, in den Dreck. Er möchte jede Beziehung zu Gott auslöschen. Ihn beseelt eine fanatische Feindschaft gegen Jesus und seine Gemeinde.

Darum ist er der Förderer der modernen Einheitskultur, die den Menschen von den Lebensgesetzen Gottes löst und Gott aus allen Lebensbereichen ausschaltet. Der antichristliche Welteinheitsstaat ist der Schrittmacher der modernen technischen Kultur. Mit ihr will er die neue Welt bauen, die die Sehnsucht der Jahrtausende erfüllen soll. So ist er das Reittier, auf dem die moderne Kultur durch die Lande reitet und sich die ganze Welt unterwirft. Es ist ein Rätsel, wie die arme, machtlose Gemeinde Jesu gegenüber diesem Bund von antichristlichem Staat und antichristlicher Kultur bestehen soll. Sie hat in der Tat die ganzen Mächte der Welt gegen sich. Ihr Ende scheint nur eine Frage von Tagen zu sein.

Offb. 17, 4. 5: „Und das Weib war mit Purpur und Scharlach bekleidet und über und über mit Gold und Edelsteinen und Perlen behangen; sie hatte einen goldenen Becher in ihrer Hand, voll von Greueln und den Unsauberkeiten ihrer Hurerei. Und auf ihrer Stirn war ein Name geschrieben, ein Geheimnis: Babylon, die große, die Mutter der Dirnen und der Greuel der Erde."

Die Dirne, die die Welt zum Ehebruch Gott gegenüber verführt, ist in Purpur gekleidet wie die Könige der Erde. Sie regiert die Welt. Die moderne Kultur ist die diktatorische Macht, die die ganze Welt beherrscht. Die Scharlachfarbe erinnert daran, daß die antichristliche Kultur denselben Ursprung in den geistigen Kräften Satans hat wie der antichristliche Welteinheitsstaat.

Eine Dirne schmückt sich in auffallender Weise, weil sie sonst nichts hat, womit sie Eindruck machen könnte. Sie ist hohl und leer und möchte doch Eindruck machen. Weil innerlich nichts dahintersteht, muß die äußere Aufmachung den fehlenden geistigen Gehalt ersetzen. So ist es auch in der modernen technischen Kultur. Die Aufmachung und Fassade ist fabelhaft. Aber die innere Armut ist riesengroß. Die Seele des Menschen verhungert dabei. Der eigentliche Mensch stirbt an dieser Kultur. Aber durch ihre imponierende Lebensgestaltung bringt sie die gesamte Menschheit in ihren Bann und verführt sie als echte Dirne zum Ehebruch dem lebendigen Gott gegenüber. Den lebendigen Gott sieht man nicht. Für ihn braucht es eine besondere Aufgeschlossenheit des Geistes. Die moderne Kultur aber hat man unmittelbar vor Augen. Sie ist in ihrer ganzen Aufmachung bestechend.

Sie hat einen goldenen Becher in ihrer Hand. In ihm ist alles, was der Mensch an Schönheit und Lebenskultur begehrt. In ihm ist Bildung und Kunst, Wohnkultur und Luxus. In ihm ist alles, was das Leben schön gestaltet. Dennoch ist es ein Giftbecher, an dem der Mensch stirbt. Die Greuel und Unsauberkeiten ihrer Hurerei bestehen in der Loslösung von Gott. Die selbstbewußte Haltung des Menschen, der Gott nicht mehr nötig hat, ist vor dem ewigen Richter ein Greuel. Wie der sexuelle Ehebruch den Menschen in lauter Unsauberkeiten führt, so bringt der Ehebruch Gott gegenüber den modernen Menschen überall in unsaubere Linien, an denen er sterben muß. Die moderne Dirne gibt keinen Ersatz für die Ehe mit Gott. Wer sich ihr verschreibt, ist betrogen. Wer das Geheimnis der Dirne durchschaut hat, weiß, daß in dieser so gearteten Kulturwelt der Grund aller Lösung von Gott und der Ursprung aller unheimlichen Entwicklung des modernen Zeitalters liegt. Das 20. Jahrhundert mit seinen beiden Weltkriegen, seiner unheimlichen Lebenssteigerung und seinen dämonischen Atomentdeckungen ist die lebendige Illustration dazu. Der Name der ersten Weltstadt Babylon ist das Sinnbild dieser Kultur geworden. Ihr Charakter steht auf ihrer Stirn geschrieben. Sie kann ihn nicht verleugnen, auch wenn sie es möchte.

Dennoch ist ihr Name ein Geheimnis. Es braucht einen von Gott erleuchteten Verstand, um die antichristliche Kultur zu durchschauen und nicht dem modernen Kulturrausch zu verfallen. Wer aber durch die Fassade durchschaut, sieht klar, daß alle unheimliche Entwicklung des 20. Jahrhunderts in dieser dämonischen Kultur ihren Ursprung nahm: Konzentrationslager und Folter, Gewissensvergewaltigung und geistige Knebelung, Diktatur und Mammongeist, Profitsucht und Kolonialsystem, Auflösung der Ehe und sexuelle Zuchtlosigkeit. Es gibt nur eine Rettung für das 20. Jahrhundert: zurück zu Christus und bedingungslose Unterstellung des Lebens unter seine Herrschaft.

**Offb. 17, 6 a: „Und ich sah das Weib trunken von dem Blut der Heiligen und von dem Blut der Zeugen Jesu.“**

Der auf seine Kultur so stolze Staat der Endzeit versagt in den grundlegenden Fragen der Kultur: in der Freiheit des Geistes und des Gewissens. Weil er selbst weder Geist noch Gewissen hat, haßt er die Gemeinde Jesu, die in ihrem Gewissen an Gott gebunden und darum geistig nicht zu unterwerfen ist. Es wird den Menschen des antichristlichen Zeitalters eine Wonne sein, die Christen zu Tode zu bringen, sonderlich die Zeugen Jesu, die in vorderster Front stehen. Wie ein Rausch wird es über die Menschen kommen. Was früher nur einige Sadisten vermochten, wird allgemeine Geisteshaltung. Sie werden kein Mitleid mit den Christen haben, sondern sie mit Begeisterung quälen und ermorden. Der fanatische Haß gegen die Gemeinde Jesu ist typisch für die geistige Lage der letzten Menschheitskultur. Es ist schwer, dafür das Wort „Kultur" noch zu verwenden. Eigentlich ist es Verwilderung. Der Mensch des antichristlichen Zeitalters muß die Christen beseitigen, um in seinem Gewissen Ruhe zu bekommen: denn das sind die Menschen, die durch ihre Existenz ihn immer mahnen, daß er im Ehebruch Gott gegenüber lebt und die Grundlage des Lebens verlassen hat.

Die Dirne Babel ist das Gegenstück zur Braut des Lammes. Die Dirne Babel, die moderne antichristliche Kulturwelt, ist inspiriert von den Dämonen, von ihnen zur Größe erhoben, reich, überschüttet mit Luxus, eine imponierende Macht, aber voll Haß gegen Jesus und ohne Gewissen. Die Braut des Lammes, die Gemeinde Jesu, ist inspiriert von Jesus, in die Niedrigkeit gestoßen, bettelarm, waffenlos, aber sie steht in der Liebe zu Jesus und ist im Gewissen an ihn gebunden.

Wir sind alle viel tiefer unter den Einfluß der Dirne Babel geraten, als wir wissen. Wir lassen uns von vielem imponieren, wovon wir uns eigentlich nicht imponieren lassen sollten. Wir lassen uns auch als Jünger Jesu von den Linien der modernen Kultur inspirieren. Es wird uns schwer, die niedrige, arme Gemeinde Jesu mit ihren Werten zu sehen und mit Freuden in ihr zu leben. Auch die Christenheit strebt nach Machtpositionen. Sie ist nicht bereit, den waffenlosen, niedrigen Weg Jesu zu gehen. Auch ihr imponiert die Zahl. Auch in ihr muß immer etwas los sein. Eine Veranstaltung der Christenheit jagt die andere. Auch die Reichgottesarbeit geschieht am laufenden

Band. Die Jünger Jesu sollten aus der Stille und aus dem verborgenen Umgang mit ihrem Herrn leben und von daher seine Zeugen sein. Aber es wird ihnen schwer, so schlicht wie die ersten Christen zusammenzukommen. Der christliche Betrieb und das christliche Programm arbeiten wie eine Maschine und sind nur zu gut in der Lage, mit ihrem Sog das Leben der Jünger Jesu und ganzer Gemeinden zu vernichten. Es gehört eine enorme Widerstandskraft und immer neue Besinnung in der Gemeinde Jesu dazu, um das ihr eigentümliche Leben zu behaupten und nicht von der Strömung des übrigen Lebens mitgerissen zu werden.

**Offb. 17, 6 b. 7: „Und ich geriet in ein großes Staunen, als ich sie sah. Und der Engel sprach zu mir: warum staunst du? Ich will dir das Geheimnis des Weibes und des Tieres sagen, das das Weib trägt, das die sieben Häupter und zehn Hörner hat."**

Selbst ein Johannes muß über diese Erscheinung staunen. Die Gemeinde Jesu ist gegen die überwältigenden Eindrücke der modernen Kultur nicht gesichert. Im Grunde sind wir alle irgendwie ihrem Sog verfallen und bewundern sie. Wir brauchen die Hilfe von unsichtbarer Hand, damit wir uns dem mächtigen Eindruck der technischen Kultur entziehen und ihr dämonisches Geheimnis durchschauen.

Hadorn sagt in seinem Kommentar Seite 172: „Diese Verwunderung ist unverständlich, wenn Johannes nur Vergangenes, also die neronische Christenverfolgung, schildern wollte, sehr verständlich aber, wenn das Bild, das vom Blut der Zeugen Christi trunkene Weib, zugleich eine Weissagung ist." Johannes konnte nicht ahnen, was sein Wort uns im 20. Jahrhundert bedeuten würde. Das ist Gottes Geheimnis, der in das Wort jenes Mannes Prophetie hineinlegte, die uns in der Gegenwart Hilfe bedeutet. Man hat immer wieder in Katastrophenzeiten nach der Offenbarung des Johannes gegriffen und sich aus ihr gestärkt. Aber in unserem Jahrhundert liegen die Dinge doch anders. Es ist geradezu verblüffend, wie die Ereignisse der Gegenwart mit den Linien des Bildes übereinstimmen, das uns Johannes zeichnet. Wer dieses Buch durchdenkt, bekommt einen Durchblick durch die Gegenwart und inneren Abstand von den Mächten und Entwicklungen, die uns alle zu überfluten drohen.

Die Gemeinde Jesu sollte sich von der modernen Scheinkultur nicht imponieren lassen. Sie sollte nicht staunen, wo im Grunde nur der Tod ist. Das Staunen bleibt denen überlassen, die nicht im Buch des Lammes stehen. Wer zu Jesus gehört und von ihm sehende Augen bekommen hat, sollte die Gegenwart in ihrer endzeitlichen Gestalt durchschauen und daraus seine Schlußfolgerungen ziehen.

Offb. 17, 8: „Das Tier, das du gesehen hast, ist gewesen und ist nicht und wird wiederkommen aus dem Abgrund und geht in das Verderben. Und die auf der Erde wohnen, deren Name nicht von Grundlegung der Welt an in das Lebensbuch geschrieben ist werden staunen, wenn sie das Tier sehen, daß es gewesen ist und nicht ist und da sein wird."

Professor Hadorn schließt alle älteren und neueren sogenannten zeitgeschichtlichen Deutungen aus (Seite 175). „Es ist die Gefahr nicht zu verkennen, daß man mit der zeitgeschichtlichen Erklärung das Buch und die Eschatologie selbst für erledigt ansieht" (Seite 176). Das Tier ist der letzte antichristliche Staat der Weltgeschichte und zugleich sein Oberhaupt (Offb. 13). Von Jesus heißt es: „Der da ist und der da war und der da kommt." Der Antichrist will Jesus ersetzen und ist doch nur seine Karikatur: Jesus ist der ewige Herr; der Antichrist ist eine Eintagserscheinung und nimmt ein furchtbares Ende.

Wir erinnern uns an die Nachahmung der Auferstehung Jesu, die uns in Kapitel 13 geschildert wurde. Der antichristliche Weltherrscher stirbt und steht wieder auf zu neuem Leben. Er ist gewesen vor seiner Ermordung und hat eine Weile die Weltherrschaft ausgeübt. Er ist nicht da in den Tagen seines Todes. Aber er kommt wieder durch seine Auferstehung, um die Führung der Welt aufs neue zu übernehmen. Aber er kommt aus dem Abgrund, aus dem satanischen Lebensbereich, aus der Welt der Dämonen. Er hat mit Gott nichts zu tun. Er ist von unten inspiriert. Von dorther empfängt er sein zweites Leben nach seiner Auferstehung. Jesus empfing sein zweites Leben in der Auferstehung vom lebendigen Gott. Darum bleibt Jesus in Ewigkeit und ist noch heute der lebendige Herr. Der antichristliche Weltherrscher aber geht ins Verderben und kehrt dorthin zurück, woher er kam: in den Abgrund, in die ewige Verdammnis. Wer mit ihm geht, hat das ewige Verderben gewählt. Sein Weg ist ein Todesweg. Nur der Weg Jesu ist Leben. Wer mit Jesus sich verbindet, bleibt in Ewigkeit mit ihm verbunden.

Der antichristliche Weltherrscher muß eine imponierende Persönlichkeit sein. Das Wunder seiner Auferstehung und die fabelhafte Art seiner Weltregierung machen tiefen Eindruck — auch auf die Gemeinde Jesu. Darum wird mit sehr eindringlichen Worten ausgesprochen, daß jeder, der nicht in das Buch des Lebens eingetragen ist, dieser fabelhaften Erscheinung des antichristlichen Weltherrschers und seines Staates verfällt. Wir haben miterlebt, wie prächtige Christen sich von solchen Erscheinungen täuschen ließen. Darum kann keiner von uns selbstsicher sein. Wir tun alle gut, gründlich das Wort der Schrift zu studieren, um uns ganz eng an Jesus anzuschließen. Wer sich von den Eindrücken der modernen Kulturwelt berauschen läßt, ist verloren.

**Offb. 17, 9–11: „Hier ist das Denken nötig, das Weisheit hat. Die sieben Häupter sind sieben Berge, auf denen das Weib sitzt und sind (zugleich) sieben Könige. Fünf sind gefallen. Einer ist da. Der andere ist noch nicht gekommen, und wenn er kommen wird, darf er nur eine kleine Zeit bleiben. Und das Tier, das gewesen ist und ist nicht, ist zugleich selbst der achte und ist einer von den sieben und geht in die Verdammnis."**

Es ist in der Tat ein Denken nötig, das von Gott durch die Heilige Schrift erleuchtet ist, um die sonst so sinnlose Weltgeschichte und zumal ihre letzte Etappe zu durchschauen. Es braucht eine Weisheit, die nicht aus dem Kulturrausch des modernen Menschen stammt, sondern die von Gott gegeben ist. Es ist ein unerhörtes Vorrecht, zur Gemeinde des Herrn Jesu gehören zu dürfen und die Bibel zu besitzen. Alle übrigen Menschen werden von den unheimlichen Entwicklungen der Endzeit ahnungslos überfallen. Wer von Jesus ein erleuchtetes Denken durch das Wort der Schrift empfing, hat einen guten Kompaß, um sich in der unheimlichen Endentwicklung durchzufinden.

Die sieben Köpfe des Tieres, die sonst als die zusammengeballte Intelligenz des Führungsstabes im antichristlichen Weltreich verstanden wurden, werden hier als sieben Berge gedeutet, die die Menschheitskultur tragen. Berge sind in der Offenbarung des Johannes Weltmächte. Arme Völker können eine derartige Kultur nicht hervorbringen. Dazu gehören

Weltmächte, die über Einfluß und Geld verfügen. Eine Kultur von Großformat kann nur eine Großmacht hervorbringen. Diese Kultur hat freilich auch einen dementsprechenden Charakter. Zur Kultur Jesu gehört nicht Macht und Geld, sondern Geist. Seine Gemeinde entwickelt eine fabelhafte Kultur, freilich ganz anderer Art, und sie kann selbst in größter Armut bestehen.

Die sieben Königreiche oder Großmächte verkörpern die Gesamtheit aller Weltreiche. Die fünf vergangenen Weltmächte hat man auf Ägypten, Assyrien, Babylonien, Persien und das Reich Alexanders des Großen gedeutet. Sie waren zur Zeit des Johannes vergangen. Gegenwärtig bestand das römische Weltreich der Cäsaren. Noch nicht gekommen ist das antichristliche Weltreich der Endzeit. Alle europäischen Großmächte und die aus der europäischen Völkerwanderung hervorgegangenen amerikanischen Staaten sind geschichtliche Auswirkungen des römischen Weltreichs und stehen in seiner Nachfolge. Jetzt stehen wir in der Umschichtung der Weltmächte. Eine ganz neue Gruppierung bildet sich. Die Völker Asiens und Afrikas treten in die Weltgeschichte ein. Aus all diesen Verschiebungen wird sich das siebente Weltreich entwickeln, das noch nicht da ist. So imponierend es sein wird, so darf es doch nur eine kurze Zeit bleiben. Seine Lebensdauer ist von Gott befristet.

Dieses Weltreich wird geführt von dem antichristlichen Staatsoberhaupt, das eine Zeitlang regiert und dann nicht mehr da ist, weil es einem Attentat zum Opfer fällt. Dieser Staatspräsident aber kommt durch seine Auferstehung wieder und wird so noch eine zweite Regierungszeit haben. Darum ist er der siebente und achte Weltherrscher zugleich. Aber trotz seiner fabelhaften Persönlichkeit und seines Auferstehungswunders ist er nicht der ewige Herr wie Jesus, sondern der, der von Jesus gerichtet wird und endgültig in das Verderben geht.

Daß er noch einmal ausdrücklich der achte genannt wird, hängt mit der Zeichensprache der Offenbarung zusammen. Acht ist die Zahl, die über die Zahl sieben hinausgeht. Die Zahl sieben ist die Zahl Gottes. Die darüber hinausgehende Zahl acht ist die alte Bezeichnung für eine übermenschliche Gestalt. Mit dem achten beginnt das Verderben. Darum dient sie zur Charakterisierung des antichristlichen Weltherrschers.

Offb. 17, 12. 13: „Und die zehn Hörner, die du sahst, sind zehn Könige, die ihre Herrschaft noch nicht empfangen haben, sondern sie empfangen Macht wie Könige zu einer Stunde mit dem Tier. Diese haben eine Meinung und stellen ihre Kraft und Macht dem Tier zur Verfügung."

Die zehn Hörner, die wir als die zusammengeballte Macht des antichristlichen Weltreichs verstanden haben, bedeuten zugleich zehn Teilregierungen, die nur ein Scheindasein wie selbständige Reiche führen, in Wirklichkeit aber total von dem Weltdiktator abhängig sind. Es sind Satellitenstaaten. Ihre Führer sind in ihrem Bereich Diktatoren, in Wirklichkeit haben sie aber nur eine Macht *wie* Könige. Sie sind alle abhängig von der Weltzentralregierung, auf deren Befehl sie handeln. Sie werden in Erscheinung treten, wenn der antichristliche Welteinheitsstaat Wirklichkeit ist. Von ihm empfangen sie ihre Scheinexistenz. Die Führer dieser Unterstaaten haben keine eigene Meinung. Sie sind die willenlosen Marionetten der antichristlichen Weltregierung, nur besorgt, ihre Stellung zu halten. Darum schalten sie sich absolut gleich mit dem Weltdiktator. Ihm stellen sie ihre gesamte Macht zur Verfügung. Wollten sie auf eigene Faust Politik machen, so wären sie verloren. Obwohl sie sich wie selbständige Staaten geben, sind sie doch nur Agenten des einen antichristlichen Weltherrschers.

Offb. 17, 14: „Diese werden mit dem Lamm Krieg führen, und das Lamm wird sie besiegen – denn es ist der Herr der Herren und der König der Könige – und die, die mit ihm (dem Lamm) sind als Berufene, Auserwählte und Gläubige."

Der Kampf gegen Christus und seine Gemeinde ist die gemeinsame Linie dieser Satellitenstaaten. Zu diesem Zweck haben die dämonischen Mächte ihnen ihre Existenz gegeben.

Mit Bedacht wird Jesus hier das Lamm genannt. Er ist nach menschlichen Begriffen wehrlos. Seine Macht stammt aus den Stunden, da er sich als das Lamm Gottes opferte. Merkwürdig, daß ein Lamm über diese enorme, zusammengeballte Macht der Welt siegen kann. Aber seit der Stunde von Golgatha ist er der Herr der Herren und der König der Könige. Er gebraucht zur Zeit seine Macht nicht, die er grundsätzlich seit seinem Sieg am Kreuz besitzt. Ein Wort von ihm wird genügen, um dem ganzen Spuk des Welteinheitsstaates und seiner Satellitenstaaten ein Ende zu machen und die gegen ihn gerichtete Front zu erledigen. Der Sieg des Antichristen in Kapitel 13 war ein Scheinsieg. Der verborgene Herr der Welt ist Jesus allein.

Jesus führt seine Schlacht nicht allein, obwohl er niemand nötig hat, der ihm helfen müßte. Aber er beteiligt in allen Stücken seines Handelns immer seine Gemeinde, auch bei dieser letzten Auseinandersetzung mit der antichristlichen Front. Es ist kaum faßbar, daß diese arme, verfolgte, gehetzte, in sich oft so schwierige Schar von Jesus zur Überwindung der antichristlichen Weltmacht gebraucht werden kann. Das stammt nicht aus uns. Das stammt aus der Tatsache, daß er uns berufen, auserwählt und in den Glauben an ihn gestellt hat. Seine Gemeinde hat keine Waffen, um die Weltmächte zu erledigen. Ihre einzige Waffe ist Jesus. Im Glauben an ihn liegt ihre Kraft.

**Offb. 17, 15: „Und er sprach zu mir: Die Wasser, die du gesehen hast, an denen die Dirne sitzt, sind Völker (Rassen) und Massen und Nationen und Sprachen."**

Babylon ist also keine einzelne Stadt, wie sich aus diesem Wort deutlich ergibt, sondern die Scheinkultur, die alle Menschen beherrscht und fasziniert, einerlei welcher Rasse, Nation oder Sprache sie angehören. Es ist die moderne Einheitskultur technischer Art, die vor unseren Augen die ganze Welt erobert und alle Völker fasziniert.

Zum erstenmal tritt der Begriff der Massen auf. Die Masse ist für das antichristliche Zeitalter charakteristisch. Nur die moderne technische Kultur kann solche Massen erzeugen, weil sie allein die Möglichkeit hat, solche Massen technisch zu verbinden und einheitlich zu leiten. Das Endzeitalter ist das Zeitalter der Masse. Die Masse tritt auf bei den Großveranstaltungen. Sie erscheint in den Massenheeren der Gegenwart. Nie früher konnten solche Millionenheere aufgestellt und bewegt werden. Dazu gehört die heutige Technik. Die Masse wird erreicht am Radio und am Fernsehapparat. Die Masse wird erreicht durch die Presse und Propaganda. Die Masse wird geformt durch die Einheitskultur und das Einheitsdenken. Weite Teile der Erde sind gleichgeschaltet. Wir können uns gut vorstellen, daß einmal in ganz kurzer Zeit die ganze Menschheit zu einer gleichgeschalteten Masse geformt wird. In der Masse erlischt die Persönlichkeit des einzelnen und die

Persönlichkeit der Völker. Es entstehen die willenlosen Massen, wie sie der antichristliche Welteinheitsstaat braucht. In unserer Generation hat das Zeitalter der Masse begonnen. Diese Erscheinung gehört zu den charakteristischen Merkmalen der Endzeit. Wir erkennen, wo wir in der Weltgeschichte stehen.

Das Zeitalter der Masse hat auch die Gemeinde Jesu schon angesteckt. Wir sind immer Kinder unserer Zeit. Die zwei oder drei, die in Jesu Namen zusammenkommen, gelten oft nicht viel. Es müssen Massen sein. Und doch wiegt in Jesu Auge der eine, der sich zu ihm hält, eine ganze Welt auf. Nicht Quantität, sondern Qualität gilt im Reich Gottes. Jeder Mensch, der sich Jesus öffnet, tritt in eine ganz persönliche Beziehung zu ihm und wird dadurch Persönlichkeit. Er kann nie in der Masse untergehen. Die Hingabe an Jesus ist die einzige Möglichkeit, um nicht in der Masse unterzugehen, sondern ein selbständiger, geprägter Mensch mit geistigem Eigenleben zu bleiben.

## *Die Zerstörung der modernen Kultur durch die staatlichen Mächte der Endzeit*

### Offenbarung 17, 16–18

**Offb. 17, 16: „Und die zehn Hörner, die du gesehen hast, und das Tier werden die Dirne hassen und sie verwüstet und nackt machen und ihre Leiber fressen und die Dirne mit Feuer verbrennen."**

Die antichristliche Weltmacht ist eine begeisterte Anhängerin des kulturellen Fortschritts. Sie baut die größten Kraftwerke, die größten Staudämme, die größten Fabrikstädte, die größten Chemiestädte. Aber sie will nicht den Geist. Und doch stammt dies alles aus der geistigen Welt der Neuzeit, in der der Mensch zum Denken frei wurde. Die antichristliche Weltmacht ahnt nicht, daß sie diese fabelhafte technische Kultur nur im Zusammenhang mit freiem Denken haben kann. Sie glaubt, das geistige Leben unterdrücken zu können und doch seine Frucht behalten zu dürfen. Geistiges Leben, freies selbständiges Denken darf es im antichristlichen Staat nicht geben, denn selbständig denkende Persönlichkeiten sind nicht willenlose Werkzeuge und können der Diktatur gefährlich werden. Man kann nur

Massen brauchen, die man mit der Technik willenlos wie Maschinen bewegen kann. Darum fürchtet man das selbständige geistige Leben.

Nun aber ist die moderne technische Kultur ohne das geistige Schaffen unmöglich. Deshalb muß der antichristliche Welteinheitsstaat eines Tages mit den Trägern seiner technischen Kultur in Konflikt geraten. Sie werden ihm verdächtig. Es könnte sein, daß sie nicht willenlose Werkzeuge sind, weil sie denken, weil sie Erfindungen machen, weil sie begabte, geistige Persönlichkeiten sind. So folgt eine Säuberungsaktion der anderen, bis nur noch der maschinelle Staat da ist, seelenlos, geistlos. Es erlischt auch der letzte Rest moderner Kultur. Das Leben wird wüst und nackt. Alles geistige Leben, das gefährlich werden konnte, ist vernichtet. Alle Großstadtkultur, aller Luxus, alle selbständige Wissenschaft, aller freie Handel, selbst die gleichgeschaltete Staatsreligion werden eingestampft und vernichtet. Es bleibt die Armut, die Eintönigkeit des Lebens, die Furcht. Dieselbe Macht, die die moderne, von Gott gelöste Kultur gebracht hat, hat sie auch zerschlagen. Sie fürchtete den letzten Rest von selbständigem geistigem Leben, den es auf Erden noch gab. Nun ist die Erde wirklich zur Wüste geworden. Das geistige Leben ist ausgelöscht. Die völlige Verarmung des Menschenlebens wird mit dem eigenartigen Satz ausgedrückt: „Ihre Leiber werden sie fressen." Das Menschenleben gilt nichts mehr. Wer im Wege zu stehen scheint, wird einfach ausgelöscht. Der Massenmord muß der Sicherung der Weltherrschaft dienen.

„Und sie werden die Dirne mit Feuer verbrennen": dieser Satz erinnert an den Brand Roms, den der Diktator Nero willkürlich und sinnlos anstiftete. Aber Professor Hadorn sagt Seite 174: „Die zeitgeschichtlichen Anspielungen ändern nichts an der Tatsache, daß Johannes von der Zukunft spricht." Der Weltdiktator der Zukunft wird Kulturzentren hemmungslos vernichten, wenn sie eine geistige Macht darzustellen scheinen. Ihm bangt um seine Existenz. Er merkt, daß seine Herrschaft kein Fundament hat. Er wird wohl gefürchtet, aber nicht geliebt. Die Völker haben sich geduckt, aber sie sind seiner Herrschaft überdrüssig. Darum vernichtet er jede Erscheinung, die bedenklich zu sein scheint. Die Forschungsstätten der

Wissenschaft, die gewaltigen Bauten, die er für Kulturzwecke errichtete, fallen der Vernichtung zum Opfer. Das Ende des menschlichen Geisteslebens ist erreicht. Der von Gott gelöste Mensch hat sein eigenes Werk, die moderne Kultur, vernichtet. Willenlos stellen sich alle Unterstaaten der Welt für dieses Vernichtungswerk zur Verfügung. Sie alle suchen ihr Leben zu retten und reißen eine Welt mit sich in den Abgrund.

Offb. 17, 17: „Denn Gott hat ihnen ins Herz gegeben seinen Ratschluß auszuführen und *eine* Meinung zu haben und ihre Herrschaft dem Tier zur Verfügung zu stellen, bis daß die Worte Gottes vollendet sein werden."

Sie wissen nicht, daß sie auf Befehl Gottes selbst Gericht über sich halten müssen. Gott hat sie dahingegeben (Röm. 1, 24). Gott behält die Weltherrschaft in seiner Hand. Alle können nur seine Pläne ausführen. Der Mensch wollte frei von Gott sein. Nun darf er seinen Willen haben und muß doch Gottes Willen ausführen. In der Gemeinde Jesu ist Freiheit und herrliche Mannigfaltigkeit. Unter dem Einfluß der Dämonen wird stumpfsinnige Gleichförmigkeit des Denkens. Es fehlt wirklicher Geist, weil der Einfluß Jesu ausgeschaltet ist. Nur Phrasen bleiben übrig. Das Leben ohne Christus wird trostlos, eintönig, hohl und leer. Welch einen Reichtum der Gedanken hat dagegen die arme, verfolgte Gemeinde Jesu! Rapid geht die antichristliche Kultur und der antichristliche Staat dem Ende entgegen. Die unheimlichen Mächte, die der moderne Mensch heraufbeschwor, bedeuten zugleich das Ende alles Lebens. Bis zum letzten Punkt muß der moderne Mensch das Gericht über sich selbst durchführen.

Offb. 17, 18: „Und das Weib, das du gesehen hast, ist die große Stadt, die königliche Macht über die Könige der Erde besitzt."

Daß Babylon keine einzelne Stadt darstellt, sondern die gesamte Weltkultur verkörpert, haben wir gesehen. Die dämonische Großstadtkultur der ganzen Welt ist in dem Namen der Stadt Babylon verkörpert. Diese fabelhafte, gewaltige Kultur, die der moderne Mensch hervorbrachte, ist die eigentliche Weltmacht, die alle Staaten beherrscht. Ihr Siegeszug ist unaufhaltsam. Wir sehen, daß kein Volk der Erde sich ihr entziehen kann. Eine dämonische Macht wohnt ihr inne. Trotzdem hat sie keinen Bestand, weil sie sich vom Urgrund alles Lebens, vom lebendigen Gott und seinem Christus gelöst hat.

## *Das Schicksal der modernen antichristlichen Kultur*

### Offenbarung 18, 1—3

**Offb. 18, 1: „Danach sah ich einen anderen Engel aus dem Himmel herabsteigen, der eine große Macht hatte, und die Erde wurde von seiner Lichtherrlichkeit erleuchtet."**

Durch eine neue Botschaft aus der Ewigkeit wird das Schicksal der modernen Kultur in neuer Weise beleuchtet. Die Klarheit dieser Botschaft stellt die gesamte Situation der Menschheit in ein helles Licht. Der Eindruck dieser Erscheinung ist erschreckend und überwältigend zugleich. So kann nur einer auftreten und sprechen, der in der Vollmacht Gottes kommt.

**Offb. 18, 2: „Und er schrie mit starker Stimme und sprach: Gefallen, gefallen ist Babylon, die gewaltige, und ist eine Behausung der Dämonen und eine Zufluchtsstätte aller unreinen Geister und aller unreinen und verhaßten Vögel geworden."**

In den Augen Gottes ist der Einsturz der modernen Kultur schon erfolgt. Von all den stolzen, gewaltigen Bauten ist nur ein Trümmerfeld übriggeblieben. Wer die Ruinen einer modernen, zerbombten Großstadt gesehen hat, versteht die Schilderung des Johannes gut. Unheimlich ist es, in diesen Ruinenkellern zu leben. Wo einst pulsierendes Leben war, ist jetzt ein Feld des Todes. So wird das Ende der modernen technischen Kultur sein. Was in stolzer Gewißheit aufgebaut war und den Menschen durch seinen technischen Fortschritt begeisterte, liegt nun in Trümmern. Dieselben dämonischen Gewalten, die einst dem Menschen die Fata Morgana seiner Kultur vortäuschten, feiern nun in anderer Weise ihre Orgien.

**Offb. 18, 3 „Denn von dem Zorneswein ihrer Hurerei haben alle Völker getrunken, und die Könige der Erde haben mit ihr Hurerei getrieben, und die Kaufleute der Erde sind von der Macht ihres Luxus reich geworden."**

Die Katastrophe ist keine zufällige. Sie ist innerlich begründet und Gottes Antwort auf eine Kultur, die sämtliche Völker und Staaten Gott entfremdet hat, die ihre geistigen Möglichkeiten mißbrauchte, um den Menschen von Gott zu trennen, die durch die Annehmlichkeiten des Lebens, die sie erzeugte, das Leben mit Gott zerstörte. Wir merken, welche Verantwortung wir dafür besitzen, wie wir die kulturellen Möglichkeiten gebrauchen, die die moderne Technik uns zur

Verfügung stellt. Unter der Führung Jesu können sie Hilfsmittel werden, um ein Leben zu gestalten, wie es den Gedanken Gottes entspricht. Unter der Leitung der Dämonen wird durch dieselben Kräfte alles Leben aus Gott zerstört. Darum die nun folgende eindrückliche Warnung.

## *Gottes Warnung an seine Gemeinde*

Offb. 18, 4: „Und ich hörte eine andere Stimme vom Himmel, die sprach: Gehet aus von ihr, mein Volk, damit ihr nicht ihrer Sünden mit teilhaftig werdet und etwas von ihren Plagen empfanget."

Gott sorgt sich um seine Kinder, daß sie von der allgemeinen Begeisterung für den kulturellen Fortschritt so erfaßt werden könnten, daß sie keinen Abstand zu der modernen Kultur mehr haben. Es besteht keine Möglichkeit mehr, daß die Jünger Jesu nach einem Land auswandern könnten, in dem sie ihr Leben in einer ganz anderen Weise als die übrige Welt zu gestalten vermöchten. Solch ein Land gibt es nicht mehr. Die Gemeinde Jesu ist mitten in der Welt, in all ihre Entwicklungen verflochten und kann sich nicht daraus lösen. Aber es kommt darauf an, daß sie innerlich selbständig und frei bleibt. Es ist nicht damit getan, daß sie aus irgendwelchen christlichen oder anderen Organisationen austritt. Aus dem Entwicklungsprozeß der modernen Kultur kann sich niemand lösen. Es geht um die Frage, wie man inmitten dieses ganzen wirtschaftlichen Zusammenhanges dennoch ein freier Mensch bleibt, der sein Leben unter Christus lebt. Es ist eine Erfüllung dieses Wortes, wenn man sich heute ernsthaft bemüht, den Willen Gottes für die verschiedenen Lebensbereiche zu erkennen. Es geht hier um eine entscheidende Hilfe, daß der Ingenieur und der Bauer, der Arbeiter und der Soldat, der Jurist und der Arzt sich nicht willenlos dem Entwicklungsprozeß des modernen Lebens einordnet, sondern jeder an seinem Platz das zu tun sucht, was von Christus her richtig zu sein scheint. Es ist ein neuer Wille in der Gemeinde Jesu aufgewacht, sich der Sünden der modernen Kultur nicht teilhaftig zu machen. Das Wissen um das Endgericht, dem diese Kultur verfällt, hebt nicht auf, daß jeder Jünger Jesu heute alles daransetzt, um das Steuer in seiner Umgebung herumzureißen und dem Willen Jesu in den Bereichen des modernen Lebens Raum zu machen. Die Tatsache, daß alles auf der Erde Bruchstück bleibt, hebt nicht auf, daß solches Bemühen etwas ganz Großes und die Erfüllung unseres Wortes ist: Gehet aus von ihr, mein Volk, damit ihr nicht ihrer Sünden teilhaftig werdet und etwas von ihren Plagen empfanget.

Wer sich gedanken- und willenlos von dem modernen Leben treiben läßt, hat schon heute an seinen Plagen vollen Anteil. Er wird ein getriebener und gehetzter Mensch, der nicht mehr lebt, sondern nur noch vegetiert. Es ist das große Angebot Gottes, daß wir durch den verborgenen Umgang mit Christus in ein Leben gestellt werden, das stärker als die Hetze des modernen Fortschritts ist und das uns die innerste Stille und echte Menschenwürde erhalten will. Wer von dem modernen Leben gelebt wird, wird von ihm ausgepumpt und seelisch eine Ruine. Wer aus Christus lebt, bleibt ein Mensch mit wirklichem innerem Leben und mit letzten Werten, für die es sich lohnt zu leben.

Wenn ein Mensch nichts weiter leistet, als daß er seinen persönlichen Lebenszusammenhang mit Christus bewahrt und unter seinen Augen lebt, so wird er dadurch eine innere Prägung empfangen, die ihn bedeutungsvoll für seine ganze Umgebung macht. Es ist eine zweitrangige Frage, was ein solcher Mensch im einzelnen leistet und tut. Sein erster Wert besteht darin, daß er ein Mensch in Christus von solchen inneren Qualitäten ist. Er bedeutet etwas für alle, die ihm begegnen oder mit denen er zusammenlebt. Von ihm gehen Kräfte wirklichen Lebens und inneren Friedens aus Christus aus. Obwohl ein solcher Mensch mitten im modernen Leben steht, ist er in Wirklichkeit ausgewandert und hat seine Heimat und sein Bürgerrecht in der unsichtbaren Welt bei Christus. Auf Erden ist er ein Fremdling und dennoch für seine Umgebung von ganz großer, letzter Bedeutung.

## *Das Ende des modernen Wirtschaftslebens*

### Offenbarung 18, 5–20

Offb. 18, 5–8: „Denn ihre Sünden haben sich bis zum Himmel aufgetürmt, und Gott hat ihrer Freveltaten gedacht. Vergeltet ihr, wie auch sie vergolten hat, und gebet ihr das Zwiefache nach ihren Werken. In dem Becher, in dem sie gemischt hat, mischt auch ihr ein doppeltes Maß. In demselben Maße, wie sie sich selbst verherrlichte und üppig geworden ist, gebet ihr nun Pein und Leid. Denn sie spricht in ihrem Herzen: Ich throne als Königin und bin keine Witwe und werde kein Leid sehen. Deshalb werden ihre Plagen an *einem* Tage kommen: Tod und Leid und Hunger, und sie wird mit Feuer verbrannt werden, denn stark ist der Herr, der Gott, der sie gerichtet hat."

Das Maß der Schuld des Menschen ist voll geworden. Er leugnete jede Verantwortung vor Gott und fühlte sich absolut sicher. Sein Selbstbewußtsein war auf das Höchste gestiegen. Er war von einem unendlichen Fortschritt überzeugt. Darum wird ihn der Einsturz seiner Welt um so jäher treffen. Aus einer Welt unerhörten Lebens, hochgezüchteter Vergnügungsindustrie und kultivierter Restaurants wird über Nacht eine Welt des Todes, des Leides und des Hungers. Die Stätten des modernen Lebens sinken in Schutt und Asche. Sei es, daß die diktatorische Weltregierung sie selbst vernichtet (Kap. 17, 16), sei es, daß die enttäuschten, entseelten Massen aufstehen und das verbrennen, was ihnen die Menschenwürde geraubt hat — in jedem Fall wird es ein radikaler Kurzschluß des Lebens sein. Der moderne Mensch wird ihn selbst herbeiführen. Das ist Gottes Gericht.

Offb. 18, 9. 10: „Und die *Herren* der Erde, die mit ihr Ehebruch (Gott gegenüber) getrieben und sich einem Wohlleben hingegeben haben, werden über sie weinen und klagen, wenn sie den Rauch ihres Brandes sehen werden, und werden von Ferne stehen aus Furcht vor ihrer Qual und sagen: Wehe, wehe, du große Stadt, Babylon, du gewaltige Stadt, denn in einer Stunde ist dein Gericht gekommen."

Ratlos stehen die führenden Männer des staatlichen und politischen Lebens gegenüber dieser weltweiten Katastrophe. Im Grunde haben sie sie selbst heraufbeschworen. Sie haben hemmungslos dem technischen Fortschritt vertraut. Nun ist alles zu Ende. Keiner weiß der Katastrophe Einhalt zu gebieten. Wie eine Kettenreaktion ist sie durch die ganze Welt gegangen. Überall hat man die Zentren des kulturellen und wirtschaftlichen Lebens angezündet und vernichtet. Die führenden Männer wagen sich nicht dorthin, wo die wildgewordenen Massen in dämonischer Leidenschaft ihr Zerstörungswerk vollführen, aufgepeitscht von den Parolen des antichristlichen Weltherrschers, der sein eigenes Fiasko verbergen will, oder von der eigenen Enttäuschung in Bewegung gesetzt. Die führenden Männer des öffentlichen Lebens sind nur darauf bedacht, ihr Leben aus dieser Katastrophe zu retten. Voll Entsetzen stehen sie vor dem, was sich vor ihren Augen begibt.

Offb. 18, 11–17 a: „Und *die Kaufleute* der Erde weinen und klagen über sie, weil niemand mehr ihre Ware kauft. Die Ware von Gold und Silber und Edelsteinen und Perlen und feiner Leinwand und Purpur und Seide und Scharlach und allerlei wohlriechendes Holz und allerlei Elfenbeingeräte und allerlei Gefäße von köstlichstem Holz und von Erz und Eisen und Marmor und Zimt und Salbe und Räucherwerk und Myrrhe und Weihrauch und Wein und Öl und feinstes Mehl und Großvieh und Schafe und Pferde und Wagen und – Leiber und Seelen der Menschen. Und die Früchte, an denen deine Seele Lust hatte, sind dir entschwunden, und aller Glanz und alle Pracht ist dir zugrunde gegangen, und man wird es niemals wiederfinden. Und die Händler solcher Ware, die an ihr reich geworden sind, werden von ferne stehen aus Furcht vor ihrer Züchtigung. Sie werden weinen und klagen und sagen: Wehe, wehe, die große Stadt, die bekleidet war mit feiner Leinwand und Purpur und Scharlach und übergoldet mit Gold und Edelsteinen und Perlen, denn in einer Stunde wurde dieser so große Reichtum verwüstet."

Die Männer der Börse, der Industrie und des Handels stehen ebenso ratlos vor diesem Zusammenbruch. Sie haben mit der modernen Weltkultur ihre Geschäfte gemacht und sind daran reich geworden. Der ständige technische Fortschritt bot ungeahnte Möglichkeiten des Verdienstes. Ohne Bedenken hatten sie diese Entwicklung mitgemacht. Sie hatten nie gedacht, daß ihre Stellung einmal so erschüttert werden könnte. Nun stürzt alles in einer unaufhaltsamen Katastrophe dahin. Sie schauen wie gelähmt zu, ohne irgend etwas dagegen tun zu können. Die Industriekapitäne und Kaufleute sehen ihre ganzen Geschäfte zusammenbrechen. Die Wut des Weltdiktators, der sein Werk scheitern sieht, und die Wut der enttäuschten Völker zertrümmert alles, was an kulturelle Verfeinerung erinnert. Die Welt wird in einen barbarischen Urzustand zurückversetzt. Industrie und Handel hatten von den immer verfeinerten kulturellen Ansprüchen des modernen Menschen gelebt. In geschickter Weise wurde der Wunsch nach ständiger Verfeinerung gesteigert – auch dort, wo keine Notwendigkeit gegeben war. Die Befriedigung dieser Kulturbedürfnisse ließ Milliarden verdienen. Das ist nun aus. Mit einem Schlag ist das ganze, feine Gewebe des modernen Wirtschaftslebens vernichtet.

Die Schuld der Wirtschaftsführung, die nur das Geld im Auge hatte und nicht mehr an den Menschen dachte, hat diese Katastrophe herbeigeführt. Gott läßt sich nicht spotten. Was der Mensch sät, das wird er ernten. Jesus hat gesagt: Ihr könnt nicht Gott dienen und dem Mammon – ein Wort, das nicht nur in das moderne Wirtschaftsleben, sondern auch in das Leben der christlichen Kreise eingreift. Wir sind alle gegen den Geldgesichtspunkt nicht gesichert.

Um des Geldes willen sind Menschenleiber und Menschenseelen verschachert worden (V. 13). Das ist die Schuld des modernen Lebens, daß man die Achtung vor dem Menschenleben und der Menschenseele verlor und um jeden Preis verdienen wollte. Wo der Wille Jesu im Wirtschaftsleben sich durchsetzen kann, ist die Wirtschaft nicht mehr Selbstzweck, sondern zum Dienst am Menschen da, um ihm eine gesunde leibliche und geistige Existenz zu ermöglichen. Jeder wird es vor Gott verantworten müssen, der den Menschen wie Ware behandelte und rücksichtslos seinen Interessen opferte. Weite Teile der Gemeinde Jesu sind aufgewacht und erkennen ihre Schuld, daß sie in der Vergangenheit nicht darum gerungen haben, daß das Wirtschaftsleben als oberstes Prinzip den Dienst am Menschen hätte. Die Gemeinde Jesu kann sich von ihrer Schuld an der Entwicklung der mammonistischen Kultur nicht freisprechen. Gott wird auch von jedem Jünger Jesu Rechenschaft fordern, wieweit er hier schuldig geworden ist und nicht versucht hat, die unheimlichen, dämonischen Entwicklungen des modernen Wirtschaftslebens zu verhindern.

Offb. 18, 17 b–19: „Und *alle Schiffsherren* und jeder, der nach irgendeinem Orte fährt, und die Schiffer und alle, die auf dem Meere tätig sind, standen von ferne und riefen, als sie den Rauch ihres Brandes sahen: Wer war der großen Stadt gleich? Und sie warfen Staub auf ihre Häupter und schrien unter Tränen und Wehklagen und sprachen: Wehe, wehe, die große Stadt, in der alle, die Schiffe auf dem Meere hatten, von ihren Schätzen reich geworden sind, denn in *einer* Stunde ist sie verwüstet worden."

Die Verkehrs- und Schiffahrtslinien kommen in einer Weise zum Erlahmen, wie man es sich nie hätte vorstellen können. Der gesamte Weltverkehr ist zu Ende. Was moderne Technik an fabelhaften Verbindungsmöglichkeiten schuf, ist nur noch Alteisen. Wer jetzt kein Leben aus Christus hat, ist ein armer Mann. In diesem radikalen Kurzschluß des Lebens wird sichtbar werden, welches die letzten Lebenswerte sind und was wirklich das Leben zum Leben macht. Nun wird der ein reicher Mensch sein, der in dem unsichtbaren und doch so tatsächlichen, starken Leben mit Jesus seine Heimat hat.

**Offb. 18, 20: „Freue dich über sie, Himmel und ihr Heiligen und Apostel und Propheten, denn Gott hat euch an ihr gerächt."**

Niemand in der Welt kann sich freuen. Überall ist Verzweiflung, Ratlosigkeit, Verbitterung und Enttäuschung. Nur die Kinder Gottes schauen durch und verstehen, was vor sich geht. Sie sehen die gewaltige Hand ihres Gottes, der nach jahrtausendlanger Geduld nun über den Menschen, der sich grundsätzlich von ihm löste, das Gericht hat kommen lassen. Es ist nicht die Freude am Gericht, die die Gemeinde Jesu jetzt beseelt, sondern die heilige Freude, daß Gott zum Ziele gekommen ist und das letzte Wort in der Weltgeschichte behalten hat. Die Gemeinde freut sich nicht darüber, daß nun all das Unrecht, das die Menschheit ihr angetan hat, gerichtet worden ist; sie hätte gern diese Katastrophe verhütet und alle Menschen zu Christus gerufen, als es noch Zeit war. Aber sie kann es nicht hindern, daß das Gericht Gottes auch all das einschließt, was die Menschheit seiner Gemeinde an Unrecht, Verfolgung und Haß zugefügt hat.

## *Das Ende des Turmbaus zu Babel*

## Offenbarung 18, 21—24

**Offb. 18, 21: „Und ein starker Engel hob einen großen Stein auf wie einen Mühlstein und warf ihn ins Meer und sprach: So wird mit einem Wurf Babel, die große Stadt, hingeschleudert und nicht mehr gefunden werden."**

Die Vernichtung des modernen Kulturlebens ist total. Alles Leben kommt zum Erlöschen. Der Tod ist der Sünde Sold. In einer unheimlichen Weise ist das Todesverhängnis über die eben noch so selbstbewußte moderne Kulturwelt gekommen. Kein Mensch hätte dieses Ende sich ausdenken können. Der Turmbau zu Babel ist zu Ende. Eine Geschichte von Jahrtausenden ist abgeschlossen. Gott hat das letzte Wort gesprochen. Auf Erden wirken viele Kräfte zusammen, um diese Katastrophe herbeizuführen. In Wirklichkeit ist es ein einziger Eingriff Gottes, der dem Größenwahnsinn des Menschen ein Ende setzt. Das will das Bild von dem gewaltigen Mühlstein sagen, den der Bote Gottes in das Völkermeer schleudert.

Offb. 18, 22: „Und die Stimme der Harfenspieler und Sänger und Flötenspieler und Trompetenbläser wird nicht mehr in dir gehört werden, und kein Handwerksmann von irgend welchem Handwerk soll in dir mehr zu finden sein, und die Stimme der Mühle soll nicht mehr in dir gehört werden."

Nun stockt alles Leben auf Erden. Keine Ästhetik, keine noch so wertvolle Musik kann über die Katastrophe hinwegtäuschen. Auch das Schönste, das auf dem Boden des Menschen gewachsen ist, reicht jetzt nicht mehr zu. Nur das so verachtete Leben in der Gemeinschaft mit Jesus hat noch Bestand und bleibt in Ewigkeit.

Nicht nur die großen Linien des Wirtschaftslebens sind zum Kurzschluß gekommen, auch das Leben des Handwerkers und der ihm verwandten Berufe gerät ins Stocken.

Offb. 18, 23 a: „Und das Licht des Leuchtens wird nicht mehr in dir scheinen und die Stimme des Bräutigams und der Braut nicht mehr in dir gehört werden."

Alles menschliche Leben hört auf zu funktionieren. Die Katastrophe ist eine so völlige, daß niemand mehr daran denkt, Verlobungen und Ehen zu schließen. Es wird dunkel auf der Erde. Niemand sieht mehr einen Weg zum Weiterleben.

Offb. 18, 23 b: „Denn deine Kaufleute waren die Großen der Erde, denn durch deine Zauberei sind alle Völker verführt worden."

Die totale Katastrophe der Völkerwelt ist die Antwort Gottes auf die Gestaltung des modernen Lebens, in dem der Mensch und seine Seele nichts mehr galt und nur das Wort „Verdienst" großgeschrieben wurde. Dieser Linie hatten sich alle Völker verschrieben. Nun müssen sie miteinander das bittere Ende erleben.

Offb. 18, 24: „Und in ihr wurde das Blut der Propheten und Heiligen gefunden und aller derer, die auf Erden umgebracht worden sind."

Zum Schluß wird noch einmal ausgesprochen, welch eine Schuld die Menschheit auf sich geladen hat, daß sie in solch einen Gegensatz gegen die Gemeinde Jesu trat und ihr das Leben in ihrer Mitte unmöglich machte. In diesem Gegensatz gegen die Gemeinde Jesu offenbarte sich der Gegensatz gegen Gott. Das Nein, das man zu den Jüngern Jesu sprach, galt im Grunde nicht ihnen, sondern Jesus selbst. Darum wird der Mensch von Gott verworfen. Denn Jesus ist die große Gabe Gottes, durch die Gott dem Menschen zu Hilfe kommen und die Geschichte seines Lebens erneuern und heilen wollte. Daß die Menschheit diese Gabe Gottes ablehnte, ist ihre eigentliche Schuld, die tiefste Ursache der Katastrophe des modernen Kulturlebens.

## E. Der Abschluß des antichristlichen Zeitalters

Offenbarung 19

### *1. Der Triumph Gottes*

Offenbarung 19, 1–10

Auf Erden ist die moderne Kulturwelt in einer unvorstellbaren Katastrophe eingestürzt. Der Triumph der Technik hat nicht gehalten, was er versprach. Der Traum des modernen Menschen ist ausgeträumt, der ohne Gott und ohne Christus die Welt in ein Paradies verwandeln wollte. Verzweiflung herrscht auf der ganzen Welt. Man kann es nicht fassen, daß das Zeitalter des Übermenschen mit seinen gigantischen Erfindungen in einer solchen Katastrophe enden sollte. Um der Verzweiflungsstimmung Herr zu werden und ihre eigene Existenz zu retten, ruft die antichristliche Weltregierung zu einer entscheidenden Verfolgung gegen die Gemeinde Jesu auf, um die Wut der Massen von sich abzulenken. Sie ist gegenüber der Weltkatastrophe ratlos. Sie will sich ihre eigene Verantwortung und Schuld nicht eingestehen. Ihr Versuch, die Schuld an der Katastrophe der Menschheit auf diese machtlosen Häuflein der Jünger Jesu zu lenken, die aus allem politischen und wirtschaftlichen Leben radikal ausgeschaltet sind, ist nur das Eingeständnis der vollen Verzweiflung. In wunderbarem Kontrast zu dieser totalen Verzweiflung der antichristlichen Welt steht das dreifache Halleluja in der Welt Gottes.

Offb. 19, 1: „Darnach hörte ich wie eine gewaltige Stimme einer großen Menge im Himmel, die sprachen: Halleluja! Das Heil und die Herrlichkeit und die Macht sind unseres Gottes geworden."

Noch ist die antichristliche Weltregierung auf Erden am Ruder. Aber die Gemeinde in der Ewigkeit und die Welt der Engel weiß, daß die Zeit des antichristlichen Menschen abgelaufen ist. Gott hat durch Jahrtausende in großer Geduld gewartet. Er hat zu dem titanischen Turmbau des modernen Menschen geschwiegen und ihm Zeit gelassen, sich zu besinnen. Gott hat es ertragen, daß der Mensch ihn totsagte. Nun ist die Zeit der Geduld Gottes abgelaufen. Gott tritt in jeder Hinsicht sein Regiment auf Erden an. Der Scheintriumph des modernen Menschen wird durch den echten Triumph Gottes abgelöst. Was der Mensch baute, war eine Eintagserscheinung und ein Truggebilde. Was Gott nun bauen wird, bleibt in Ewigkeit.

Offb. 19, 2: „Denn wahrhaftig und gerecht sind seine Gerichte, daß er die große Hure gerichtet hat, die die ganze Erde durch ihre Hurerei verdorben hat; und er hat das Blut seiner Knechte von ihrer Hand gefordert."

Gott kann lange warten. Sein ganzes Wesen ist Geduld und Barmherzigkeit. Er ist nur darauf aus, zu retten und zu heilen. Aber er ist und bleibt der heilige Gott. Wenn der Mensch zu Gott nein sagt, sagt auch Gott zu ihm nein und kann im Einzelleben, im Leben der Völker und in der Geschichte der Menschheit erschütternd Gericht halten. Das Gericht an der fabelhaften modernen Kulturwelt, die die gesamte Menschheit zum Ehebruch mit Gott verleitete und die Gemeinde Jesu auf Erden unmöglich machte, offenbart seine ganze Majestät.

Offb. 19, 3: „Und abermals sprachen sie: Halleluja! Und ihr Rauch steigt auf in die Ewigkeiten der Ewigkeiten."

Der Triumph Gottes löst die Anbetung der vollendeten Gemeinde und der Engelwelt aus. So schaurig das Gericht Gottes auf Erden ist, die obere Welt sieht die ganze Heiligkeit Gottes darin und weiß, daß dieses Gericht Gottes unwiderruflich ist.

Offb. 19, 4: „Und es fielen die vierundzwanzig Ältesten und die vier lebendigen Wesen nieder und beteten Gott an, der auf dem Throne sitzt, und sprachen: Amen, Halleluja!"

Wenn die zu Offenbarung 4 gegebene Deutung richtig ist,

verkörpern die 24 Ältesten die Gottesgemeinde des Alten und Neuen Bundes, während die vier lebendigen Wesen Sinnbild für das Handeln Gottes sind. Jetzt am Abschluß der Weltgeschichte ist volle Harmonie zwischen Gott und seiner Gemeinde. Sie hat oft vor Rätseln in der Geschichte der Menschheit gestanden. Oft konnte sie Gott nicht verstehen. Jetzt hat sie ein volles Ja zu den Wegen Gottes und sieht ihn mit seinen gewaltigen Plänen am Ziel. Oft wollte sie irre werden, wenn der Weltlauf die Hand Gottes so sehr vermissen ließ und dämonische Gewalten die Herrschaft an sich rissen. Nun hat sie den Triumph ihres Gottes vor Augen und sieht, daß er doch das letzte Wort behalten hat. Sie kann nur anbeten.

Offb. 19, 5: „Und eine Stimme ging von dem Throne aus und sprach: Lobet unseren Gott, alle seine Knechte, die ihr ihn fürchtet, die Kleinen und die Großen."

Angesichts des Triumphes Gottes und des Durchblicks durch die Weltgeschichte kann die unsichtbare Welt die gesamte Gemeinde nur auffordern, in den Lobpreis Gottes einzustimmen. Angesichts des großen Tatbestandes kann sich kein Glied seiner Gemeinde davon ausschließen. Alle sind froh, daß ihr Gott zum Ziel gekommen ist.

Offb. 19, 6. 7: „Und ich hörte wie eine Stimme einer großen Menge und wie das Rauschen gewaltiger Wasser und wie das Rollen starker Donner, die sprachen: Halleluja, denn der Herr, unser Gott, der Allherrscher, ist König geworden. Lasset uns freuen und frohlocken und ihm die Ehre geben, denn die Hochzeit des Lammes ist gekommen, und sein Weib hat sich bereitet."

Aus der Welt Gottes kam die Aufforderung an die Gemeinde, Gott zu loben, nachdem sichtbar geworden ist, wie er mit seinem Plan zum Ziel gekommen ist. Von einer unzählbaren Schar wird die Antwort gegeben. Soll damit angedeutet werden, daß die in alle Winde zersprengte Gemeinde Jesu, die gar nicht mehr zu existieren scheint, dennoch keine so geringe Größe ist und daß man im Himmel weiß, welch eine große Schar es in Wahrheit ist?

Nun erfüllt sich Psalm 126. Eben noch war die Gemeinde ein Nichts, ein Gespött, eine zum Tode ausgelieferte Schar, und nun ist vor ihren Augen der gewaltige Turmbau der modernen Kultur eingestürzt und das Ende des modernen Menschen gekommen. Sie sieht, daß Gott recht behalten hat und daß er das letzte Wort der Weltgeschichte spricht. Der Triumph Gottes ist so überwältigend, daß die Antwort seiner Gemeinde nicht nur wie die Stimme einer großen Menge ist, sondern wie das Rauschen gewaltiger Wasser und wie das Rollen starker Donner. Nach all dem Leid und der Verfolgung wird es ein überwältigender Lobgesang sein, der seine Gemeinde durchzieht.

Sie weiß, daß nun ihr großer Tag gekommen ist, da sie mit ihrem Herrn in Ewigkeit vereinigt wird und alles Leid von ihr genommen ist. Diese Vereinigung mit ihrem Herrn, dem sie durch alle schweren Zeiten hindurch die Treue gehalten hat, ist nur mit einer Hochzeit zu vergleichen. So tief und innig wird die Gemeinschaft mit ihm und so tief und groß der Jubel sein. Der, der wie ein Lamm am Kreuz sich schlachten ließ und wie ein Lamm seinen Weg durch die Menschheitsgeschichte gegangen ist, ist gerade als das Lamm Gottes der Sieger der Weltgeschichte. Auf seinem Lammesweg baut sich die Vereinigung mit seiner Gemeinde auf. Durch seinen Sieg vom Kreuz hat er sie durch all die Jahrhunderte hindurch getragen, auch durch die letzte schwerste Wegstrecke, und sie nun ans Ziel gebracht. Jetzt geht im Vollsinn das Wort in Erfüllung, das auf dem Grabstein von Sören Kierkegaard steht:

Nur eine kurze Zeit, dann ist's gewonnen.
Dann ist der ganze Streit in Nichts zerronnen.
Dann darf ich freuen mich an Lebensbächen
und ewig, ewiglich mit Jesus sprechen.

Wie die Braut am Hochzeitstag nur die eine Freude hat, daß sie mit ihrem Verlobten für immer vereinigt ist, so wird an jenem Tag Jesus die ganze Freude seiner Gemeinde sein.

**Offb. 19, 8: „Und es wurde ihr verliehen, daß sie sich mit leuchtend weißer, reiner Leinwand kleiden darf, denn die Leinwand sind die Rechtfertigungstaten Gottes für die Heiligen."**

Oft ist das Bild der Gemeinde Jesu im Laufe der Geschichte tief verdunkelt worden — durch ihre eigene Sünde und durch die Schuld anderer. Sie selbst konnte an sich irre werden, und andere sind an ihr irre geworden. Nun wird durch Gottes Tat sichtbar, was seine Gemeinde in Wahrheit ist. Er hat sie in umfassender Weise durch sein richterliches Handeln an der modernen Menschheit gerechtfertigt. Sie erschien dem modernen Menschen so verächtlich, so unbedeutend, so nichtssagend, daß er über die Gemeinde Jesu zur Tagesordnung überging. Sie war wie eine Bettlerin in Lumpen gehüllt inmitten der strahlenden modernen Kultur. Sie schien nichts zu besitzen, was mit dem fabelhaften modernen Fortschritt konkurrieren konnte. Nun ist alle Herrlichkeit des modernen Menschen dahin. Sie war nur eine eingebildete Größe. Die so verachtete Gemeinde Jesu ist nun als die einzig wertvolle Größe sichtbar geworden. Gott hat sie gerechtfertigt. Strahlender als je die moderne Kultur es vermochte, steht sie da. Sie ist in ein wunderbares Brautgewand gehüllt, das aus leuchtend weißer Leinwand besteht. Gott hat sich zu ihr auf der ganzen Linie bekannt und sie in jeder Weise gerechtfertigt.

**Offb. 19, 9: „Und er sprach zu mir: Schreibe: Selig sind die, die zum Hochzeitsmahl des Lammes berufen sind! Und er sprach zu mir: Dies sind wahrhaftige Worte Gottes."**

Von der Größe der ihm enthüllten Botschaft ist Johannes so erschüttert, daß er eine besondere Aufforderung bekommen muß, sie niederzuschreiben. Es kann uns in der Tat überwältigen, daß wir zu dieser Schar gehören sollen, die an der Hochzeit des Lammes teilhat. Das ist so gewaltig, daß man es gar nicht zu glauben wagt, wenn man sich selbst ansieht. Aber Gottes Worte sind gewiß und wahrhaftig, und diese Botschaft stammt von ihm, um seiner Gemeinde ganz gewiß zu sagen, daß er sie ans Ziel bringt und daß dies Ziel kein dürftiges, sondern in der Tat ein überwältigendes ist: die volle Vereinigung mit Jesus, ihrem Herrn, dem sie durch all die schweren Trübsale hindurch die Treue gehalten hat. Das, was jetzt in jeder Abendmahlsfeier wie ein Angeld uns zuteil wird, ist dann ewige Wirklichkeit, durch nichts mehr gefährdet, unzerstörbar.

**Offb. 19, 10: „Und ich fiel zu seinen Füßen nieder, ihn anzubeten. Und er sprach zu mir: Siehe zu, tue es nicht! Ich bin dein Mitknecht und der deiner Brüder, die das Zeugnis Jesu haben. Bete Gott an! Denn das Zeugnis Jesu ist der Geist der Weissagung."**

Auch der, der die größte Botschaft Gottes bringt, hat kein Recht auf Anbetung. Anbetung steht nur dem lebendigen Gott zu. Wenn dieser Bote aus der Ewigkeit sich nur als ein Mitknecht des Johannes und aller Kinder Gottes ansieht, dann sollte es in der Christenheit niemand geben, der Ehre für sich in Anspruch nimmt, weil Gott ihm Großes anvertraut hat. Wir sind im besten Fall nur Mitknechte. Unsere Brüder aber sind die, die das Zeugnis von Jesus haben. Das ist das, was für einen Jünger Jesu charakteristisch ist. Er selbst weiß um Jesus, und mit diesem Namen ist die ganze Botschaft ausgedrückt, die ihm im Herzen brennt und die er weitergeben möchte. Das Zeugnis Jesu besteht zugleich darin, daß er zu seiner Gemeinde spricht und ihr Klarheit über die Pläne gibt, die er mit ihr hat.

## 2. *Der Sieg des Christus*

Offenbarung 19, 11–16

In dem Einsturz der modernen Kulturwelt hatte Gott das letzte Wort zu der Entwicklung des Menschen gesprochen, der sich von ihm gelöst hatte. Damit ist das zweite Kommen Jesu vorbereitet. In einer neuen Schau wird uns gezeigt, daß Jesus der Sieger der Weltgeschichte ist und sie mit machtvollem Wort zum Abschluß führt.

**Offb. 19, 11: „Und ich sah den Himmel aufgetan, und siehe, ein weißes Pferd, und der, der darauf sitzt, heißt treu und wahrhaftig und in Gerechtigkeit richtet und kämpft er."**

In der Gleichnissprache der Offenbarung wird Jesus als siegreicher Feldherr gezeichnet, der an der Spitze seiner Truppen aus der Schlacht heimkehrt. Im ersten Jahrhundert wußte jeder Mensch, daß der Triumphator, der siegreiche Feldherr, der seinen Triumphzug in Rom hielt, auf einem weißen Pferde ritt. Die lange Schlacht, die Jesus durch die Jahrhunderte hindurch seit Golgatha gekämpft hat, ist nun zu Ende geschlagen. Er ist der absolute Sieger der Weltgeschichte. Auf Erden ist sein Name ausgelöscht, verachtet, für null und nichtig erklärt. In Wirklichkeit ist er im Begriff, aus der Verborgenheit heraus-zu treten, um sein Weltregiment offenkundig vor aller Welt anzutreten. Daß er nicht auf einem weißen Pferde reitet, keine sichtbare Krone trägt und keinen Mantel umgehängt hat, ist selbstverständlich. Er ist der lebendige Herr, der Geist ist wie Gott.

Schon Offenbarung 1, 5 und 3, 14 ist er der Treue und Wahrhaftige genannt. So hat er sich durch die ganze Geschichte seiner Gemeinde bewährt. Das kommt jetzt vollends zum Ausdruck, wo er den letzten Märtyrerweg seiner Gemeinde abschließt und sie als seine Braut zu sich holt und für immer mit sich vereinigt. Auf ihn kann seine Gemeinde in allen Stücken sich verlassen. Sein Wort ist unbedingt wahr und trügt nicht. Seine Gemeinde hat auf die richtige Karte gesetzt, als sie sich ihm mit Leib und Seele verschrieb und ihm durch alles hindurch die Treue hielt.

Jetzt erscheint er für die Welt nicht mehr als Heiland und Retter, sondern nur noch als der Richter. Aber seinem Gericht haftet nichts Unreines und Beflecktes an. Er ist der einzige, dessen Kampf ganz frei von Untat und Schuld ist, bei dem alles von einer heiligen Gerechtigkeit durchwaltet ist. Sein Gericht wird niemand antasten können.

**Offb. 19, 12: „Aber seine Augen sind eine Feuerflamme, und auf seinem Haupte sind viele Kronen, und er trägt einen Namen geschrieben, den niemand kennt als nur er selbst."**

Vor seinem Auge verbirgt sich nichts in der Menschheit. Sein Gericht dringt bis ins Letzte durch. Wir haben alle Ursache, vor seinem Gericht uns zu fürchten. Wer nicht zu ihm und seiner Gemeinde gefunden hat, wird ob seines Gerichtes erschrecken. Es wird unausweichlich sein und nichts vergessen.

Alle Kronen der Welt sind auf seinem Haupte vereinigt. Es gilt jetzt nur noch sein Wille. Ihm ist wirklich alle Macht im Himmel und auf Erden gegeben. Es war Torheit und lebensgefährlich, ihn abzulehnen. Im letzten Gericht muß jeder ihm begegnen.

Wir kennen viele Namen für Jesus und lieben den Jesusnamen über alles. Aber das Letzte, was in Jesus lebt, vermag kein Name auszusagen, den wir kennen. Offenbarung 3, 12 hieß es, daß Jesus einen neuen Namen empfangen wird. Wenn er als Sieger der Weltgeschichte sein Werk vollendet und seine Gemeinde für immer mit sich vereinigt, wird voll sichtbar werden, wer Jesus ist und was seine Gemeinde an ihm hat.

Offb. 19, 13: „Und er ist angetan mit einem Gewand, das in Blut getaucht ist, und sein Name heißt: Das Wort Gottes."

Er ist der einzige, der ein blutbeflecktes Gewand trägt. In diesem Kampf hat nur der Feldherr gekämpft. Er allein schlug die Schlacht am Kreuz. Er allein war der Träger des Kampfes durch die Jahrhunderte hindurch. Er allein schlägt auch die letzte Schlacht, die das Ende des antichristlichen Zeitalters bringt. Er allein tritt die Kelter des Zornes Gottes und hält das Gericht.

Er schlägt seine Schlacht aber nicht mit menschlichen Waffen. Er heißt nicht umsonst „das Wort Gottes". Seine Waffe ist allein das vollmächtige Wort, das er in der Kraft des Geistes Gottes zu seiner Verfügung hat. Darum braucht er zu seinem letzten Kampf mit der antichristlichen Weltregierung keine Maschinengewehre und Bomben einzusetzen. Sein Wort ist mächtig genug, das Schicksal der antichristlichen Welt zu bestimmen und das Gericht an ihr durchzuführen.

Offb. 19, 14: „Und die Heere im Himmel folgten ihm nach auf weißen Pferden, angetan mit weißer reiner Leinwand."

Die himmlischen Heere geben dem Sieger der Weltgeschichte das Ehrengeleit. Am Kampf sind sie nicht beteiligt. Den Sieg hat er allein errungen. Ihr Gewand ist fleckenlos rein; keine Spur des Kampfes ist an ihm zu sehen. Sie wissen alle, daß er der Herr der Herrlichkeit und der König der Welt ist. Sie freuen sich, daß er jetzt seine Herrlichkeit endgültig antritt.

Offb. 19, 15: „Und aus seinem Munde geht ein scharfes Schwert, damit er mit ihm die Völker schlage. Und er wird sie mit eisernem Stabe weiden, und er selbst tritt die Kelter des Zornesweines Gottes."

Daß Christus den Kampf allein mit dem Wort führt, wird in der Gleichnissprache der Offenbarung durch das scharfe Schwert dargestellt, das aus seinem Munde geht. Er kämpft nicht mit menschlichen und fleischlichen Waffen. Ein Wort von ihm genügt, um Völker zu treffen und zu richten. Sein machtvolles Wort ist das eiserne Zepter mit dem er die Völker weidet. Jetzt ist er nicht mehr der gute Hirte, der das Verlorene sucht, sondern der unerbittliche Richter. Jede moderne Sentimentalität ist dem Wort Gottes fremd. Das Gericht wird in seinem ganzen Ernst dargestellt. Die Stunde der Gnade ist vorüber. Wie in Offenbarung 14, 20 wird das Bild von der Kelter gebraucht, um die Unerbittlichkeit des Gerichtes darzustellen. Christus selbst hält das Gericht. Niemand außer ihm. Derselbe, den sie durch die Jahrhunderte verachtet und ausgestoßen haben. Jetzt ist er der Richter, dem keiner ausweichen kann.

**Offb. 19, 16: „Und er trägt auf seinem Gewand, und zwar an seinem Schenkel, den Namen geschrieben: König der Könige und Herr der Herren!"**

In dem Bild sieht man Jesus als den Triumphator auf dem weißen Roß reiten. Das Gewand fällt wallend herab über seinen Schenkel. Dort steht weithin sichtbar sein Name zu lesen. Die Welt hat ihn verachtet als den Gekreuzigten und ihn für erledigt gehalten. Jetzt wird er offenbar als der König der Könige und Herr der Herren. Nun werden sich ihm alle Knie beugen, die im Himmel und auf Erden und unter der Erde sind, und alle Zungen bekennen, daß Jesus Christus der Herr sei (Phil. 2, 10. 11). Der Sieg des Christus ist ein völliger. Wie ist seine Gemeinde froh, daß sie sich nicht getäuscht hat.

## *3. Das Ende des Antichristentums*

## Offenbarung 19, 17—21

**Offb. 19, 17. 18: „Und ich sah einen Engel in der Sonne stehen, und er schrie mit gewaltiger Stimme und sagte zu allen Vögeln, die in der Mitte des Himmels fliegen: Kommt herbei, versammelt euch zu dem großen Mahle Gottes, damit ihr das Fleisch des Königs verzehrt und das Fleisch der Hauptleute und das Fleisch der Gewaltigen und das Fleisch der Pferde und derer, die auf ihnen sitzen, und das Fleisch aller Freien und Knechte und Kleinen und Großen."**

Die letzte Schlacht zwischen Christus und der antichristlichen Weltregierung wird nicht unmittelbar geschildert, ebensowenig wie der Einsturz der modernen Kultur. Den Zusammenbruch aller Kultur erlebten wir allein an dem Echo in der Menschheit. Wie schaurig diese Katastrophe war, entnahmen wir der Verzweiflung der Führungsschichten in Politik, Industrie und Weltwirtschaft. In ähnlicher Weise wird uns das Gericht über die antichristliche Weltregierung nicht im direkten Miterleben gezeigt, sondern in dem Bild eines Schlachtfelds, das von Leichnamen bedeckt ist, das grausige Ende der Führungsschicht und ihrer Mitläufer dargestellt. Es ist alles aus. Der Traum des selbstherrlichen Menschen ist ausgeträumt.

Offb. 19, 19: „Und ich sah das Tier und die Könige der Erde und ihre Heere versammelt, um den Kampf aufzunehmen mit dem, der auf dem Pferde sitzt, und mit seinem Heer."

Längst müssen der antichristliche Weltdiktator und seine Satelliten wissen, daß ihre Sache verloren ist. Ihre Rechnung hat nicht gestimmt. Ihre Planungen haben sich als falsch erwiesen. Sie hatten mit der Technik die Welt zu einem Paradies machen wollen. Nun ist sie ein Trümmerhaufen. Eine furchtbare Enttäuschung liegt über der ganzen Erde. Es ist Verzweiflungsstimmung. Jeder fühlt, daß der völlige Kurzschluß bevorsteht: Weltuntergangsstimmung. Es ist nichts zu retten.

Aber die Weltregierung, die den Kampf gegen Christus und seine Gemeinde auf ihre Fahne geschrieben hat, sucht einen letzten, verzweifelten Kampf gegen Christus zu führen. Ihn selbst kann sie nicht erreichen. Darum kann es nur ein Kampf gegen seine Gemeinde in einer Generalverfolgung sein, obwohl man annehmen müßte, daß von der Gemeinde Jesu nichts mehr auf Erden vorhanden wäre. Als ob von der Auslöschung der letzten Teile der Gemeinde Jesu auf Erden die Rettung kommen könnte! Aber der Antichrist und seine Gefolgsleute sind wie blind und können nicht mehr zurück. Die dämonischen Gewalten, denen sie sich verschrieben haben, hetzen sie in ihren Untergang.

Offb. 19, 20: „Und das Tier wurde ergriffen und mit ihm der falsche Prophet, der die Zeichen vor ihm getan hatte, durch die er die verführte, die das Malzeichen des Tieres annahmen und sein Bild anbeteten. Lebendig wurden die beiden in den Feuersee geworfen, der mit Schwefel brennt."

Ehe der Weltdiktator seine letzten Pläne durchführen kann, greift Christus ein und macht dem Scheindasein der antichristlichen Weltmacht ein Ende. Ein Befehl von ihm genügt. Sein Wort ist mächtig genug, um den ganzen Spuk zu beenden. Die beiden Hauptschuldigen werden als erste gerichtet und damit dem gesamten Antichristentum die Spitze abgebrochen. Der Weltdiktator und der Prophet der Weltreligion, der ihm in den Massen die Wege ebnete, werden einem schauerlichen Gericht überantwortet, das unter dem Bild eines Feuersees, der mit Schwefel brennt, dargestellt wird. Das Bild wird nicht weiter gedeutet. Die ganze Schauerlichkeit des Gerichtes soll dadurch bestehen bleiben, daß uns keinerlei Einblick in seinen

Vollzug gewährt wird. Es kann durch keine Deutung von unserer Seite verharmlost werden. Es ist das Furchtbarste, was es gibt. Gott ist heilig in seinem Zorn. Was der Mensch sät, das wird er ernten. Die beiden mächtigsten Persönlichkeiten der antichristlichen Weltperiode sind gerichtet. Aber das Gericht trifft auch alle anderen, die sich ihnen verschrieben haben.

Offb. 19, 21: „Und die übrigen wurden getötet mit dem Schwert dessen, der auf dem Pferde sitzt, das aus seinem Munde geht, und alle Vögel wurden von dem Fleisch ihrer Leichname satt."

Auch die, die sich der antichristlichen Weltregierung verschrieben hatten und nur mitgelaufen waren, entgehen nicht dem Gericht. Sie müssen die volle Verantwortung für das tragen, was sie mitverschuldet haben. Sie haben die antichristliche Weltregierung und den Kampf gegen Christus und seine Gemeinde unterstützt und können sich von der Verantwortung nicht freisprechen. Es trifft sie das volle Urteil Jesu, wenn es auch in einer milderen Form dargestellt ist als bei den führenden Männern. Wiederum genügt ein Wort aus dem Munde Jesu, um das Gericht zu vollziehen. Wie schauerlich es ist, deutet uns das Bild von den Raubvögeln an, die von ihren Leichnamen satt werden. Es wird wiederum nicht gesagt, wie das Gericht vollzogen wird. Aber alles, was gesagt wird, ist so unheimlich, daß es eine todernste Warnung darstellt, sich der antichristlichen Weltmacht des letzten Zeitalters auch nur als Mitläufer zur Verfügung zu stellen.

Die so mächtig erscheinende Weltregierung der letzten Jahre besteht nicht mehr. Die letzte Spur von ihr ist vernichtet. Die Gemeinde Jesu atmet auf. Ein schwerer Alpdruck ist von ihr genommen. Es wird manchem sein, als wäre alles nur ein böser Traum gewesen. Ein großes Aufatmen geht durch die ganze Völkerwelt, nicht nur durch die Reihen derer, die Jesus die Treue gehalten haben. Es ist Weltenwende. Das Zeitalter des antichristlichen Menschen und der Diktatur der dämonischen Geistesmächte ist vorüber. Das Zeitalter des Christus und seiner Gemeinde ist angebrochen. Jetzt soll die Menschheit sehen, was er kann, und wie die Welt unter dem guten Einfluß seiner Gemeinde wirklich zu einem Paradies wird.

## F. Der letzte Abschnitt der Weltgeschichte

Offenbarung 20

### 1. Das Weltfriedensreich

*Die Ausschaltung der dämonischen Geistesmächte*

Offenbarung 20, 1—3

**Offb. 20, 1—3: „Und ich sah einen Engel aus dem Himmel herabsteigen, der hatte den Schlüssel des Abgrundes und eine große Kette in seiner Hand. Und er ergriff den Drachen, die alte Schlange, welche der Teufel und Satan ist, und band ihn auf tausend Jahre. Und er warf ihn in den Abgrund und schloß zu und versiegelte über ihm, damit er die Völker nicht mehr verführe, bis die tausend Jahre vollendet sein würden. Darnach muß er für eine kurze Zeit losgelassen werden."**

Der großangelegte Versuch des modernen Menschen unter Ausschaltung Gottes ein märchenhaftes Paradies auf Erden mit Hilfe der modernen Technik zu gestalten, ist gescheitert. Alle dämonische Inspiration hat nichts genützt. Die fabelhafte technische Kultur erlag einem völligen Kurzschluß. Die machtvolle Welteinheitsregierung mit ihren führenden Persönlichkeiten wurde von Jesus selbst gerichtet und erledigt. Ein Wort von ihm genügte, um dieses imponierende letzte staatspolitische Gebilde der Menschheit außer Kraft zu setzen. Nachdem der moderne Mensch mit seinen Weltexperimenten völlig am Ende ist, soll die Menschheit erleben, was Jesus kann. Auf derselben Erde, die der Schauplatz der Tragödie des modernen Geistes war, will er ein Weltfriedensreich gestalten, in dem alle Völker glücklich werden sollen. Dazu muß die letzte Macht hinweggetan werden, die alle Pläne Gottes durchkreuzt hat: die Welt der Dämonen unter der geistigen Führung Satans.

In einem drastischen Bild wird die Ausschaltung Satans dargestellt. So imponierend seine Macht war, so ist doch weder Gott noch Christus nötig, um seiner Wirksamkeit ein Ende zu setzen. Dazu genügt eine untergeordnete Persönlichkeit aus der Welt Gottes. Satan wird radikal aus der Menschenwelt verbannt und dorthin getan, wo er hingehört: in die Welt der Dämonen. Die Welt der Dämonen, die als der Abgrund bezeichnet wird, war Offenbarung 9, 1 geöffnet worden. Damit hatte der Großangriff der Dämonen auf die Geisteswelt des

Menschen begonnen, der das Leben auf der Erde zur Hölle machte. Jetzt wird dieser Abgrund wieder verschlossen, nachdem er die führende dämonische Persönlichkeit in sich aufgenommen hat. Ein Machtwort Gottes genügt, um Satan und die Welt der Dämonen unschädlich zu machen. In einem eindrucksvollen Bild wird sie versiegelt, so daß von dort keine Wirkungen mehr ausgehen können. Damit ist die Sünde auf der Erde nicht ausgelöscht. Sie ist im Wesen des Menschen und in seiner Erbmasse begründet. Fleisch und Blut werden ihn weiter anfechten. Aber der unheimliche dämonische Angriff von außen hört auf. Das wird der einzelne und das werden die Völker voll Staunen empfinden. Das Leben wird so ganz anders, wenn dieser schwere Druck der Dämonen nicht mehr auf der Menschheit lastet und die geistige Atmosphäre beherrscht.

Da wir im 20. Jahrhundert die zunehmende Dämonisierung aller Gebiete des Lebens miterleben, ahnen wir, was das heißt, daß diese Dämonisierung wieder von uns genommen wird und Christus und sein Wort einen ungehemmten Einfluß bekommt. Wir erleben jetzt die Zersetzung des Familienlebens, der Politik, der Wirtschaft, der Rechtsvorstellung, des Lebens der Geschlechter, der Kunst, Literatur und Presse. Aus allen Lebensgebieten ist der Einfluß Jesu im 20. Jahrhundert zurückgedrängt worden. Wir haben Zeiten erlebt, in denen sein Einfluß fast ausgeschaltet war und dämonische Geistesgewalten das öffentliche Leben in all seinen Beziehungen beherrschten. Wir wissen, was das in solchen Ländern bedeutet, die dem völlig ausgeliefert sind. Da kann der einzelne kaum noch atmen. Es ist ihm sehr schwer gemacht, dem Willen Gottes zu folgen und sein Leben unter Jesus zu stellen. Der geistige Druck ist zu übermächtig. Was wird das für ein Umschwung sein, wenn die gesamte Welt der Dämonen ausgeschaltet ist und die Atmosphäre der Erde von ihnen nicht mehr beherrscht werden kann. Endlich sind wieder freie Entscheidungen möglich. Endlich kann man wieder in den Linien des Evangeliums denken. Ein schwerer Alpdruck ist von der Menschheit gewichen. Die Freiheit des Geistes ist wieder da.

Der große Sabbat der Weltgeschichte hat begonnen. Tausend Jahre soll er währen. Wir vermögen nicht zu entscheiden, ob dies eine echte Zahl ist oder ob sie sinnbildliche Bedeutung hat. Diese tausend Jahre werden ein einziger Tag Gottes für die Menschheit sein, eine Weltfriedensperiode, die in wunderbarem Gegensatz zu dem vorhergehenden Abschnitt der Menschheitsgeschichte steht, die von den Dämonen beherrscht war. Nach dieser glücklichen Periode, in der die dämonischen Geistesmächte ganz ausgeschaltet sind, muß Satan noch einmal für kurze Zeit frei werden, damit nichts Unechtes in die kommende Welt Gottes eingeht, sondern klar gesichtet wird, wer nur Mitläufer war und wer sich tatsächlich Christus zu eigen gegeben hat.

### *Die Gestaltung der Welt durch Christus und seine Gemeinde*

Offenbarung 20, 4—6

**Offb. 20, 4—6: „Und ich sah Throne, und sie setzten sich darauf, und das Gericht wurde ihnen übergeben. Und ich sah die Seelen derer, die um des Zeugnisses Jesu und um des Wortes Gottes willen enthauptet worden waren, und die das Tier nicht angebetet hatten noch sein Bild und auch nicht das Malzeichen an ihre Stirn und Hand genommen hatten; und sie wurden lebendig und herrschten mit Christus tausend Jahre. Die übrigen Toten wurden nicht lebendig, bis daß die tausend Jahre vollendet wurden. Diese Auferstehung ist die erste. Selig und heilig ist, wer Anteil an der ersten Auferstehung hat. Über diese hat der zweite Tod keine Gewalt, sondern sie werden Priester Gottes und des Christus sein und werden mit ihm die tausend Jahre regieren."**

Nun erfüllt sich Matthäus 5, 5: „Selig sind die Sanftmütigen, denn sie werden das Erdreich besitzen." Schon Offenbarung 5, 9. 10 war gesagt: „Du hast für Gott durch dein Blut Menschen aus jedem Stamm und jeder Sprache und jedem Volk und jeder Nation erkauft und hast sie für unseren Gott zu einem Königreich und zu Priestern gemacht, und *sie werden auf Erden regieren."* Dasselbe spricht Paulus 1. Korinther 6, 2 aus: „Wisset ihr nicht, daß die Heiligen die Welt richten werden?" Und 2. Timotheus 2, 12: „Dulden wir, so werden wir auch mit herrschen." Auch Lukas 19, 11—27 spricht Jesus aus, daß er seine treuen Knechte zu Regenten einsetzen werde.

In der ersten Auferstehung werden die lebendig, die Christus für geeignet hält, mit ihm das Weltfriedensreich auf dieser Erde zu gestalten und mit ihm die Völkerwelt in seinem Sinne zu regieren. Es ist nicht eindeutig ausgesprochen, wer an dieser ersten Auferstehung teilhat. Nach den angeführten Schriftstellen scheint es so, als ob Glieder der Gemeinde Jesu aus allen Jahrhunderten hierzu von ihrem Herrn berufen werden. Darauf deutet auch die allgemeine Formulierung: „Und sie setzten sich darauf." Jedoch werden die, die um Jesu willen gestorben sind und die, die in der antichristlichen Weltperiode standhaft blieben und nicht verleugneten, besonders genannt. Unser Herr weiß, wen er brauchen kann, um die Völkerwelt zu regieren. Er wird keinen aus allen Jahrhunderten vergessen.

Daß in den Seligpreisungen in betonter Weise die Sanftmütigen als die bezeichnet werden, die das Erdreich besitzen werden, kann uns sehr nachdenklich stimmen und darauf aufmerksam machen, daß Jesus als Regenten in dem Weltfriedensreich nur die brauchen kann, die sich in seine Sanftmut und Niedrigkeitsgesinnung umgestalten ließen und wahrhaft gütige Kinder Gottes wurden. Das ist in der Tat ein charakteristischer Wesenszug, der für die Regenten im Weltfriedensreich Jesu unentbehrlich ist. Es könnte wohl sein, daß manche Jünger Jesu, die Großes geleistet haben und sehr streitbar für ihren Herrn kämpften, für diese Aufgabe nicht brauchbar sein werden, weil sie sich nicht in die Lammesart Jesu umgestalten ließen.

Es ist gut, daß wir nicht an einer einfachen Tabelle ablesen können, wer an der ersten Auferstehung teilhat, sondern daß allein Jesu Urteil darüber entscheidet. Dadurch wird uns jede falsche Sicherheit genommen. Es bleibt das ernste Fragen, ob wir persönlich dabeisein werden. Dieses bange Zittern erhält unser Leben mit Jesus gesund. Obwohl es ein wirkliches Bangen ist, hebt es dennoch merkwürdigerweise unsere Heilsgewißheit und Freude an unserem Herrn nicht auf. Für unser natürliches Denken schließen diese beiden Linien sich aus. Im Leben mit Jesus liegt in der Spannung dieser Linien die Bewahrung eines gesunden, echten Lebensstandes unter Christus.

Die, die in der ersten Auferstehung lebendig werden, regieren mit Christus während der ganzen Weltfriedensperiode. Unter ihrem Einfluß verändert sich die gesamte Weltlage. Sie sind von der Erde hinweggenommen und haben dieselbe Herrlichkeitsgestalt empfangen, die ihr Herr am Ostermorgen empfing. Sie sind Geistpersönlichkeiten wie er. Sie stehen unter einer höheren naturwissenschaftlichen Lebensordnung genauso wie ihr Herr. Es gibt für sie weder Raum noch Zeit. Der Begriff der Entfernung hat für sie jegliche Bedeutung verloren. So wie ihr Herr seit dem Ostermorgen überall bei den Seinen gegenwärtig sein kann, so können nun auch sie überall gegenwärtig sein, wo sie gebraucht werden. Die Beschränkungen, denen sie durch ihre irdische Leiblichkeit unterworfen waren, sind fortgefallen. Haben bisher dämonische Geistpersönlichkeiten die Menschen in einer unheilvollen Weise beeinflußt, so treten an ihre Stelle nun die neuen Weltregenten, um unter der Leitung ihres Herrn Menschen und Völker in einer neuen Weise durch den Geist Gottes zu prägen. Sie sind sowenig sichtbar wie die dämonischen Geistpersönlichkeiten, die sie abgelöst haben. Sie sind aber ebenso wirklich auf der Erde gegenwärtig und lebendig am Werk wie die unheilvollen Weltregenten, die nun ausgeschaltet sind.

Es ist keine Grenzüberschreitung, sondern eine Notwendigkeit, den Versuch zu machen, die Art des Regierens der Gemeinde Jesu, soweit sie schon vollendet wurde, sich lebendig vorzustellen. Je deutlicher uns die Inspiration des einzelnen Menschen und der Völker, des Staats- und Wirtschaftslebens durch dämonische Geistesmächte in der Gegenwart ist, desto eher können wir uns ein Bild davon machen, wie die vollendeten Jünger Jesu an ihrer Stelle das Privatleben der einzelnen und das Leben der Völker, die Gedanken der Politiker und der Wirtschaftsführer, die Arbeit der Erfinder und die Ideenwelt der großen Denker beeinflussen und inspirieren werden. Mancher Staatsmann und Industrieführer wird sich wundern, warum er nicht mehr in den alten Machtlinien denken kann, in denen er unter dem Einfluß dämonischer Geistesmächte denken mußte, ohne um ihre Existenz zu wissen. Er weiß nicht, daß jetzt dieser unheimliche Einfluß durch die Leute Jesu abgelöst ist, die sein Denken nach der Art Jesu umgestalten. Darum müssen die Männer der Politik und Wirtschaft so brüderlich und gütig denken. Darum gewinnt ihre Politik eine ganz andere Form und verändert sich der Zuschnitt des Industriekonzerns, den sie leiten. Der Massenführer wundert sich, daß er die alten Kampfparolen nicht mehr ausgeben kann, sondern die Brücke zu denen sucht, die er sonst als seine Gegner ansah. Der Kaufmann wundert sich, daß er nicht mehr den Konkurrenten zur Strecke bringen kann, sondern mit ihm in eine brüderliche Verständigung eintreten muß. Es wird sehr schwer auf Erden werden, noch selbstsüchtig zu denken. Die Ehe, das Familienleben, alle Beziehungen der Menschen werden von den Friedensgedanken Jesu und seiner Leute beherrscht. Es beginnt in der Tat der große Sabbat Gottes; es zieht ein Frieden sondergleichen auf der Erde ein. Nun werden die Maschinengewehre und Bomben überflüssig. Jetzt kann alles für den kulturellen Fortschritt des Menschen verwendet werden. Das, was in dem antichristlichen Weltreich gestaltet wurde, verdiente im Grunde nicht die Bezeichnung Kultur, sondern war in Wirklichkeit Barbarei. Was jetzt Jesus und die Seinen gestalten, ist echte Kultur und entfaltet die schönste Menschenwürde. Der Geist Jesu beherrscht die ganze Menschenwelt.

Der Name Jesu wird nicht mehr klein geschrieben und verachtet. Er gilt nicht mehr als überholt und als Zeichen einer rückständigen Geistesverfassung. Der Name Jesu ist in dieser Weltperiode der eine Name, der über alle Namen geachtet ist. Die ganze Welt beugt sich vor ihm. Es gibt keine Presse mehr, die seinen Namen in den Schmutz zieht. Alle Welt spricht mit größter Ehrerbietung von ihm. Es ist jetzt sehr leicht, Jesus liebzuhaben und ihm zu gehören. Es gehört im Weltfriedensreich zum guten Ton, ein Jünger Jesu zu sein. Der Umschwung von der antichristlichen Weltperiode ist radikal.

Für die verborgenen Weltregenten ist es eine große Freude, diese Welt Jesu zu gestalten und die Erde nach seinen Gedanken umzuformen. Es ist in der Tat ein großes Vorrecht, wer an dieser ersten Auferstehung teilhaben kann. Zugleich ist damit sein Schicksal endgültig entschieden. Er ist dem kommenden allgemeinen Weltgericht entnommen. Der zweite Tod wird über ihn keine Macht haben. Jeder, der in der ersten Auferstehung die Vollgestalt Jesu empfing, geht ohne weiteres in die neue Welt Gottes über, die dem Ablauf der Weltgeschichte folgt und die in Offenbarung 21 und 22 geschildert wird.

## *Die letzte Erprobung*

## Offenbarung 20, 7—10

Offb. 20, 7—10: „Und wenn die tausend Jahre vollendet sein werden, wird der Satan aus seinem Gefängnis losgelassen werden. Und er wird ausgehen, die Völker zu verführen, die an den vier Enden der Erde sind, den Gog und Magog, um sie zum Kampf zu versammeln, deren Zahl wie der Sand des Meeres ist. Und sie zogen herauf auf die Breite der Erde und umzingelten das Heerlager der Heiligen und die geliebte Stadt. Und es fiel Feuer aus dem Himmel herab und verzehrte sie. Und der Teufel, der sie verführte, wurde in den Feuer- und Schwefelsee geworfen, wo sich auch das Tier und der falsche Prophet befinden, und sie werden gequält Tag und Nacht in die Ewigkeiten der Ewigkeiten."

In dem Weltfriedensreich Jesu ist es sehr leicht, ihm zu gehören. Es wird viele Mitläufer geben, die sich im tiefsten Grunde Jesus nicht unterworfen haben. Darum muß noch eine Erprobung und Sichtung eintreten, damit nichts Unechtes in die neue Welt Gottes eingeht und sie verdirbt. Das ist der Grund, warum Satan noch einmal losgelassen wird. Wie in seiner ganzen Geschichte, so muß er auch jetzt nur dazu dienen, um die Pläne Gottes zu verwirklichen und seine Gemeinde ausreifen zu lassen.

In einer erstaunlichen Weise gelingt es den dämonischen Geistesmächten, die Völker aufs neue gegen Gott und Christus aufzuhetzen. Es ist nicht zu fassen, wie dies möglich ist, nachdem die Welt in dem Friedensreich Jesu so wunderbare Segnungen erfahren hat und aus einer lebendigen Anschauung weiß, wie gut es sich unter dem Regiment Jesu leben läßt. Es zeigt sich, daß sich selbst in dieser Weltfriedensperiode die Massen nicht zu Jesus bekehrt haben. Der Name des Gog, des Fürsten im Lande Magog, der in Hesekiel 38 als der Gegner des Gottesvolkes dargestellt ist, wird zum Sinnbild für die aufs neue dämonisierten Massen, die sich im Kampf gegen Christus und seine Gemeinde organisieren. Ihre Zahl ist enorm. Die Gemeinde Jesu gerät aufs neue in eine unheimliche Lage. Die Stadt Jerusalem scheint der Sitz der Weltregierung im Weltfriedensreich Jesu zu sein. Dorthin flüchten scheinbar weite Teile der Gemeinde Jesu, um sich vor der neuen Verfolgung zu retten. Darum gilt der Welthauptstadt der konzentrierte Angriff der dämonisierten Massen. Es scheint für die Gemeinde Jesu keine Rettung zu geben. Aber ehe es zum Kampf kommt, greift Gott ein und läßt Feuer vom Himmel fallen, durch das die Scharen der Gegner seiner Gemeinde vernichtet werden. Millionen waren so nahe an ihrer ewigen Errettung. Gott hatte alles darangesetzt, um ihnen den Weg zu Christus so leicht wie möglich zu machen. In überwältigender Weise waren ihnen die Lebenskräfte Jesu im Weltfriedensreich vor Augen geführt worden. Dennoch haben sie nein gesagt und sich alles verscherzt. Gottes Güte will keinen verlorengehen lassen. Wer im letzten Gericht verlorengeht, geht durch sein eigenes Nein Christus gegenüber verloren.

Nun hat Satan endgültig seine Rolle ausgespielt. Die Pläne Gottes sind am Ziel. Er hat der Welt jede Gelegenheit zur Rettung gegeben. Niemand kann sich mehr entschuldigen oder Gott der Ungerechtigkeit zeihen. Nun wird Satan für immer ausgeschieden und demselben unheimlichen, ewigen Gericht übergeben, in dem sich schon der letzte Weltdiktator und der Schöpfer der antichristlichen Weltreligion befinden. Der Feuer- und Schwefelsee ist das Bild eines Gerichts, das über jede menschliche Vorstellungskraft hinausgeht. Es ist in der Tat schrecklich, in die Hände des lebendigen Gottes zu fallen.

## 2. Das Weltgericht

### Offenbarung 20, 11—15

**Offb. 20, 11: „Und ich sah einen großen, weißen Thron und den, der darauf saß, vor dessen Angesicht flohen die Erde und der Himmel, und es wurde keine Stätte für sie mehr gefunden."**

Gott schuf Himmel und Erde, das ganze Weltall. Jetzt muß die heutige Schöpfungsordnung einer Welt Platz machen, die nach höheren naturwissenschaftlichen Gesetzen geformt ist. Dasselbe mächtige Wort Gottes, das dem Weltall seine Gestalt gab, beendet nun auch seine Existenz. Nur einer bleibt: der ewige Gott.

**Offb. 20, 12. 13: „Und ich sah die Toten, die großen und die kleinen, vor dem Throne stehen, und Bücher wurden aufgetan, und ein anderes Buch wurde aufgetan, das ist das Buch des Lebens. Und die Toten wurden gerichtet nach dem, was in den Büchern geschrieben stand, nach ihren Werken. Und das Meer gab die Toten heraus, die in ihm waren, und sie wurden gerichtet, ein jeder nach seinen Werken."**

Das gesamte Weltall vergeht. Außer dem ewigen Gott bleibt nur der Mensch. Der Mensch ist etwas ganz anderes als die übrige Schöpfung. Mit ihm hat Gott seine besonderen Gedanken. Nicht ein einziger wird vor Gottes Angesicht fehlen. Wir sagen von einem Menschen, daß er tot ist. In Wirklichkeit leben sie alle. Wir können nicht beschreiben, wie die, die Jesus nicht angehörten, nach dem Tode existieren. Aber es gibt ein Totenreich, das voll Leben ist. Niemand wird dem letzten Gericht ausweichen können. Gott braucht keine Bücher. Das Leben eines jeden Menschen steht vor Gott wie ein aufgeschlagenes Buch. Keiner kann sich entschuldigen. Sein Leben spricht klar aus, ob er Jesus als seinen Herrn angenommen hat oder nicht. Daran wird die ewige Entscheidung hängen. Wer sich Jesus zu eigen gab, ist dem Gericht entnommen.

Offb. 20, 14: „Und der Tod und das Totenreich wurden in den Feuersee geworfen. Das ist der zweite Tod, der Feuersee."

Tod und Totenreich gehören nicht zum ursprünglichen Schöpfungsplan Gottes. Ihre Zeit ist vorüber. Sie werden dem Feuersee übergeben. Da dieser der andere Tod genannt wird, ist er offenbar der eigentliche und endgültige Tod. Mit ihm werden der bisherige Tod und das Totenreich ausgelöscht.

Offb. 20, 15: „Und so jemand nicht im Buche des Lebens geschrieben erfunden wurde, der wurde in den Feuersee geworfen."

Jesus sagt Johannes 5, 24: „Wer mein Wort hört und glaubt dem, der mich gesandt hat, der hat das ewige Leben und kommt nicht in das Gericht, sondern er ist vom Tode zum Leben hindurchgegangen." Damit ist klar ausgesprochen, wer im Buch des Lebens steht und an dem letzten Gericht nicht teilnimmt. Wer sich aber Jesus entzog und darum nicht im Buch des Lebens steht, der wird dem Feuersee übergeben. Wir können nicht entscheiden, was mit diesem unheimlichen Bild gesagt sein soll. Doch sieht es fast so aus, als wenn alle, die Jesus nicht angehören, der Vernichtung überantwortet werden. Doch wir wissen es nicht. Deutlich ist nur, daß dieses Gericht endgültig ist.

5. Kapitel

# Die neue Welt Gottes

Offenbarung 21 und 22

## A. Die neue Schöpfung

Offenbarung 21, 1—8

Offb. 21, 1: „Und ich sah einen neuen Himmel und eine neue Erde; denn der erste Himmel und die erste Erde sind vergangen, und das Meer ist nicht mehr."

Die neue Schöpfung wird sichtbar. Wir kennen die Naturgesetze nicht, nach denen sie aufgebaut sein wird. Die höchste Kraft, die es gibt, ist der Geist Gottes. Er wirkt schon in die jetzige Schöpfung hinein. Er wird das oberste Gesetz sein, das der neuen Welt ihre Gestalt gibt. Die neue Schöpfung wird in jeder Hinsicht vom Frieden Gottes durchwaltet sein. Das alte Völkermeer ist nicht mehr da. Die Gemeinde Jesu war der Anfang und die Vorbereitung der neuen Welt Gottes. Alle, die nicht unter die Herrschaft Jesu treten wollten, sind durch den Schlußakt der Menschheitsgeschichte ausgeschaltet. Damit ist freie Bahn für eine neue Welt, die voll Harmonie ist, weil alle bis in die letzten Wurzeln ihrer Persönlichkeit von dem Geist Jesu durchwaltet sind. Derselbe Geist gibt der neuen Schöpfung auch nach der naturwissenschaftlichen Seite ihre Gestalt.

Offb. 21, 2: „Und ich sah die heilige Stadt, das neue Jerusalem, aus dem Himmel von Gott herabkommen, zubereitet wie eine für ihren Mann geschmückte Braut."

Das Herzstück der neuen Schöpfung ist die vollendete Gemeinde Jesu. Sie war ihm längst verbunden und gehörte ihm mit ganzer Liebe, wie eine Braut dem Bräutigam. Nun ist die volle Erfüllung da, die ganze Vereinigung mit ihrem Herrn. Jedes Glied der Gemeinde ist jetzt in Wesen und Gestalt wie Jesus. Nichts Fremdes ist seiner Gemeinde mehr eigen. Sein Leben bestimmt ihre Prägung. Diese Gemeinde für Gott zu bereiten und zur Vollendung zu führen, war das Werk, das Jesus vom Vater aufgetragen bekam. Nun ist er am Ziel. Sie wird unter dem Bild des neuen Jerusalem dargestellt. In ihr ist nichts Unheiliges mehr. Ihr ganzes Leben stammt aus Gott.

Offb. 21, 3. 4: „Und ich hörte eine gewaltige Stimme vom Throne sprechen: Siehe, die Hütte Gottes bei den Menschen! Und er wird bei ihnen wohnen, und sie werden sein Volk sein, und er selbst, Gott, wird bei ihnen sein als ihr Gott. Und er wird abwischen alle Tränen von ihren Augen, und der Tod wird nicht mehr sein, noch Trauer noch Klage noch Geschrei noch Mühsal wird mehr sein. Denn das Erste ist vergangen."

Nun ist kein Abstand mehr zwischen Gott und seiner Gemeinde. Alle Folgen der Sünde sind hinweggetan. Das Leben Jesu ist in allen zum vollen Durchbruch gekommen. Nun kann der Urplan Gottes Wirklichkeit werden, daß er mitten unter uns wohnt. Da der Geist Gottes der neuen Schöpfung uneingeschränkt die Gestalt gibt, können Gott und Menschheit volle Gemeinschaft miteinander haben. Damit verändern sich alle Lebensbedingungen. Es gibt keine Dissonanzen mehr, weder in der Schöpfung in der Form von Naturkatastrophen noch in der Menschheit in der Form von bitteren Auseinandersetzungen. Das Sterben hat aufgehört. Das Leben Gottes ist als ewiges Leben eingezogen. Es wird eine Freude sein zu leben und zu schaffen. Die Mächte von unten sind verschwunden. Das Leben Gottes regiert alles. Alles, was zur Erdenschöpfung gehörte, ist vergangen.

Offb. 21, 5 a: „Und der auf dem Throne saß, sprach: Siehe, ich mache alles neu."

2. Korinther 5, 17 steht das Wort: „Ist einer in Christus, so ist er eine neue Schöpfung; das Alte ist vergangen; siehe, Neues ist geworden" (vergleiche Erich Schnepel, Der zweite Korintherbrief, Seite 107). Jedesmal, wenn Jesus in einem Menschen Wohnung macht, ist ein schöpferischer, neuer Lebensanfang geworden. Aber es ist immer nur ein Anfang. Die Vollendung kommt mit dem neuen Himmel und der neuen Erde. Erst dann gilt im Vollsinn das Wort: ich mache alles neu. Bis dahin ist viel Stückwerk in der Gemeinde Jesu. Bis dahin gilt 1. Johannes 3, 2: „Es ist *noch* nicht erschienen, was wir sein werden. Wir wissen aber, daß, wenn er erscheinen wird, wir ihm gleich sein werden, denn wir werden ihn sehen, wie er ist." Dieses Wort ist Offenbarung 21, 5 erfüllt. Jetzt macht Gott alles in seiner Gemeinde bis in die letzten Fasern

ihres Wesens ganz neu. Nun wird sie in jeder Beziehung in das Bild ihres Herrn umgestaltet, dadurch, daß sie Jesus von Angesicht zu Angesicht sehen darf. Das ist die größte Stunde in der Geschichte der Gemeinde Jesu.

Offb. 21, 5 b: „Und er sprach: Schreibe, denn diese Worte sind zuverlässig und wahr."

Was Gott soeben seiner Gemeinde in Aussicht gestellt hat, ist so unwahrscheinlich und groß, daß Gott ausdrücklich die Niederschrift dieses Wortes befiehlt. Die Gemeinde soll wissen, daß er sie ganz gewiß ans Ziel bringt. Alles Stückwerk, das uns jetzt anhaftet und uns so viel Not macht, soll uns nicht entmutigen. Gott wird seine Gemeinde so völlig umgestalten, daß sie in jeder Beziehung wie Jesus sein wird. Dann wird in Wahrheit *alles* neu sein.

Offb. 21, 6: „Und er sprach zu mir: Es ist geschehen! Ich bin das A und das O, der Anfang und das Ende. Ich will dem Durstigen aus der Quelle des Wassers des Lebens umsonst geben."

Für Gott ist alles schon geschehen. Die ganze Geschichte seiner Gemeinde auf Erden, die mit so viel Leid verknüpft ist, bedeutet für ihn nur einen Augenblick. Er sieht seine Gemeinde schon am Ziel. Er schuf ihren Anfang am Ostermorgen und an Pfingsten; er behält auch das letzte Wort und bringt sie ans Ziel.

*„Umsonst":* das ist das große Wort Römer 3, 24. Das ist das große Wort im ganzen Evangelium. Von unserer Seite würde es nie zureichen. Aber Gott ist größer als alles. Er antwortet jedem, der Hunger und Durst hat. Der Durst unserer Seele führt uns zu Jesus. Der Durst unserer Seele führt uns auch zur Vollendung. Darum ist uns so bange um die Jünger Jesu, die den Durst der Seele nicht mehr kennen, denen alles selbstverständlich und alltäglich geworden ist, was sie bei Jesus gefunden haben. So groß das ist, was Jesus uns schon gab, es ist doch nur der Anfang. Das Größte wartet noch auf seine Gemeinde. Wie sollte sie je in das fromme Spießbürgertum absinken und nicht mehr Sehnsucht haben, ganz in das Bild ihres Herrn gestaltet zu werden.

Offb. 21, 7: „Wer überwindet, wird dies ererben, und ich werde ihm Gott sein, und er wird mir ein Sohn sein."

Wir erschrecken vor dem Wort: „Wer überwindet!“ Es ist uns oft in den Sendschreiben begegnet. Dort wie hier geht es nicht darum, daß die Gemeinde Jesu auf Erden sündlos wird, so sicher sie zum Kampf gegen ihre Sünde aufgerufen ist. Aber sündlos wird sie erst, wenn das geschieht, was Offenbarung 21 steht. Aber sie soll die Versuchung überwinden, die sie von Jesus trennen will. Sie soll trotz all ihrer Mangelhaftigkeit und Not, die sie um sich selbst hat, nicht an Jesus irre werden, sondern von Herzen bei ihm bleiben. Wer die Anfechtungen überwindet, die ihn von Jesus lösen wollen, der wird an der Vollendung seiner Gemeinde teilhaben. Es geht darum, daß wir in Jesus bleiben und er in uns. Das heißt „überwinden“, wenn wir uns nicht von Jesus abziehen lassen.

Offb. 21, 8: „Aber den Feiglingen und Ungläubigen und denen, die sich mit Greueln befleckt haben, und den Mördern und Hurern und Giftmischern und Götzendienern und allen Lügnern wird ihr Teil in dem See sein, der mit Feuer und Schwefel brennt, das ist der zweite Tod.“

Ein merkwürdiges, erschreckendes Wort. Aber alle diese Ausdrücke wollen ein und dasselbe besagen. Es geht um die, welche die Versuchung zur Untreue Jesus gegenüber nicht überwinden, sondern ihm absagen. Die Feiglinge sind nicht tapfer genug, um sich gegenüber der antichristlichen Welle zu Jesus zu bekennen. Die Ungläubigen (man kann auch übersetzen: die Untreuen) wagen es nicht, in der Verfolgung im Glauben ihre ganze Hoffnung auf Jesus zu setzen. Die mit Greueln Befleckten haben sich vor den Götzen des modernen Zeitalters und der Staatsreligion des antichristlichen Weltreiches gebeugt. Die Mörder haben andere innerlich ermordet und um das Leben mit Jesus gebracht. Die Hurer sind der Spur der großen Hure, der modernen technischen Kultur, gefolgt und haben die Ehe mit Gott gelöst. Die Zauberer und Giftmischer haben anderen den Zaubertrank der modernen Kultur und das Gift zersetzender Lebensauffassungen gereicht. Die Götzendiener beugen sich vor den Götzen des modernen Zeitalters und des antichristlichen Welteinheitsstaates. Sie alle werden unter dem Begriff Lügner zusammengefaßt, denn sie haben alle der Lüge gedient, dem, was nicht wahr war, und die eine Wahrheit, die Jesus Christus ist, verleugnet. Weil sie sich der Lüge der modernen Kultur und der Lüge des antichristlichen Zeitalters verschrieben haben, gehen sie in das unheimliche Gericht, das unter dem See dargestellt wird, der mit Feuer und Schwefel brennt. Sie haben das große Leben aus Gott und mit Gott endgültig verwirkt. Sie sind dem zweiten Tod verfallen, der uns ein unheimliches Rätsel aufgibt. Es ist ein schweres Schicksal, das alle die erwählt haben, die die eine Wahrheit, die Jesus heißt, verworfen haben, um sich anderen Mächten zu verschreiben, die nie das Leben geben können und darum nur Lüge sind.

## B. Das neue Volk Gottes

### Offenbarung 21, 9—27

Offb. 21, 9: „Und es kam einer von den sieben Engeln, die die sieben Schalen voll der sieben letzten Plagen hatten, und redete mit mir und sprach: Komm, ich will dir das Weib, die Braut des Lammes, zeigen."

Einer von den sieben Engeln zeigte dem Johannes in Kapitel 17 die Dirne, die von Gott abgefallene moderne Kultur. Nun zeigt ihm einer der sieben Engel das Gegenstück, die Braut, das Weib des Lammes, die vollendete Gemeinde Jesu in ihrer Herrlichkeit. Durch Jahrhunderte war sie die Braut, die auf den Bräutigam, auf Jesus, wartete. Nun ist sie mit ihm für immer vereinigt. Darum wird sie jetzt das Weib des Lammes genannt. Kapitel 12 sahen wir sie als das Weib, das den wiederkommenden Christus gebären sollte und darum durch die unendliche Not der letzten Verfolgung ging. Nun liegt alles hinter ihr. Jetzt ist sie mit Jesus in Herrlichkeit vereinigt.

Offb. 21, 10. 11: „Und er brachte mich im Geist auf einen großen und hohen Berg und zeigte mir die heilige Stadt Jerusalem, die aus dem Himmel von Gott herabkommt, die die Herrlichkeit Gottes hat. Ihr Glanz ist gleich dem köstlichen Edelstein, wie ein kristallheller Jaspis."

Das Bild wechselt. Jetzt wird die Gemeinde nicht als Weib, sondern als die heilige Stadt Jerusalem dargestellt. Babylon hatte sein Leben von unten; das neue Jerusalem hat sein ganzes Leben aus Gott. Kein Ausdruck ist stark genug, um die Herrlichkeit des vollendeten Volkes Gottes zu beschreiben.

Klebt jetzt an der Gemeinde Jesu viel Häßliches, das den Namen ihres Herrn verdunkelt, dann wird ihre Herrlichkeit wie Edelstein und Kristall sein.

Offb. 21, 12–14: „Sie hat eine große und hohe Mauer, welche zwölf Tore hat, und über den Toren zwölf Engel, und Namen sind angeschrieben, die die Namen der zwölf Stämme der Kinder Israels sind. Von Osten drei Tore, von Norden drei Tore, von Süden drei Tore, von Westen drei Tore. Und die Mauer der Stadt hat zwölf Grundsteine und auf ihnen die zwölf Namen der zwölf Apostel des Lammes."

Eben noch war die Gemeinde in der Verfolgung. Jetzt ist sie für immer geborgen wie hinter einer hohen Mauer. Die Zwölf als die Vollzahl Gottes besagt, daß alles zur Vollendung gekommen ist. Die Namen der zwölf Stämme Israels erinnern daran, daß nun das wirkliche Israel Gestalt gewonnen hat. Aber dieses Israel ist nicht mehr gegründet auf Mose, sondern auf die zwölf Apostel als die Boten Jesu.

Offb. 21, 15–17: „Und der mit mir redete, hatte einen Meßstab, ein goldenes Rohr, um die Stadt und ihre Tore und ihre Mauern zu messen. Und die Stadt bildet ein Viereck, und ihre Länge ist so groß wie ihre Breite. Und er maß ihre Mauer: einhundertvierundvierzig Ellen nach Menschenmaß, welches das Maß eines Engels ist."

Hadorn schreibt in seinem Kommentar Seite 210: „Die Zwölfzahl ist wie überall in der Offenbarung der symbolische Ausdruck der Vollkommenheit." Es handelt sich um keine wirkliche Stadt, sondern um die vollendete Gemeinde. Alles an ihr ist Harmonie. Nichts ist mehr unvollkommen. Die Zahl 144 ist gleich zwölf mal zwölf. So rechnen wir Menschen. Aber in diesem Fall ist sie das Maß eines Engels und entspricht nicht unseren irdisch-menschlichen Maßen. Diese Zahl will aussprechen, daß dem neuen Volk Gottes kein Stückwerk mehr anhaftet. Christus hat sein Werk zur vollen Gestalt geführt.

Offb. 21, 18–21: „Und der Baustoff ihrer Maurer ist Jaspis, und die Stadt ist reines Gold, wie reines Glas. Und die Grundsteine der Stadtmauer sind mit allerlei Edelsteinen geschmückt; der erste Grundstein ist ein Jaspis, der zweite ein Saphir, der dritte ein Chalcedon, der vierte ein Smaragd, der fünfte ein Sardonyx, der sechste ein Sardis, der siebente ein Chrysolit, der achte ein Beryll, der neunte ein Topas, der zehnte ein Chrysopras, der elfte ein Hyazinth, der zwölfte ein Amethyst. Und die zwölf Tore sind zwölf Perlen, jedes der Tore aus einer Perle, und die Straßen der Stadt sind reines Gold, wie durchsichtiges Glas."

Nun hat Christus alle Schlacken aus seiner Gemeinde getilgt. Die kostbarsten Edelsteine werden als Vergleich herangezogen, um die Herrlichkeit der Gemeinde Jesu darzustellen. Alles an ihr ist reines Gold. Nichts Unechtes ist mehr in ihr zu finden. Ihr ganzes Wesen ist kristallklar wie durchsichtiges Glas. Es wird eine große Freude sein, in dem neuen Volk Gottes zu leben. Kein Schatten liegt mehr über seinem Wesen. Alle Sünde gehört der Vergangenheit an. Jesus hat durch seinen Geist die Gemeinde zur vollen Klarheit gestaltet.

Offb. 21, 22. 23: „Und einen Tempel sah ich nicht in ihr, denn der Herr, der allmächtige Gott, ist ihr Tempel und das Lamm. Und die Stadt bedarf nicht der Sonne noch des Mondes, daß sie ihr scheinen; denn die Herrlichkeit Gottes erleuchtet sie, und ihre Leuchte ist das Lamm."

Jesus ist jetzt schon überall gegenwärtig in der Mitte der Seinen. Er ist das Ende alles Kultes. Seine Gemeinde ist der neue Tempel aus lebendigen Steinen. In der neuen Welt gibt es keinen Tempel, keinen Kultus, keinen Priester. Von der Herrlichkeit Gottes und von Jesus geht alles Licht aus. Auf Erden hat die Gemeinde oft darunter gelitten, daß sie ihren Herrn nicht unmittelbar wahrnehmen konnte. Das ist nun vorüber. Sie darf in der unmittelbaren Gemeinschaft mit Gott und Jesus für immer stehen.

Offb. 21, 24: „Und die Völker werden in ihrem Lichte wandeln und die Könige der Erde ihre Herrlichkeit in sie hineinbringen."

Das neue Volk Gottes ist nicht mehr eine Teilerscheinung, sondern umspannt die ganze Welt. Alle Herrlichkeit der Erde ist in ihm vereinigt.

Offb. 21, 25: „Und ihre Tore werden nicht geschlossen werden am Tag, denn eine Nacht wird es dort nicht mehr geben."

Nun ist die Gemeinde geborgen für immer. Sie ist wie eine Stadt, über der ewiger Friede waltet, so daß die Tore nie aus Angst vor Feinden geschlossen werden müssen. Es ist nun für immer heller Tag geworden. Alle Nacht ist zu Ende.

Offb. 21, 26: „Und man wird die Herrlichkeit und die Ehre der Völker in sie bringen."

Die Herrlichkeit der Völker und ihre Ehre ist zu Ende. Es gibt nur noch ein einziges Volk: das neue Volk Gottes. Alles, was an Herrlichkeit und Ehre den Völkern einst eigen war, ist in vollendeter Gestalt in dem neuen Volk Gottes vereinigt.

Es gibt keine Völkergrenzen und Trennungen mehr. Die ganze Menschheit ist *ein* Volk, eine große Gottesfamilie geworden.

Offb. 21, 27: „Und es wird durchaus nichts Unreines in sie eingehen noch der, der Greuel und Lüge übt, sondern nur die, die im Lebensbuch des Lammes geschrieben sind."

Angesichts der Herrlichkeit des neuen Volkes Gottes eine letzte Warnung, sich nicht selbst von diesem Volk Gottes auszuschließen. Wer nicht durch Jesus vor Gott rein wurde, kann nicht zu dem neuen Gottesvolk gehören. Wer auf die Lüge der von Gott gelösten Kultur und auf den Greuel der göttlichen Verehrung des Menschen im antichristlichen Zeitalter eingeht, hat keinen Platz in dem neuen Volk Gottes. Nur der kann zu ihm gehören, den Jesus kennt. Es gibt keine formale Beschreibung der Zugehörigkeit zu dem neuen Gottesvolk und keine formalen Voraussetzungen. Die Zugehörigkeit zu Jesus selbst ist entscheidend. Darüber aber hat Jesus allein das letzte Wort.

### C. Das neue Leben

Offenbarung 22, 1–5

Offb. 22, 1–3 a: „Und er zeigte mir einen Strom vom Wasser des Lebens, glänzend wie Kristall, der vom Throne Gottes und des Lammes ausging. Inmitten ihrer Straße und zu beiden Seiten des Stromes steht der Baum des Lebens, der zwölfmal Früchte trägt und jeden Monat seine Frucht gibt, und die Blätter des Baumes dienen zur Heilung der Völker. Und nichts Gebanntes wird mehr sein."

Von Gott und von Christus geht ein ununterbrochener Strom des Lebens in das neue Volk Gottes hinein. Durch nichts wird dieser Strom gehemmt. Er durchflutet die ganze neue Menschheit. Da er selbst klar wie Kristall ist, wird das ganze Leben der neuen Menschheit klar wie Kristall. Christus, der am Kreuz das Fundament für die neue Schöpfung schuf, ist nach wie vor an dem Werk Gottes beteiligt und handelt in voller Einmütigkeit mit dem Vater. Weil jetzt das Leben aus Gott und aus Christus alles beherrscht, wird die Menschheit bis in ihre Wurzeln gesund. Das wird dargestellt unter dem Bild des Baumes des Lebens, der zwölfmal im Jahr Früchte bringt. Das Bild will durch die Vollzahl zwölf zum Ausdruck bringen, daß das neue Leben etwas Vollkommenes ist, das weder in seiner Kraft noch in seinem zeitlichen Bestand begrenzt ist. Darum gibt es in der neuen Welt Gottes niemand mehr, der unter dem Bann stünde. Alles Kranke ist überwunden. Die Sünde ist nicht mehr da. Das neue Leben aus Gott und aus Christus durchwaltet alle Menschen.

Offb. 22, 3 b. 4: „Und der Thron Gottes und des Lammes wird in ihr sein, und seine Knechte werden ihm dienen. Und sie werden sein Angesicht sehen, und sein Name wird auf ihren Stirnen stehen."

Es ist kein Abstand mehr zwischen Gott und seiner Gemeinde. Die Herrschaft Gottes und des Christus über die neue Menschheit ist eine unmittelbare. Jeder steht in der direkten Leitung durch Gott und durch Christus. Nichts entzieht sich mehr ihrer Herrschaft. Es gibt niemand in der neuen Welt, der nicht so mit Gott und Christus verbunden wäre, daß nicht ihr Leben alles in ihm bestimmte. Darum ist alles ganz neu geworden.

Es wird eine Freude sein, Gott und Christus zu dienen. Alle schmerzliche Mühe und Not ist gewichen. Das Schaffen und Arbeiten ist Lust und Freude geworden. Die neue Welt bedeutet nicht Müßiggang, sondern vollendetes Schaffen. Jeder wird seine volle Aufgabe und die volle Erfüllung seines Lebens finden. Was wir jetzt schon in dem Leben mit Jesus erfahren, wird dann in Vollgestalt da sein: eine volle Lebenserfüllung in einem Schaffen sondergleichen.

Das hängt damit zusammen, daß uns nichts mehr von Jesus trennen wird. Wir werden ihn unmittelbar von Angesicht zu Angesicht sehen. Der Umgang mit ihm ist durch nichts mehr unterbunden. Wir werden ganz direkt aus ihm leben können. Darum wird das Leben und Arbeiten eine solche Leichtigkeit haben und eine solche Freude werden. Alles bahnt sich jetzt schon in dem Leben mit Jesus an. Je tiefer wir heute schon diesen unmittelbaren Umgang mit Jesus erfassen, desto mehr enthält die Gegenwart schon den Vorschmack der kommenden Vollendung. Das erleben heute und einst nur die, auf deren Stirn der Name „Jesus" geschrieben steht. Das bedeutet ohne Bild, daß Jesus das Wesen eines Menschen bestimmt. Darum können an der neuen Welt Gottes nur die teilhaben, die sich jetzt schon Jesus so erschließen, daß er seinen Namen ihnen aufprägen kann. Es wird eine große Freude sein, in einer Welt leben zu dürfen, die ganz von dem Namen „Jesus" beherrscht wird.

Offb. 22, 5: „Und es wird keine Nacht mehr sein, und sie bedürfen nicht des Lichtes einer Leuchte noch des Lichtes der Sonne, denn Gott der Herr wird sein Licht über sie ausstrahlen, und sie werden herrschen in die Ewigkeiten der Ewigkeiten."

Alle Nacht ist gewichen. Das ganze Leben ist heller Tag geworden. Neue Naturgesetze durchwalten die ganze neue Schöpfung. Nun ist in Wahrheit Gott das Licht des Lebens. Darum ist alles so gesund und echt. Darum können seine Kinder jetzt eine Welt gestalten, die dem Urplan Gottes entspricht. Obwohl sie alle am Dienen sind, ist es ein wunderbares Herrschen, Gestalten und Regieren in alle Ewigkeit. Der Unterschied zwischen Dienen und Regieren hat aufgehört. Jetzt zeigt sich in voller Gestalt, daß Jesus gekommen ist, Leben und volles Genüge zu bringen.

## Schlußwort: Die Offenbarung Johannes als Gabe Gottes

### Offenbarung 22, 6—21

Offb. 22, 6—10: „Und er (der Engel) sprach zu mir: Diese Worte sind wahrhaftig und gewiß. Und der Herr, der Gott der Geister der Propheten, hat seinen Engel gesandt, um seinen Knechten zu zeigen, was in Kürze geschehen soll. (Und Jesus sprach:) Siehe, ich komme bald. Selig, wer die Worte der Weissagung dieses Buches bewahrt. Und ich bin Johannes, der solches gesehen und gehört hat. Und als ich es gehört und gesehen hatte, fiel ich nieder, um anzubeten zu den Füßen des Engels, der mir solches zeigte. Und er sprach zu mir: Siehe zu, tu es nicht! Denn ich bin dein Mitknecht und deiner Brüder, der Propheten, und derer, die die Worte dieses Buches bewahren. Bete Gott an! Und er sprach zu mir: Versiegele die Worte der Weissagung dieses Buches nicht; denn die Zeit ist nahe."

Das letzte Buch der Bibel ist nicht aus der schriftstellerischen Arbeit eines begabten Mannes erwachsen, sondern aus stillen Stunden, in denen Boten Gottes aus der unsichtbaren Welt unmittelbar zu Johannes sprachen. An entscheidenden Stellen hat sich der erhöhte Herr selbst eingeschaltet. Hier wurde der Gemeinde Jesu die Wegweisung gegeben, die sie bis ans Ende durchzusteuern vermag.

Offb. 22, 11: „Wer Unrecht tut, der tue weiter Unrecht, und wer unrein ist, verunreinige sich weiter, und der Gerechte übe weiter Gerechtigkeit, und der Heilige heilige sich weiter."

Wenn die letzte Wegstrecke der Gemeinde Jesu da sein wird, gibt es keine Entscheidungsmöglichkeit mehr. Wer sich Jesus entzog, muß seinen Weg bis zum bitteren Ende weitergehen. Wer sich ihm öffnete, darf auf dem Weg mit Jesus bis zum großen Ziel bleiben.

Offb. 22, 12—17: „(Und Jesus sprach:) Siehe, ich komme bald, und mein Lohn mit mir, um einem jeden zu vergelten, wie sein Werk ist. Ich bin das A und das O, der Erste und der Letzte, der Anfang und das Ende. Selig sind die, die ihre Kleider waschen, auf daß ihre Vollmacht auf den Baum des Lebens besteht und sie zu den Toren der Stadt eingehen dürfen. Draußen aber sind die Hunde und die Zauberer und die Hurer und die Totschläger und die Götzendiener und jeder, der die Lüge liebhat und tut. Ich, Jesus, habe meinen Engel gesandt, um euch solches vor den Gemeinden zu bezeugen. Ich bin die Wurzel und das Geschlecht Davids, der hell leuchtende Morgenstern. — Und der Geist und die Braut sprechen: Komm! Und wer es hört, soll sagen: Komm! Und wen dürstet, der komme; wer will, der nehme das Wasser des Lebens umsonst."

Zum letztenmal nimmt Jesus selbst in diesem Buch das Wort und spricht nachdrücklich aus, daß an ihm unser ewiges Schicksal hängt. Anteil an der neuen Welt Gottes hat der, der „seine Kleider wäscht" (Gegenwarts- und Dauerform), das heißt, der in dem ständigen Lebenszusammenhang mit Jesus bis zuletzt bleibt. Ausgeschlossen sind alle, die sich der Wahrheit, die in Jesus ist, verschlossen haben und der Welt der Lüge verschrieben (vgl. 21, 8). Jesus selbst hat die Botschaft des letzten Buches der Bibel seiner Gemeinde gesandt. Er ist dazu bevollmächtigt als der, in dem die ganze Weissagung lebendige Gestalt gewonnen hat und mit dem der neue Tag der Welt anbricht. – Auf die Botschaft Jesu antwortet der Geist Gottes und die vollendete Gemeinde: Komm! Und die Gemeinde auf Erden, die die Botschaft vernimmt, soll in diesen Ruf einstimmen. Und wenn der Gemeinde auf Erden angesichts ihres letzten Weges bange wird, darf sie allezeit zu Jesus kommen und das Wasser des Lebens umsonst empfangen.

Offb. 22, 18–21: „Ich (Johannes) bezeuge einem jeden, der die Worte der Weissagung dieses Buches hört: Wenn jemand etwas hinzutut, so wird Gott ihm die Plagen zufügen, von denen in diesem Buch geschrieben ist; und wenn jemand etwas hinwegnimmt von den Worten des Buches dieser Weissagung, so wird Gott wegnehmen seinen Anteil am Baum des Lebens und an der heiligen Stadt, von denen in diesem Buch geschrieben steht. – Es spricht der, der dies bezeugt: Ja, ich komme bald! (Und es antworten Johannes und die Gemeinde:) Amen, komm, Herr Jesus! Die Gnade des Herrn Jesus sei mit allen!"

Mit großem Ernst bezeugt Johannes die göttliche Autorität der prophetischen Botschaft, die er der Gemeinde weiterzugeben hatte. Jesus selbst bestätigt diese Botschaft mit dem Wort: Ja, ich komme bald. Die Gemeinde antwortet mit der inständigen Bitte: Amen, komm, Herr Jesu! Diese Blickrichtung soll durch das letzte Buch der Bibel in der Gemeinde Jesu geweckt und erhalten werden. Mit diesem Blick auf den wiederkommenden Herrn schließt die ganze Heilige Schrift. Anders kann es auch nicht sein. Unsere Lebensgemeinschaft mit Jesus würde ein Bruchstück bleiben, wenn sie nicht die volle Gemeinschaft mit Jesus in der neuen Welt zum Ziel hätte. Dieser Durchblick gibt unserem Leben mit unserem Herrn und dem Dienst für ihn Kraft und Antrieb und erfüllt uns mit einer tiefen Freude, obwohl wir wissen, daß auf dem Weg zu diesem Ziel die letzte, schwere Wegstrecke der Gemeinde in der antichristlichen Weltperiode liegt. Aber Jesus hat nicht umsonst durch die Botschaft des Johannes uns zugesagt, daß er alle, die ihm verbunden sind, in dieser Verbundenheit mit ihm erhält, bis die Gemeinde am Ziel ist.

# Inhalt

Anna Lawton
**Mut für morgen aus dem letzten Buch der Bibel**
*50 Betrachtungen zur Offenbarung Jesu Christi*
150 Seiten, Bestell-Nr. 077610

»Dieses Buch will keine eigentliche Auslegung der Offenbarung sein. Es ist darum auch nicht versucht worden, auf Einzelheiten einzugehen«, so heißt es im Vorwort. Die Verfasserin hebt um so mehr die seelsorgerliche Seite dieses letzten Buches der Bibel hervor: die Stärkung der Gläubigen für ihren Weg dem wiederkommenden Herrn entgegen. Mit Recht bemerkt sie, daß wir uns um einen starken Trost bringen, wenn wir die Mühe scheuen, uns in dieses Buch zu vertiefen. In der Tat: wir sollten uns heute mehr denn je betend und sinnend in dieses eigenartige und doch der gläubigen Gemeinde von ihrem Herrn selbst so dringend empfohlene Buch einlesen. Die vorliegenden Betrachtungen bieten dazu eine wirklich gute Anleitung und Hilfe.

---

David Jaffin
**Was erwartet uns?**
*Antworten von Konrad Eißler, David Jaffin, Heiko Krimmer, Bernhard Rebsch, Theo Sorg, Winrich Scheffbuch, Walter Tlach und Ernst Vatter*
80 Seiten, Bestell-Nr. 058028

Haben wir eine Hoffnung auf eine schönere Welt? Oder überwiegt die Angst vor einer schrecklichen Welt, vor dem Gericht? Können wir getrost auf das warten, was kommen wird? Bekannte Persönlichkeiten geben klare und hilfreiche Antworten.

Lothar Gassmann
**Die Zukunft findet doch statt**
112 Seiten, Bestell-Nr. 056876

Auf der einen Seite erleben wir wachsende Erfolge in den Bemühungen um äußere Einheit und Frieden: Wiedervereinigung Deutschland, Vereinigte Staaten von Europa, Annäherung der großen Machtblöcke, immer größer werdende Wirtschaftsräume, Dialog der Religionen. Auf der anderen Seite wird die zusammenwachsende Welt von heftigen Krisen geschüttelt: Massenarbeitslosigkeit, Inflation, Hungersnöte, Umweltzerstörung, neue Kriegsherde, Erdbeben und Aids. Wie paßt das zusammen? Wohin bewegt sich diese Welt? Gibt es noch eine Zukunft? Lothar Gassmann, Autor zahlreicher Sachbücher zu aktuellen Fragen, beantwortet diese Frage mit »Ja« und untersucht die »Zeichen der Zeit«.

Marius Baar – Neuauflage 1994
**Nahost – Auftakt zu Weltbrand oder Weltfrieden?**
*Erbschaftsstreit zwischen Ismael und Isaak um Volk, Land und Segen*
432 Seiten, Bestell-Nr. 056766

Der Nahe Osten wird zum Brennpunkt der Weltgeschichte. Wem gehört das Land und die Verheißung? Israel oder Ismael (Araber)? Viele Einzel-Vorgänge sind schwer einzuordnen in die Gesamtschau der Bibel und ihrer Prophetie. Baar, der 25 Jahre unter Muslimen arbeitete, entfaltet interessante neue Gedankengänge, die angesichts des erwachenden Islam gehört und geprüft werden sollten. Ein packendes Buch, das aktuelle und zentrale Fragen der biblischen Prophetie aufgreift.

**Bitte fragen Sie in Ihrer Buchhandlung nach diesen Büchern!**